ESG 경영과
지속가능 전략

ESG

Management and Sustainability Strategy

김승욱

박영사

머리말

진정성(authenticity) 있는 ESG 전략

ESG 경영에서 다루는 내용들을 살펴보면, 환경, 사회, 경제 분야의 지속가능성을 강조하는 지속가능경영의 항목과도 유사하고, ISO26000 사회책임 가이던스 7대 핵심주제(거버넌스, 인권, 노동, 환경, 소비자, 공정운영, 지역사회발전)와도 일맥상통하며 UN SDGs 지속가능발전목표 17대 과제와도 연관성이 많다. 이처럼 ESG를 포함한 과거부터 현재까지의 다양한 용어들이 혼재되어 있어 도대체 다양한 용어들이 ESG와 다른 것은 무엇이며 독특성은 무엇인지 구별하기 힘들어 혼란스러운 상황이다.

UN PRI에서 강조하는 내용들은 UN SDGs(지속가능발전목표)와 GRI 지속가능보고서 가이드라인, ISO26000에서 규정하고 있는 내용들과 서로 밀접히 연관되어 있다. 특히, 이들 지침서들은 대부분 1948년 세계인권선언 이후 국제노동기구(ILO)협약, 기후변화협약, OECD 다국적기업 가이드라인, 유엔 글로벌콤팩트(Global Compact) 등 이제까지 나온 국제적 지침들을 대부분 포괄하고 있어서 상호 보완적인 관계에 있다(한국NGO신문).

UN 책임투자원칙(PRI)이라는 국제기구를 중심으로 투자기관, 금융기관, 연기금으로부터 시작된 ESG 바람은 어느새 많은 기업들을 움직이고 있습니다.

어떤 지역사회, 공동체 그리고 기업은 제대로 된 ESG 경영을 통해 환경과 사회와 거버넌스를 점검하며 지속가능한 사회적 가치 구현이라는 목적지를 향해 나아가고, 어떤 지역사회, 공동체 그리고 기업들은 기존의 다양한 지침들을 ESG와 마구잡이로 버무려서 무엇이 본질적인 ESG의 정신인지 도무지 알 수 없는 혼재된 내용만을 마구잡이식으로 퍼뜨리는 상황을 연출하는 모습을 보이기도 한다.

따라서 이제 지역사회, 공동체 그리고 기업 경영의 상식이 되어버린 지속가능경영, 사회책임경영, ESG 경영을 제대로 뿌리내리고, 지속가능한 미래를 향해 내실 있게 발전해 나가기 위하여 다양한 공동체, 조직, 기업 그리고 이와 관련된 사람들의 협력과 노력이 필요한 시점이라고 볼 수 있다.

ESG 경영과 지속가능성(sustainability)

CES(Consumer Electronics Show)는 그동안 글로벌 빅테크 기업들의 신제품·신기술을 선보이는 전시장으로 활용되고 있으며 앞으로 실용화될 기술과 디지털 혁신 제품들의 경연장으로 활용되고 있다. 최대 가전 전시회 CES 2023을 개최하는 CTA(Consumer Technology Association)는 CES의 핵심 키워드로 웹3와 메타버스(Web3·Metaverse), 디지털 헬스, 모빌리티(mobility), 지속가능성(sustainability), 휴먼 시큐리티(human security) 등 총 5가지를 선정하였다. 2023년 전시회의 가장 큰 화두는 기술이 어떻게 인류가 직면한 다양한 문제들을 해결하고 더 나은 삶을 위한 현실 세계와 디지털 세계를 연결하여 소비자에게 최적의 몰입감과 경험을 제공할 것인지에 대한 논의가 활발하게 이루어졌다.

PwC는 최근 발간한 '인사이트 플래쉬: 5대 테마로 살펴본 CES 2023' 보고서를 통해 "ESG 경영, 탄소 감축 등 지속가능성은 전 산업에 필수적인 과제이자 가치로 거듭났으며, 개인의 신념과 가치관에 따라 소비하는 '가치소비자'들이 시장을 주도하면서 지속가능성에 기여하는 기술과 서비스가 다양화할 것"이라고 했다. 또한, PwC는 "글로벌 기업의 지속가능성과 ESG 경영 실현을 위한 에너지 절감, 친환경 모빌리티 개발 등 다양한 기술 혁신 활동은 강화될 것"이라며 "국내의 경우 대기업 중심으로 기술 고도화가 추진되는 중이고, 글로벌 시장에서 우위를 보이고 있으나 업계 경쟁이 심화될 것에 대비해 비교우위를 점할 수 있는 기술 개발이 필요하다"고 했다(IMPACT ON).

기술과 지속가능 에너지

원유와 석유의 차이점은 무엇일까? 석유는 1860년대에 처음 발견되었고, 19세기 후반까지 석탄의 대체자원으로 쓰이다가 19세기 후반에 미국이 석유 보일러 선박 개발에 성공하면서 단번에 세계에서 가장 중요한 전략 자원으로 급부상하였다. 석유의 가치가 발견되기 전이나 고대에는 석유를 약품이나 화장품, 접착제, 선박 방수재 등으로 쓰기도 했다.

지금과 같은 석유와 같은 에너지 자산이 없던 과거의 중동 지역은 지금과 같은 풍요의 세계와는 거리가 먼 생활수준을 유지하였을 것으로 상상할 수 있다. 주로 어업이나 사막에서 목축업 등으로 생활을 하였을 것이다. 원유를 석유로 변화시킬 수 있는 기술이 없는 옛날에는 시원한 오아시스와 같은 물을 원하는 사람들에게 시커먼 원유는 원망의 덩어리 한숨의 액체로 여겨졌을 것이다.

물론 원유는 땅속 깊이 묻혀 있어서 물을 마시기 위해서 우물을 파는 정도의 깊이하고는 비교할 수 없겠지만, 탐사기술이 없던 과거에는 지구상의 핵심 에너지로 사용할 원유가 자신들이 밟고 다니는 땅속에 묻혀 있는지도 몰랐을 것이다. 원유를 다양한 에너지로 정제할 수 있는 기술 혁신이 없이는 원유를 석유로 변화시키지 못한다. 그만큼 인류에게 기술의 혁신은 가난과 부유함을 결정짓는 중요한 사회·경제 변화의 핵심 요소인 것이 분명하다.

에너지 전환 기술이 발전한 최근에는 ESG 환경에 적합한 수소를 활용하는 수소경제, 수소 도시가 출현하고 있다. 수소 도시란 도시 내 수소 생태계가 구축되어 수소를 주된 에너지원으로 활용하면서 도시혁신을 시민이 체감할 수 있는 건강하고 깨끗한 도시를 말한다. 수소 생태계를 위해서는 수소의 생산, 저장·이송·활용까지 이뤄져야 하며 이를 통해 세계 최초 수소 도시를 조성하여 수소 도시 세계시장을 선점하는 것을 비전으로 삼고 있다. 하지만 현시점에서 관련 기술 중 상당 부분이 사용화 되지 않아 적용 가능한 기술이 제한적이다. 아직까지 생소한 에너지원인 수소에 대한 안정성 우려를 고려하여 수소 도시를 전격적으로 조성하는 것은 현실적인 어려움이 있다고 판단된다. 이에 국토교통부는 단계적으로 수소 도시를 조성하기 위해 도시 활동의 핵심인 주거, 교통 분야에 집중하여 수소 활용 기술을 실증하는 「수소 시범도시」를 지정하고 안전성 등을 검증해 나갈 계획이다.

왜 ESG를 추진해야 하는가?

끝으로 ESG의 근본정신을 다시 한 번 생각해 본다. ESG를 수행하는 이유는 여러 가지 이점과 긍정적인 영향이 있지만 일반적으로 생각할 수 있는 주요한 이유는 다음과 같다.

◆ 사회적 책임과 윤리적 가치

ESG는 기업이 사회적 책임을 다하고, 윤리적 가치를 존중하며, 공정하고 투명한 경영을 추구하도록 도와주며 이러한 가치를 존중하는 기업은 사회와 이해관계자들과 긍정적인 관계를 형성하고 유지할 수 있다.

◆ 장기적인 성과와 안정성

ESG는 기업의 장기적인 성과와 안정성에 긍정적인 영향을 미치며 지속 가능한 경영과 투자로 인해 비즈니스 리스크를 줄이고, 기회를 창출하며, 경쟁 우위를 얻을 수 있다.

◆ 투자자와 시장 요구

ESG를 고려하는 기업은 투자자들로부터 긍정적인 평가를 받을 가능성이 높으며 지속가능한 기업들은 투자자들의 관심과 요구에 부응하면서 새로운 투자 기회를 확보할 수 있다.

◆ 기업 이미지 및 브랜드 가치

ESG를 우수하게 수행하는 기업은 긍정적인 기업 이미지를 형성하고 브랜드 가치를 향상시킬 수 있으며 이는 고객들과 소비자들에게 호감을 주고, 브랜드 충성도를 높여 시장 경쟁력을 강화하는데 도움이 된다.

◆ 자원 보존과 환경 보호

ESG는 자원을 효율적으로 관리하고, 환경적 영향을 최소화하며, 기후 변화와 같은 글로벌 문제에 대응하는데 기여한다. 이를 통해 자연 환경 보전에 기여하고 지속 가능한 사회를 형성하는데 도움이 된다.

◆ 사회적 문제 해결

ESG는 빈곤 해결, 교육 개선, 성 평등 증진 등과 같은 사회적 문제에 대한 기업의 참여와 기여를 장려한다. 기업이 사회적 문제 해결에 기여함으로써 사회적 영향력을 높이고, 더 나은 세상을 형성하는데 도움이 된다.

　　이러한 이유들로 인해 ESG는 기업과 투자 기관에게 뿐만 아니라 사회와 환경에도 긍정적인 영향을 미치는 중요한 요소로 자리잡고 있으며 지속 가능성과 사회적 책임을 고려하는 기업과 투자 기관들이 미래를 위한 지혜로운 선택을 하고 지구적 문제들을 해결하는데 큰 역할을 할 것으로 기대된다.

평택대학교 경영학과

김승욱 교수(esg.korean@gmail.com)

한국디지털융합학회 ESG추진위원장(부회장)

CONTENTS

차례

제3부
ESG 경영의 주요 영역

제4부
ESG 경영의 활용과 전략

ESG 경영과
지속가능 전략

김승욱

제1부

ESG의 이해 및 개념

제1장

ESG의 이해와 개념

1 ESG의 이해

ESG는 환경(Environmental), 사회(Social), 지배구조(Governance)의 영문 첫 글자를 조합한 단어로, 기업 경영에서 지속가능성을 달성하기 위한 3가지 핵심 요소이다. 기업의 지속적인 성장 및 생존과 직결되는 핵심가치들로, 기업의 성과는 전통적으로 영업이익이나 매출액 등 재무적 성과를 기준으로 평가되어 왔으나, 기업의 사회적 책임에 대한 담론이 형성되며, 투자자와 소비자들도 기업을 평가함에 있어 재무적 가치가 아닌 비재무적 요소인 ESG도 고려되어야 한다는 것을 의미한다.[1]

ESG란 'Environment', 'Social', 'Governance'의 머리글자를 딴 단어이다. 기업 활동에 있어서 친환경, 사회적 책임 경영, 지배구조 개선 등 투명한 경영을 해야 지속가능한 발전을 할 수 있다는 의미를 담고 있기도 한 ESG는 개별 기업을 넘어 자본시장과 한 국가의 성공과 실패를 가를 대표적인 키워드로 부상하고 있다. 현재 세계 각국의 기업들에서는 ESG 경영을 선포하며 지속가능한 경영을 꾀하고 있다.

환경(Envirnmental) 부문, 한국의 주요 산업 중 하나를 고르면, 가장 먼저

---

1) ESG포털 https://esg.krx.co.kr/

떠오르는 것은 제조업이다. 그만큼 한국의 경제는 제조업을 기반으로 성장해왔으며, 앞으로도 가장 중요한 핵심 산업이라고 볼 수 있다. 제조업은 원자재를 복잡한 기술로 가공하여 완성품이나 부품을 만들고 공급하는 것을 말하는데, 가공할 때는 엄청난 에너지가 소모되며, 이 과정에서 다양한 유해 화학 물질 및 산업 쓰레기가 많이 발생하게 된다.

과거에는 이런 에너지 낭비 및 환경오염에 대해서는 크게 중요하지 않았다. 환경의 문제보다는 얼마나 자사의 제품이 효율적으로 생산하고 얼마나 잘 팔리는 제품을 출시하는 것에 중점을 두었다. 하지만 시대가 변화하고 점차 발전하면서, 기업으로부터 환경적 제약이 굉장히 많이 든다. 기업 역시, 미래 기업을 만들기 위해서는 이러한 환경을 중요시해야 하며, 최근 몇 년간 전 세계적으로 공통으로 추진하는 탄소중립과 같은 움직임은 자연스럽게 기업들의 필수 방침으로 이어지고 있다. 이제는 환경을 고려하지 않으면, 오히려 금전적으로 부담이 커져 기존의 사업들의 사업성이 떨어지는 결과를 낳고 있으며, 사람들의 인식 또한 환경에 해가 되는 기업은 뒤로하고, 기업의 브랜드 자산 이미지가 소비자에게 반영이 되기 때문에 다양한 기업들은 친환경을 추진 목표로 대외적으로 홍보하고 움직이는 모습이다.

사회(Social) 부문, 기업은 단순히 이익을 추구하는 것을 목표로 해야 하는 것이 아닌 사회적 책임을 가지고 지속가능한 성장을 이루어야 한다는 것이 이 사회 부분의 핵심이다. 지속가능한 발전은 지금 당장 큰 이윤을 추구하기보단 장기적인 투자로 기업이 사회에 끼치는 영향을 최종 고려하여, 미래 기업이 되도록 만드는 방안이다. '지속가능성(Sustainability)'이라는 의미는 자연이 자체적으로 회복할 수 있는 수준에서만 영향을 주고 장기적으로 실행할 수 있는 것을 말한다. 기업 역시 장기적인 기업을 위해서는 지금 환경의 중요성을 굉장히 중요시하고 있다.

지배구조(Governance) 부문, 흔히 말하는 지배구조란, 기업에서는 재무 회계 경영진 등을 설명하지만, ESG 경영에서의 지배구조는 다양한 요소들이 내포되어 있다. 대표적인 키워드는 회계 투명성, 주주 권리, 경영진, 효율적인 구조의 지배구조 등을 대표적으로 말할 수 있다. 한국의 비이상적인 기업 문화 중에 하나로 꼽히는 것이 기업의 최대 주주가 비이상적 권력을 가지고 회사의 의사결정을 주도하고 이런 최대 주주를 견제해야 할 이사회와 경영진은 오히려 이러한 구조를 당연히 생각하는 경우가 매우 많다. 시대가 변화하고 흐름이 변하면 기업은 앞으로 다가오는 시대와 변화까지 발을 맞추어야 한다.

즉 미래 기업, 장기적 기업이 되기 위해서는 옛날의 바르지 못한 관습을 버리고 새로운 것에 과감히 받아들이며, '도전해야 한다'는 것이다. 주식회사의 주인은 모든 주주에게 주식 보유량만큼의 동일한 권리를 가지고 있어야 하나, 최대 주주를 포함한 기득권이 회사의 의사 결정권을 남용하고 다른 주주들의 의견이 소외되는 경영이 이루어진다면, 당연히 그 기업에 투자하는 주주들은 투자할 가치의 판단을 배제한다. 직급에 따라, 나이에 따라 등용되는 것이 아닌, 실적과 실력 그리고, 기업의 이익에 따라 직원의 직급과 고용이 이루어져야 한다.

주주자본주의의 폐해를 막고 장기적으로 지속가능한 경제를 만들어야 한다는 문제의식이 국제사회 전반에서 힘을 얻게 되면서 그 해결방안으로서 ESG 개념이 주목을 받게 되었다. ESG 세 개 분야(환경, 사회, 지배구조) 가운데 가장 먼저 실천되는 분야는 환경 분야이다. 산업화의 진행으로 인한 환경문제의 심각성은 일찍부터 인지된 바 있으며, 환경문제의 특성상 범세계적 차원에서 논의할 필요성이 대두되었다.

이에 1983년 UN은 세계환경개발위원회(WCED: World Commission on Environment and Development)를 설립하고 최초로 환경문제에 대한 국제적 차원의 논의를 시작하였다. 의장의 이름을 따서 브룬트란트위원회(Brundtland Commission)라고도 불리는 세계환경개발 위원회는 1987년 소위 브룬트란트 보고서라고도

그림 1-1 ESG 주요 흐름

연도	상단 항목	연도	하단 항목
1992	유엔기후변화협약	1991	CRS(기업의 사회적 책임)
1997	교토의정서·GRI·GHG Protocol	1994	Triple Bottom Line
2005	ESG (환경·사회·거버넌스)	2000	유엔글로벌콤팩트·CDP
2010	ISO 26000·IIRC	2006	유엔책임투자원칙
2014	RE100 CRD	2011	CSV (공유가치창출)·OECD 다국적기업 가이드라인·SASB
2016	GRI Standards	2013	IR Framework
2018	SASB Standards	2015	파리기후변화협약·유엔지속가능발전목표·TCFD
2020	다보스 매니페스토 2020	2017	Climate Action 100+
		2019	비즈니스 라운드 테이블 성명서·유럽 그린 딜
		2021	다보스 어젠다 2021·IFRS재단 SSB(지속가능성 기준위원회)

자료: 한국사회적가치연구원(2021), ESG 핸드북, ESG 생태계에 대한 이해, 사회적가치연구원 (CSES) www.cses.re.kr.

불리는 "Our Common Future"라는 제목의 문건을 발간한다. 위 보고서는 '미래세대의 수요를 만족시키는 능력을 훼손하지 않으면서 현재의 수요를 만족시키는 것'을[2] 지속가능발전으로 정의하였는데, 이는 지속가능성에 대한 최초의 공식적인 정의라고 알려져 있다. 위 보고서는 지속가능발전을 달성하기 위하여 장기 환경정책이 필요함을 주장하였고, 환경문제는 국제적 의제로 부상하게 되었다. 또한, 개인, 정부뿐만 아니라 기업도 환경문제에 대한 이해와 참여 수준을 높여야 할 대상으로 명시하였다는 점에서 기업 ESG 활동의 시작점으로 평가할 만하다.[3]

기업 차원에서의 지속가능발전에 대한 논의는 유엔글로벌콤팩트(UN Global Compact)로 이어진다. 1999년 세계경제포럼에서 UN 코피 아난 사무총장은 범세계적인 문제를 해결하고 지속가능발전을 이어가기 위하여 기업에 사회적 책임 이행에 참여할 것을 요청한다. 이 요청을 실천하기 위해 설립된 UN 산하 기구가 유엔글로벌콤팩트이다. 유엔글로벌콤팩트는 회원 기업들에 10개 원칙을 준수할

---

2) UN Documents(1986), "Our Common Future, Chapter 2: Towards Sustainable Development," UN Documents Gathering a body of global agreements.

3) 한상범·권세훈·임상균 (2021), 글로벌 ESG 동향 및 국가의 전략적 역할, ODA 정책연구, KIEP대외경제정책연구원, pp. 21-01.

것을 요청하는데, 이는 인권(Human Rights), 노동(Labour), 환경(Environment), 반부패(Anti-Corruption)의 4개 범주로 요약된다. 한편 2005년에 발표된 책임투자원칙(PRI: Principles of Responsible Investment)은 자본시장을 통해 기업의 ESG 활동에 동기를 부여하려는 움직임이다. 투자자들이 기업의 ESG 활동을 기업에 대한 투자 시 중요 사항으로 고려하도록 함으로써 재무적 성과에 대한 고착화를 완화하고 ESG 활동을 촉진하겠다는 것이 PRI의 구상이다.

2005년 UN 코피 아난 사무총장은 세계의 주요 기관투자자들에게 ESG 관련 책임투자 원칙을 제안해 달라고 요청하였다. 이에 세계 12개국의 투자기관에서 선발된 20인의 투자전문가들이 투자기관과 국제기구와 시민사회 분야의 전문가들로 구성된 70인 그룹의 도움을 받아 책임투자원칙을 완성하였다. 책임투자원칙은 2006년 뉴욕주식거래소에서 최초로 선언된 이래 동참하기로 서명한 투자자 규모가 점차 증가하는 등 자본시장에서 그 영향력이 확대되고 있다. 2020년 기준으로 PRI 참여에 서명한 투자자는 3,000명을 넘고,[4] 이들이 운용하는 자산규모는 100조 달러를 넘어선다.

PRI는 이해관계자 자본주의를 주주자본주의의 틀에서 실현하는 형태를 띠고 있다. 주주자본주의하에서 기업에 가장 큰 영향을 미치는 것은 투자자들의 의견이다. PRI는 기업에 가장 직접적이고 큰 영향력을 행사하는 대규모 투자자들에게 ESG 활동을 고려할 것을 요청한다는 점에서 기업과 경영자의 인센티브를 정확하게 파악하고 효과적인 접근을 선택한 것으로 판단된다. 그러나 PRI 원칙의 적용은 강제성이 없으며, 투자자의 자발적 참여와 양심의 문제에 의존한다. 이에 따라 PRI 원칙에 동참하기로 결의하는 것과 실제 PRI 원칙을 활용하는 것 사이에는 차이점이 있다. 다행히 현재 자본시장에서는 ESG 요소를 투자에서 중요하게 평가하는 흐름이 점차 강화되고 있어 이러한 한계점은 다소

---

4) Principles for Responsible Investment, https://www.unpri.org

극복된 것으로 보인다.

2 주주자본주의에서 이해관계자 중심 경영으로

주주자본주의로부터 이해관계자 자본주의로 변화하는 움직임은 기업 CEO들 가운데서도 확인된다. 2019년 미국 주요 기업 CEO들의 모임인 비즈니스라운드테이블(Business Roundtable)은 "Statement on the Purpose of a Corporation"[5]이라는 제목의 성명서를 발표하였다. 이 성명서는 "기업이 그들의 주주들만을 위해서 봉사해서는 안 되며, 그들의 고객에게 가치를 전달하고, 직원들에게 투자하며, 공급자를 정당하게 대하고 공동체를 지원해야 한다"고 선언하였다.

이는 주주자본주의의 관점에서 벗어나 이해관계자 모두를 기업 활동에서 고려해야 한다는 점을 공식적으로 천명한 것이다. 약 20년 전인 1997년에도 비즈니스라운드테이블 선언을 발표한 바 있는데, 이때는 주주의 이익극대화가 기업의 목적이라고 선언하였던 점을 고려하면 극적인 관점의 전환이 아닐 수 없다. 물론 이 성명이 강제력이 없으며, 정부가 선언에서 언급한 이해관계자에 포함되지 않는다는 점, 그리고 이 선언이 주장하는 바가 기업이 아니라 정부가 맡아야 할 역할이라는 점도 비판을 받고 있다. 그러나 CEO 모임에서 공식적으로 기업활동의 최대 사명을 다르게 인식하게 되었다는 점에서 큰 변화가 확인된다. 점차 논의가 확산되던 ESG 개념은 2020년 초 세계 최대 자산운용사인 블랙록(BlackRock) CEO 래리 핑크가 투자자들에게 보낸 연례 서한을 통해 급물살을 타게 된다. 이 서한에서 그는 블랙록이 지속가능성을 투자에서 최우선적

---

5) Business Roundtable(2019), Business Roundtable Redefines the Purpose of a Corporation to Promote 'An Economy That Serves All Americans', AUG 19, 2019

으로 고려할 것임을 공개적으로 밝혔다. 그 이듬해인 2021년에는 투자 대상 기업들에 사업구조가 탄소중립을 달성할 수 있는지를 공개할 것을 요구하며 ESG 활동에 적극적으로 동참할 것을 요청하였다.

(1) 자본주의 4.0

현대 자본주의 역사를 살펴보면, 시장과 정부의 역할 분담이 시대에 따라 큰 차이를 보임을 알 수 있다. Kaletsky(2011)에 따르면[6] 자본주의 체제는 크게 4단계로 변화했다고 한다. 자본주의 1.0에서는 애덤 스미스(Adam Smith)가『국부론』을 출간한 이래 1929년 대공황 시기까지 자유방임형 시장 경제 체제가 운영되었다. 대공황을 계기로 존 메이너드 케인스(John Maynard Keynes)의『일반이론』이 출간되고 미국의 프랭클린 루스벨트(Franklin D. Roosevelt) 대통령이 뉴딜(New Deal)정책을 실행한 이래 브레튼우즈(Bretton Woods) 시스템이 붕괴되고 오일쇼크(Oil shock)를 경험하게 되는 1970년대까지는 자본주의 2.0시대로 정부의 정책적 역할이 크게 부각되었다. 한편 1970년대 이후 학문적으로 신자유주의 경향이 득세하기 시작하고, 정치적으로는 미국의 로널드 레이건(Ronald Reagan) 대통령과 영국의 마거릿 대처(Margaret Thatcher) 수상이 집권한 이래 2007년 글로벌 금융위기 발생까지는 자본주의 3.0시대로 탈규제화 등 시장의 자율이 크게 강조된 시기였다. 자본주의 4.0은 글로벌 금융위기 이후 금융불안, 무역불균형, 핵확산, 에너지와 환경, 고령화 문제 등에 직면한 오늘날의 자본주의 체제를 지칭한다. 이러한 문제를 해결하려면 이념적 갈등에서 벗어나 시장과 정부의 협조 솔루션이 필요할 것이다.

---

6) Anatole Kaletsky(2011), Capitalism 4.0: The Birth of a New Economy in the Aftermath of Crisis, PublicAffairs; Reprint edition, June 28, 2011

(2) 도전에 직면한 주주가치 극대화 이념

오늘날 시장 경제에서 중요한 경제주체 가운데 하나인 주식회사 대기업의 경우 주주가치 극대화가 가장 보편적으로 수용되는 경영이념으로 자리 잡고 있다. 전형적인 주주자본주의 논지에 따르면 일반적으로 기업은 사회적 공헌 활동에는 경쟁우위가 없으므로 기업가치, 그중에서도 특히 주주가치를 극대화하는 경영활동에 전념하는 것이 바람직하다는 것이다.

그러나 Hart and Zingales(2017)[7]는 주주가치 극대화와 기업의 사회적 공헌활동을 분리해야 한다는 논지는 기업활동과 그 결과물 사이에 분리 가능한 가역적 관계성을 전제하는 것이라고 지적한다. 한편 중간적인 절충방안으로 버크셔 해서웨이(Berkshire Hathaway)는 1981년 주주지정기부(shareholder designated contribution) 프로그램을 통해 각 주주들이 지정한 분야에 기업이 직접 기부를 수행하는 방안을 제시하였다. 이는 주주들이 직접 기부활동을 수행함에 따르는 세금 등의 거래비용을 절감하는 효과를 얻을 수 있다. 대표적인 예로 잘 알려진 자선단체에 기부하는 것은 기업 경영과 분리 가능한 것으로 증가된 기업가치에 근거해 주주가 개인적으로 수행해도 무방하다.

그러나 다른 예로 회사가 공해를 배출하여 수익을 더 많이 얻은 후 배당을 많이 하고, 주주는 그 배당금을 오염물질 제거 활동을 하는 환경단체에 기부하는 경우를 생각해 보자. 기부활동 자체는 경영과 분리 가능하므로 회사가 수행하나 주주가 수행하나 마찬가지 결과를 얻을 수 있다. 그러나 문제의 핵심은 회사가 수익이 줄더라도 공해를 배출하지 않는 기술을 이용한다면, 추후 오염물질 제거에 들어가는 사회적 비용을 절감할 수 있다는 점이다. 정부가 규제를

---

7) Oliver Hart and Luigi Zingales(2017), Companies Should Maximize Shareholder Welfare Not Market Value, Journal of Law, Finance, and Accounting, 2017, 2: 247-274.

통해 저공해 기술 사용을 강제할 수도 있겠지만, 규제가 어려운 모호한 상황도 많이 있으므로, 바로 이 지점에서 기업의 사회적 책임 논의가 의의를 가질 수 있는 것이다.

한편 기존의 외부효과 논의는 사회적 이익과 기업의 이익의 크기를 비교하여 당위성 차원에서 기업의 사회적 책임을 논의하는 경우가 많았으나, 최근에는 다양한 관점의 논의들이 등장하고 있다.

(3) 시장과 정부의 효율적인 역할 분담

일반적으로 국가정책의 정당성은 시장실패(market failure) 현상에서 발견된다. 그러나 Tirole(2001)[8]이 기업의 사회적 책임 논의에서 이해관계자 접근법의 문제점으로 "경영자는 거의 언제나 자신의 행동을 합리화할 수 있는 어떤 이해관계자를 찾아낼 수 있다"고 지적한 것처럼, 시장실패라는 추상적 개념만으로는 거의 언제나 정부개입의 정당성을 합리화할 수 있을 것이다. 정부실패(government failure)라는 용어가 말해주듯 많은 정책이 부작용을 낳거나 비효율적인 것으로 판명되는 경우가 많다. 결국 시장과 정부의 역할분담은 효율성 기준에 따라 정해져야 하며, 시장이냐 정부냐의 이분법적 이념이 아니라 시장과 정부의 협조방안이 고려되어야 할 것이다. 대체로 정부는 시장에 비해 효율성 측면에서 열등한 경우가 많다.

Wilson(1989)[9]은 시장의 기업과 비교하여 정부의 관료는 목적(goals)이 아니라 제약(constraints)에 의해 작동된다는 특징이 있다고 강조한다. 좋은 결과를 얻는 것보다 잘못된 일을 하지 않는 것이 더 중요하다는 것이다. 그리고 관료

---

8) Jean Tirole(2001), Corporate Governance, ECONOMETRICA, Volume 69, Issue 1, January 2001.

9) M. Wilson(1989), Igneous Petrogenesis. A Global Tectonic Approach, GEOLOGICAL Magazine.

는 대통령, 국회, 법원 등 여러 주인을 섬기므로 자기 부처에 대해 호의를 얻고 비판을 달래는 것이 중요하다. 그 결과 대체적으로 정부기관은 기업들에 비해 비효율적이며, 시장에 의해 규율되지 않으므로 그러한 비효율성은 지속되는 경향이 있다.

따라서 정부 서비스는 가능한 한 민영화하고 성격상 민영화가 어려운 분야는 제약적인 규제를 줄이고 결과를 중심으로 평가하는 지침 등을 통해 효율성을 제고해야 한다고 주장한다.[10] 그럼에도 오늘날 상당히 많은 서비스가 여전히 정부에 의해 제공되는 이유는 무엇일까? 근래의 경제학자들은 시장의 계약 기제를 이용하는 경우 발생되는 역선택(adverse selection)과 도덕적 해이(moral hazard) 문제, 민영화 시 발생 가능한 과도한 경쟁이나 독과점 폐해, 그리고 불완전계약 및 정보의 손실, 복수의 주인이 존재하는 상황, 계약이 어려운 질적인 측면에 대한 과도한 무시 등을 그 이유로 설명한다.[11] 만약 기업의 사회적 책임이나 ESG 경영이 사회적으로 바람직한 것이라면, 그리고 기업이 그 역할을 직접 수행하는 것이 효율적이라면, 정부는 기업이 그 역할을 더 잘 감당하도록 지원하는 정책을 펼 필요가 있을 것이다. 앞서 설명한 바와 같이 Hart and Zingales(2017)는 투자자들은 자신의 결정이 기업의 친사회적 경영결정에 더 큰 영향을 미칠수록 금융적 이익을 포기할 가능성이 더 크다고 주장하였다. 따라서 국가정책적 차원에서 기업의 친사회적 경영결정을 더 잘 유도할 수 있는 기제가 마련된다면 친사회적 주주들의 영향력 실천도 더 증가할 것으로 유추할 수 있을 것이다. 다만 정책이 무조건적으로 기업의 사회적 책임을 강제하는 것이어서는 곤란하다.

---

10) FEE(1991), Book Review: Bureaucracy: What Government Agencies Do And Why They Do It by James Q. Wilson, September 1, 1991.

11) OLIVER HART, ANDREI SHLEIFER, ROBERT W. VISHNY(1997), THE PROPER SCOPE OF GOVERNMENT: THEORY AND AN APPLICATION TO PRISONS, QUARTERLY JOURNAL OF ECONOMICS, QJE.

3 해외 각국의 ESG 사례

(1) 유럽

유럽은 ESG 활동 이전부터 탄소세와 같은 환경적 측면의 활동을 선제적으로 전개한 연합이기도 하다. ESG 활동이 수면 위로 올라오면서 가장 체계적이고 빠른 수준의 대응 수준을 보여주고 있기도 하다. 유럽은 연합차원에서의 적극적인 ESG 활동이 두드러지는데, 유럽은 현재 ESG 관련하여 입법절차를 진행하고 있다.

Korea International Trade Association(2021)에 따르면 EU는 ESG에 관한 기업 의무를 강화하는 법제 관련 정책으로 금융기관 투자상품의 지속가능성 정보공개를 의무화한 '지속가능금융공시 규정(SFDR)', 기업활동의 사회·환경 영향을 비재무제표로 공개하는 '비재무정보보고 지침(NFRD)', 환경적으로 지속가능한 경제활동을 정의하고 판단기준을 제시하는 '분류체계 규정(Taxonomy)', 기업에 공급망 전체의 환경·인권 보호 현황에 대한 실사 의무를 부여하는 '공급망 실사 제도(Due diligence)' 등이 있다.

유럽은 정부 차원에서의 적극적인 정책에 그치지 않고 기업의 입장에서도 환경에서 사회 부분까지 전 범위를 아우르는 활동을 추진하고 있다. 이를 대표하는 기업으로 독일의 알리안츠의 ESG 경영사례가 있다. 알리안츠는 1890년 2월 5일에 세워진 글로벌기업으로서 알리안츠는 EU의 대표적 기업답게 2002년부터 지속가능성 관련 웹페이지 개설 후 지속적인 보고서를 발간하며 선도적인 모습을 보여주고 있다. 알리안츠는 ESG 경영 중 환경 중 기후변화 완화, 지구온난화 해결을 가장 큰 우선순위로 두어 향후 5년간 탄소배출량을 29%까지 감축하고 2050년까지 온실가스 순 배출 제로를 공약으로 내세우는 한편, 2018년 과학기반 목표 이니셔티브(Science-Based Targets Initiative)에 참여하여 장기적인 기후 위기 대책 수립하는 등 환경 부분에서 적극적인 모습을 보여주고 있다. 이외에 사회(Social) 부분의 활동인 기업 시민 프로그램(Corporate Citizenship Program) 을 통해 미래 아이들에게 교육을 지원하고 있다. 뿐만 아니라 지배구조 (Governance) 부분에서는 2017년부터 세금 투명성 보고서(Tax Transparency Report)발간, 매출과 수입세급 등을 공개하는 등 환경 위주의 활동만이 아닌 사회(S)와 지배구조(G)부분에서도 균형적인 발전을 이룩하고자 하는 모습을 보여주고 있다.12)

(2) 미국

미국은 바이든 출범에 따라 파리기후협약 재가입과 2050년까지 온실가스 배출량 제로, 청정에어니 투자(약 2조 달러) 등 환경과 관련해서 적극적인 노선을 선택했다. Kotra(2021)에 따르면 미국노동부(DOL)는 ESG 투자의 요인이 될 수 있는 민간 부문 은퇴 및 기타 직원 복리후생 제도에 명확한 규제 지침을 제공함으로써 복리후생제도에 대한 당사자들의 이익을 보호하는 규칙을 제안했다고 밝히면서 미국 정부 기조로도 ESG에 대한 중요성을 부각하고 있음을 알 수 있다.

정부뿐만 아니라 미국기업 중에서도 ESG를 통해 신규 사업기회로의 발판으로 삼은 기업도 있다. 미국의 대표적인 석유 기업인 엑손모빌은 세계적인 정유기업으로 대표적인 탄소배출 기업이다. 엑손모빌은 탄소와 관련한 환경 ESG 평가에서 자유로워지기 위해 작년 12월 탄소 포집·저장 기술 및 바이오 연료 기술에 투자하는 계획을 포함한 새로운 5개년 계획을 발표했다. 이에 그치지 않고, 학술 협력을 통한 대기 중 탄소를 제거하는 자연적인 기술을 개발하여 기존 환경파괴의 이미지 탈피를 모색하여 ESG 경영을 통한 새로운 발걸음에 나서고 있다.

---

12) 이승준 (2021), 보험회사 ESG 경영 현황 및 과제: 독일 알리안츠 사례 연구. Ⅲ. 독일 알리안츠의 ESG 경영 체계, 보험연구원, 21−8.

또한, 주목할 만한 기업 사례로 애플의 사례를 볼 수 있다. 애플은 지난해 2030년까지 전 제조 공급망과 제품 주기에서 탄소 중립화를 달성하는 환경목표를 선언했다. 사라 챈들러 애플 친환경 및 공급망 혁신총괄자에 따르면 애플은 현재 사내 사용 전기와 출장 및 임직원의 출퇴근 배출량을 포함하는 탄소발자국을 실시하고 있으며 44개국 캠퍼스, 애플스토어, 데이터센터에서는 100% 재생 가능한 전력을 사용하고 있다. 이에 그치지 않고 애플은 탄소 중립화 목표를 달성하기 위해 협력업체와 공조하여 에너지 효율성, 탄소 저감량을 높여 제품 생산 전환이 가능하도록 협조하고 있으며 이를 통해 탄소 배출량을 8백여 만 톤 감축하였다. 애플의 궁극적인 목표로 순환공급사슬로서 전제품에 대한 재활용 또는 재생가능한 소재화이다. 최근 출시된 맥북 에어는 재활용 비율이 40%이며 외장에는 100% 재생 알루미늄이 사용되었다고 전했다. 전 제품화에 대한 재생 가능화는 환경부분에 있어서 기업평가에 영향을 미칠 것으로 보고 있다.

(3) 중국

중국 기업들도 ESG 분야에서 두각을 나타내고 있다. Han Hee－Ra(2021)에 따르면 블룸버그가 뽑은 친환경 사업 기업인의 순자산에서 1위 일론머스크와 7위 프라트 인터스트리스의 안쏘니 프라트 회장과 9위에 이름을 올린 에너콘의 알로이스 보벤 회장을 제외한 15위까지의 나머지 사업가 모두가 중국 출신임을 보았을 때 그 저력을 확인할 수 있다. 2위는 중국 배터리 제조사 CATL의 쩡위첸 회장이며 CATL은 전 세계 전기차 배터리 점유율 24.2%를 차지하며 세계 1위다. 3위는 태양광 제조사 론지솔라(LONGi Solar) 리쩐궈 회장, 4위는 중국 전기차업체인 비야디(BYD)의 왕촨푸 회장, 5위는 리튬배터리 제조사 이브에너지의 류진청 회장, 6위는 전기차 업체인 샤오펑(Xpeng)의 허샤오펑 회장, 8위는 중국 전기차 기업인 니오(Nio)의 리빈 회장, 10위는 중국 응용소재업체인 항저우 퍼스트어플라이드 머티리얼의 린젠화 회장 등이 선정됐다. 11위부터 15위도 모두 중국 출신 기업인이 차지했다. 그러나 최근 사례를 보면 중국의 허점을 확인할 수 있는데, 세계적인 가구업체인 이케아는 오는 2030년까지 전 공급망의 친환경 달성 및 탄소중립을 목표를 설정했다. 전 매장에서 소비되는 에너지보다 더 많은 에너지를 재생에너지로 생산하기 위해 지난 10년간 재생에너지 개발에 25억 유로(약 3조 3,500억)를 투자했다. 뿐만 아니라 원산지 증명과 윤리적 원자재 조달을 위해 목재삼림 전문가를 고용하여 이를 감독하고 있는데, 최근 이케아는 중국의 원자재 공급처에 관련 문서 위조 사실을 발견하여 해당 업체와 계약 해지 및 판매 중단을 단행하기도 하였다.13)

　각국의 정부 ESG 사례를 보았을 때, 유럽연합의 선제적이고 높은 수준의 관리를 확인할 수 있었다. ESG와 관련하여 발 빠른 법제화 준비로 영역 내 기업뿐만 아니라, EU와 관련한 모든 공급사슬에 있어서 기준을 충족하도록 유도하여 사회적 활동에 있어서 선두에 위치를 굳건히 하고 있다. 미국은 바이든 정부출범에 따른 기조 변화로 ESG 노선을 강화하고 있음을 보여 주었으며 중국의 경우도, 국가 회의에서 환경과 사회, 지배구조부분에 대한 강조를 함으로써 ESG에 대한 대비를 하는 모습이 확인되었다. 해외사례조사결과 ESG가 일부 선진국에 국한되지 않은 범세계적인 추세로 확산되고 있음을 확인하였다. 또한, ESG는 각국 정부의 움직임에 그치지 않고 있으며, 기업들 또한 이에 대비하는 모습을 전 세계적으로 확인할 수 있었다. 애플의 사례를 통해서 세계적인 기업 또한 이를 중요하게 인식함을 볼 수 있었으며, 엑손모빌의 경우를 통해 ESG 활동이 하나의 전환점 구실을 하여 기업의 성공을 이끌 수 있음을 보여주었다. 그러나, 중국의 경우에서는 ESG 활동과 관련하여 문제가 발생한다면 가차 없이 가치사슬에서 배제될 수 있음을 알 수 있다.14)

---

13) Kim Woo-Kung (2021), "Europe to Strengthen the Supply Chain If Korean Companies have ESG Competitiveness, They have and Advantage over China", IMPACT ON, Available from http://www.impacton.net/news/articleView.html?idxno=1

4 국내 ESG 사례

(1) 정부

산업통상자원부에서는 ESG 경영에 관심이 있는 주요 기업 등을 대상으로 「K-ESG 지표 업계 간담회」를 개최했다.[15] 여기서는 국내의 ESG 평가 필요성에 대한 업계 목소리를 바탕으로 「산업발전법」에 근거한 통합된 ESG 지표 준비를 통해 평가방식과 평가기관의 난립으로 인한 적합한 ESG 평가의 어려움을 해결하고자 하였다. 이에 정부는 2021년 12월 K-ESG 가이드라인 발표를 통해 평가형태의 난립을 해결하기 위한 해결책을 제시했다. 해당 K-ESG 지표에서는 정보공시(5개), 환경(17개), 사회(22개), 지배구조(17개)를 포함한 총 61개의 문항을 기초로 한 평가지표를 제시하고 있다.

이는 기존 국내외 주요지표와 높은 수준의 호환성을 바탕으로 하여 우리나라의 ESG 평가 대응능력 강화에도 일조할 것으로 보인다. 또한, 한국 정부는 2021년 8월 비상경제대책회의에서 범부처차원에서 ESG 인프라 확충방안을 발표했다. 이 보고서에서는 2030년까지 각 부처별로 중장기 발전방안을 제시하고 있으며 구체적으로 7가지 분야의 정책을 제시했는데, 이는 (1) ESG 경영 가이드라인 마련 및 공시 활성화, (2) 중소·중견기업 ESG 역량강화, (3) 공공부문의 ESG 경영선도, (4) ESG 채권·펀드 활성화, (5) 시장 자율규율체계구축, (6) 공공부문 ESG 투자 활성화, (7) ESG 정보 플랫폼 및 통계 구축 등이 있다.

한편, 외교부에서는 녹색경제 분야의 공공-민간 파트너십 강화를 위한 글로벌 이니셔티브인 P4G(Part nering for Green Growth and the Global Goals 2030)

---

14) 임형철·정무섭(2021), "국내외 ESG 사례를 통해 본 중소기업 ESG 경영 활성화 방안." 아태비즈 니스연구 12, PP. 179-192.

15) Ministry of Trade, Industry and Energy (2021b), "Ministry on Industry Starts to Establish K-ESG Index in Earnest"(Press Release April 21), Sejong, Korea: Author. Available fromhttp://www.motie.go.kr/motie/ne/presse/press2/bbs/bbsView.

에 참여하고 있으며, P4G는 녹색경제와 관련된 5대 중점분야(식량·농업, 물, 에너지, 도시, 순환경제) 안건에서 민관협력을 촉진하고 지속가능발전목표(SDGs)달성 및 파리협정 이행을 가속화하고자 하는 협력체이다.16)

(2) 대기업

1) SK 하이닉스: 전사적 차원의 ESG 경영

대기업들 또한 ESG 이슈와 관련하여 적극적인 모습을 보여주고 있으며, 대표적 선도기업들 중에 하나로 SK그룹으로 평가된다. SK 하이닉스의 경우 2008년부터 매년 지속가능보고서를 발간하며 꾸준히 사회적 활동에 적극적인 모습을 띠고 있다. SK하이닉스의 Sustainability Report 2021에서는 ESG 경영 위원회의 설립 및 운영이 구체적으로 제시되고 있다.

이사회 결정구조인 지속경영위원회에서 더 세부화한 ESG 경영위원회를 설립함으로서 넷 제로와 같은 장기적 관점에서 전략을 수립하고 의사결정을 내릴 수 있게 구조를 구성하였다. 그뿐만 아니라 COVID−19에 대비한 비상 대응 체계(구성원 안전을 위한 비상 대응 이행)와 재난과 같은 비상상황을 대비한 사업연속성계획(BCP)을 전 사업장에 걸쳐 수립하고 있다. 만약 기업에게 비상상황이 발생한 경우, CEO가 BCP를 선언을 함으로써 BCP 조직으로 전환하여 비상근무체계에 돌입하여 정상화 활동을 수행한다. 이는 국제표준화 기구인 ISO의 인증 (ISO 22301)을 통해 자리를 잡으며 전사적 차원의 ESG 역량 강화를 이루었다.

하이닉스는 위와 같은 사내 ESG 생태계 구성과 함께 환경 관련 부분에서도 적극적인 모습을 보여주고 있는데, SK하이닉스는 'Green 2030'을 선언하며 친환경 생산 체계 구축의 박차를 가하고 있다. Green 2030의 전략 중 하나로 반도체 공정과정에서 사용되는 수자원의 관리를 통한 정량적인 목표 이행을 통

---

16) 외교부, https://www.mofa.go.kr/www/wpge/m_22235/contents.do

해 환경경영을 진행하고 있다. 이러한 수자원 관리의 세부 전략으로는 다음의
3가지 관점에서 관리를 진행하고 있다.

먼저, 취수량 증가율 감소로 생산시설이 확대됨에 따라 취수량비율도 증가
율이 증가하지만 이러한 증가율의 감소를 통해 수자원 절감을 노력하고 있다.
실제로 2019년 취수량 증가율이 2018년 대비 12% 증가한 반면, 2019년 대비
2020년 취수량은 6% 수준까지 떨어졌다. 다음으로 재이용량 확대이다. 취수량
증가와 함께 이미 들어온 취수에 대한 재이용 또한 중요한 수자원 절감 이슈로
작용할 수 있는데 2020년 국내 사업장에서만 총 2,693만 톤의 물을 재이용하고
있음을 확인할 수 있다. 마지막으로, 방류수 수질 기준 충족으로 공전 전후 사
용된 수자원을 방류를 함에 있어 방류 기준을 충족시키며 하천 생태계의 보존
을 이끌어 가고 있다.

2) 삼성전자: 공급망 생태계 구축을 통한 ESG 경영

삼성전자는 2004년을 시작으로 발간하는 지속가능경영보고서의 일환으로
A JOURNEY TOWARDS A SUSTAINABLE FUTURE(2021)를 발간함으로써 ESG
의 동참하고 있음을 시사했다. 삼성전자의 주목할 만한 노력으로 지속가능한
공급망 생태계 구축 노력이 있다. 삼성전자는 공급망을 세분화하여 함께 성장
하는 공급망, 책임 있는 공급망, 환경친화적인 공급망을 구성하고 있다. 먼저,
함께 성장하는 공급망으로 구매통합시스템 구축을 통한 공급망과의 유기적인
업무 프로세스를 구축했으며, 매년 협력 회사를 대상으로 기술, 품질, 대응력,
납기, 원가, 환경안전, 재무, 기업윤리 등의 항목을 중점으로 하는 종합평가를
실시하여 공급망 경쟁력 유지와 취약 부분을 강화하고 있다.

책임 있는 공급망 관련 활동으로는 자체적인 행동규범을 작성하여 이를
협력회사가 준수할 것을 의무화하고 있다. 또한 삼성전자가 선정한 85개의
항목으로 구성된 자가평가 툴을 전 협력회사에 배포하여 이를 평가토록 하고

있으며, 현장 점검과 제3자 검증을 통해 협력사의 근로환경이 개선되고 있는
지를 계속해서 팔로우하고 있다. 삼성전자는 환경 부분에서 지속적인 활동을
전개해 나가고 있는데, 1998년부터 국내 최초 폐전자제품 종합 재활용 센터
인 '아산 리사이클링 센터' 운영을 시작으로 현재 전 세계 55개국에서 다양한
재활용 프로그램을 진행하고 있다. 대표적으로는 모바일기기 전문 수리점인
'uBreakFix'와의 파트너십을 통해 500여 개 지점에서 소비자 자체적으로 폐전
자제품을 폐기토록 하고 있다. 이를 통해서 2018년 42만 톤의 폐전자제품 회수
량이 2020년 51만 톤으로 늘기도 했으며 2020년까지 총 454만 톤의 폐전자제
품이 회수되었다.

(3) 중소기업

정부·대기업 차원의 ESG 활동과 비교했을 때 중소기업 ESG 활동에는 정
보의 불완전성과 비용적 부담과 같은 어려움이 상존한다. Lee Si-Yeon(2021)
에 따르면 중소기업은 한정된 정보만을 의존하여 지표를 산출하기에 정확한 평
가를 할 수 없는 경우가 많다고 밝혔다. Economist(2021)에 따르면 기업의 규모
가 클수록 ESG 평가에서 평균적으로 높은 점수를 받는 것으로 나왔다.
FOMEK(2021)에서 실시한 설문조사에 따르면 ESG 경영 추진에 있어 가장 큰
걸림돌로 '업무 및 비용 증가(47.5%)'를 선정하기도 했다.

KOMSE(2021a)에 따르면 그중에서도 환경(E)분야(47.7%)의 부담감이 가장
취약한 부분인 것으로 확인된다. 이와 같은 비용부담으로 인해 ESG 경영 대응
에 대해서는 "준비됐거나 준비 중"이라는 응답이 25.7%에 불과 했으며, "관련
준비계획이 없다" 또한 34.6%로 나오는 등 아직 중소기업 자체의 ESG 준비가
부족하다는 것을 확인할 수 있다. 이처럼 중소기업들은 사용 가능한 정보의 불
안정성과 함께 비용적 부담으로 인해서 ESG 준비가 부족하다는 것을 확인할
수 있다.

그럼에도 몇몇 기업의 경우, 자신들만의 전략을 통해 ESG 경영을 실천하고 오늘날 ESG 환경에서 우수한 사례로 선정된 기업들도 존재한다. KOSME(2021a)에서 언급된 우수기업인 '지구인컴퍼니'는 식물성 고기의 개발과 유통을 아우르는 푸드테크 스타트업으로서 대체육 생산을 통해 탄소절감을 달성하고 있다. 더불어, "Let's Zero" 캠페인의 일환으로 국내 농산물 사용을 통한 탄소발자국 줄이기, 100% 친환경 포장재 사용을 통해 기업 전반적으로 환경(E)과 관련된 노력을 확인할 수 있다. 덕분에 '지구인컴퍼니'는 최근 280억 원 규모의 투자를 유치하였다.

포스코 협력사인 '세영기업'의 경우, 전사적 차원의 공유를 통해 ESG 경영 우수사례에 선정되었다. '세영기업'은 회사 그룹웨어를 통해 작업현장에서 겪는 어려움을 공유하여 임직원들과의 소통을 통해 해결방안을 모색하는 안전보건 문화를 장착하였다. 또한, 안전학교과정을 개설하여 현장중심의 안전보건활동을 임직원에게 제공하였다.

'이삭토스트'는 가맹점과 상생하는 기업으로 사회적가치를 실현하는 기업으로 언론을 통해 소개되고 있다. 이삭토스트는 가맹점의 매출액과 상관없이 월 11만원가량의 가맹비만 받고 있으며 식자재 공급과정에서의 물류 마진도 최소화하고 있다. 또한, 기존 매장에서 반경 300m에는 신규점포를 내지 않고 일부 식자재의 경우 다른 곳에서 구입을 허락하는 등 가맹점과의 상생을 위해서 노력하고 있다. '이삭토스트'는 이러한 ESG 경영의 결과로 2020년 매출이 전년 대비 12% 상승하는 등 구성원과의 협업을 통한 성장을 보여주었다.[17]

---

17) 박종필 기자 (2021), 이삭토스트 '착한 상생'… 가맹문의 석달새 1000건, 한경이코노미, https://www.hankyung.com/economy/article/2021031747081.

참고문헌

김우경(2021), 위원회 넘어 기업 정관에도 ESG. (2021년 3월 31일) Impact On
    http://www.impacton.net/news/articleView.html?idxno=1523

김화진(2021), 헤지펀드 행동주의의 현황과 전망 ‒ ESG를 중심으로. 기업지배구조리
    뷰 101: 31‒60.

박동빈(2021), 기관투자자의 주주관여와 ESG 확대. KCGS Report 11 (7): 1‒7.

박시원(2016), 파리협정과 Post‒2020 신기후체제의 서막. 환경법과 정책 16: 285‒322.

방문옥(2012), 윤리강령 및 기업지배구조헌장 도입 현황. CGS Report 2 (10): 6‒8.

사회적가치연구원(2019), 「사회적 가치와 공공가치에 관한 연구」.

_____, 『ESG Handbook Basic』, 2021.

산업자원부, 「탄소중립 시대 지속가능경영 추진 지원」, 보도자료, 2020. 12. 8.

산업통상자원부, 「산업부, 한국식 환경·사회·지배구조(ESG) 지표 정립 본격 착수」,
    보도자료, 2021. 4. 21.

산업자원부(2021b), Ministry of Trade, Industry and Energy, "Ministry on Industry
    Starts to Establish K‒ESG Index in Earnest"(Press Release April 21), Sejong,
    Korea

삼정KPMG(2021), 국내 주요 상장법인 ESG위원회 현황. 감사위원회저널 18: 28‒31.

서미숙(2021), "ESG 경영 갈길 멀다"… 대기업 29%만 위원회 설치. (2021년 7월 26
    일). 연합뉴스 https://www.yna.co.kr/view/AKR20210726005100003

서스틴베스트, 『2021년 2분기 ESG펀드 보고서』, 2021.

안석(2021), 2.5일에 한 개꼴… 올 5개월간 기업 61곳 'ESG 위원회' 신설. (2021년 5월
    31일). 서울신문

https://www.seoul.co.kr/news/newsView.php?id=20210531021017

안수현(2021), 국내·외 ESG제도 동향과 기업의 ESG경영 지원과제. 기업지배구조리뷰 101: 61-91.

오상희, 「신용등급 및 ESG 등급이 기업가치에 미치는 영향에 관한 연구」, 『세무회계연구』, 제69권, 2021, pp. 125~144.

오윤진(2020), 이사회 내 '지속가능경영위원회' 도입 관련 국내 현황 및 사례 소개 : 주요 상장사들을 중심으로. KCGS Report 10 (10·11): 2-6.

이은선·최유경, 『E.S.G. 관련 개념의 정리와 이해』, 한국법제연구원, 이슈페이퍼 21-19-4, 2021.

이은정·이유경, 「ESG 경영이 주가수익률에 미치는 영향: COVID-19 확산에 따른 위기기간을 중심으로」, 『금융연구』, 제35권 제3호, 2021, pp. 63-91.

임종옥, 「ESG 평가정보 및 이익관리가 기업가치에 미치는 영향」, 『경영교육연구』, 제31권 제1호, 2016, pp. 111-139.

임팩트온, "Europe to Strengthen the Supply Chain If Korean Companies have ESG Competitiveness, They have and Advantage over China", IMPACT ON,

임형철·정무섭(2021), "국내외 ESG 사례를 통해 본 중소기업 ESG 경영 활성화 방안." 아태비즈니스연구, 강원대학교 경영경제연구소, vol.12, no.4, pp. 179-192.

한국거래소, 「ESG 정보공개 가이던스」, 2021

한상범·권세훈·임상균(2021), 글로벌 ESG 동향 및 국가의 전략적 역할. ODA 정책연구. KIEP대외경제정책연구원. 21-01

The Deloitte HX TrustID™ Survey, May 2020 (n=7,500). See: Ashley Reichheld and Amelia Dunlop, The Four Factors of Trust: How organizations can earn lifelong loyalty, (New York: Wiley, 2022).

Michael Bondar, Natasha Buckley, Roxana Corduneanu, David Levin, How enterprise capabilities influence customer trust behavior, Deloitte Insights, June 28, 2022.

Deloitte, "Many C-suite executives say their organizations want to build trust in year ahead, yet few have leadership and tracking capabilities in place," press release, October 19, 2022.

Michael Bondar, Natasha Buckley, Roxana Corduneanu, David Levin, How enterprise capabilities influence customer trust behavior; Frances X . Frei and Anne Morriss, "Begin with trust," Harvard Business Review, May-June 2020;

Paul J. Zak, "The neuroscience of trust," Harvard Business Review, January-February 2017.

Michael Bondar, Natasha Buckey, Roxana Corduneanu, Can you measure trust within your organization?, Deloitte Insights, February 9, 2022

제2장

ESG 경영과 이해관계자 중심경영

1 관계 경영(Relationship Management)

관계라는 단어는 단독으로 쓰일 때는 다소 어색해 보이지만, 이미 우리 사회에서 너무 흔하게 보편적으로 사용하고 있는 단어이다. 예를 들어, '가족관계', '남녀관계', '혈연관계', '인간관계' 등 무수히 많은 일상 속에서 우리는 '관계'라는 단어를 아주 흔하게 사용하고 있음을 알 수 있다. 특히, 기업이 고객에게 서비스 제공에 실패하는 경우가 발생했을 때 기업과 좋은 관계를 맺은 고객은 기업의 서비스 실패를 더 잘 용서하며 기업의 서비스 회복 노력에 좀 더 우호적이라는 것을 알 수 있다.

따라서 기업은 고객을 '우리(we)'라는 '관계(relationship)' 속으로 끌어드려야 한다. '우리'라는 관계 속으로 끌어들이고 좋은 관계를 지속하기 위해서는, 단순히 표면상의 드러나 고객의 요구사항들을 단순 대응적으로 응대하는 것이 아니라 더 나아가 고객의 필요성을 선제적으로 예측하고 관리해야 한다. 또한 고객의 숨겨진 마음을 읽고 적절하게 해석하여 고객 내면의 깊숙한 곳까지 고객의 마음을 이해하고, 동병상련의 심정으로 고객의 필요성을 공감해야 한다.

즉, 관계 경영이란 신규고객 획득, 기존고객 유지, 고객 수익성 증대 등을 위하여 차별화된 마케팅 활동을 통해 고객행동을 이해하고 고객과의 장기적인 관계 형성을 통하여 고객의 평생 가치를 극대화하여 기업의 수익성을 높이는 경영활동이라고 할 수 있다.

(1) 디지털 관계경영의 시대, '좋아요' 누르기와 디지털 관계 형성?

지난 2~3년간 우리는 사회적 거리두기(social distance), 격리(quarantine), 줌 미팅(ZOOM meeting), 인공지능 키오스크 등 과거 전혀 들어보지 못했던 단어들과 익숙한 하루하루를 보내고 있다. 과거에는 친한 사람들과의 언제든지 편안하게 만나왔던 즐거움들이 언택트 시대에는 어쩌다 힘들게 만나는 모임들도 매우 소중한 추억으로 기억되었으며 추억이 없는 일상이 일상화되기도 하였다.

하지만, 언택트 환경의 장벽을 해결하고 관계의 끈을 이어나가는 방법으로 '사회관계망서비스(SNS)'라고 불리는 페이스북이나 인스타그램 등과 같은 곳에서 직접 대면하지 못한 친구들이나 가족들의 새로운 게시물에 대해서 '좋아요'라는 버튼을 한번씩 눌러주면서 서로의 관계가 단절되지 않았다는 행동을 하기도 하고 댓글로 다양한 의견을 나누기도 한다.

그러나 언택트 환경에서 서로의 관계를 이어주는 SNS 등은 긍정적인 측면도 분명 히 존재하지만, 최근의 페이스북, 유튜브, 넷플릭스 등 다양한 글로벌 빅테크 기업들은 고객의 빅데이터를 자신의 거대 자산으로 축적하면서 인공지능 추천 알고리즘을 이용하여 플랫폼 경제와 구독경제에서 엄청난 파워를 향유하고 있다. 이러한 플랫폼 기업들의 문제점들로 인하여 탈중앙화라는 이슈가 등장하여 웹 3.0이라는 개념으로 확산되어 학계와 산업 분야에서 다양한 논의가 시작되고 있다.

(2) 관계 경영과 ESG

관계경영과 ESG는 서로 긍정적으로 상호작용하며, 신뢰가 중요한 키워드로 작용한다. 기업은 ESG 경영을 통해 기업은 사회적 책임을 다하고 환경, 사회, 지배구조 등의 다양한 요소를 고려하는 경영을 추구함으로써 고객들의 관심을 끌고, 고객들의 신뢰를 얻을 수 있다. 이는 고객들이 기업의 제품이나 서비스에 대해 긍정적인 인식을 갖게 되고, 기업의 브랜드 가치와 인식을 향상시키며 고객들과의 관계를 강화할 수 있다. 신뢰는 고객들이 기업에 대해 믿음을 가지는 것을 의미하며, 기업이 고객들과의 신뢰를 유지하고 키우는 것은 중요한 경쟁력 요소로 작용한다. 따라서 기업은 관계경영과 ESG 경영을 함께 고려하여 신뢰를 키우고 지속가능한 경영을 추구하는 것이 필요하다.

또 ESG 경영을 고려한 관계경영은 고객들과의 장기적인 관계를 형성하고 유지하는 데에도 도움을 줄 수 있다. ESG를 고려한 기업은 지속가능한 경영과 사회적 책임을 중요시하며, 이를 투명하게 소통하고 실행하는 것이 가능하다면, 고객들은 더 오래 기업과의 관계를 유지할 수 있게 될 수 있다. 더불어 기업이 ESG 원칙을 충실히 준수하고 관리할 경우, 고객들은 기업의 경영에 대한 신뢰를 가질 수 있으며, 관계경영에 긍정적인 영향을 미친다. 예를 들어, 기업이 환경친화적인 제품이나 서비스를 개발하거나 사회적 가치를 창출하는 활동을 추진할 때, 이는 고객들에게 긍정적인 이미지를 제공하고 브랜드 가치를 향상시킬 수 있다.

결론적으로, 관계 경영과 ESG는 상호 연관성이 높으며, 둘 간의 긍정적인 상호작용은 기업의 신뢰를 키우는 데에 도움을 줄 수 있다. ESG 경영을 통해 기업은 사회적 책임을 다하고 환경, 사회, 지배구조 등의 다양한 요소를 고려하는 경영을 추구함으로써 고객들의 관심을 끌고, 고객들의 선택을 유도하여 고객 관계를 강화할 수 있다. 이는 기업의 브랜드 가치와 인식을 향상 시키며, 장기적인 가치 창출과 고객의 만족을 추구하는 데에도 긍정적인 영향을 미친다.

또한 기업은 ESG를 통해 사회적 책임을 다하고, 고객과의 관계를 투명하고 긍정적으로 관리함으로써 고객들의 신뢰를 높이고, 지속적인 고객 만족과 충성도를 구축하여 기업의 경쟁력을 강화할 수 있다. 따라서 기업은 관계경영과 ESG 경영을 상호 보완적으로 고려하여 지속가능한 경영을 추구하고 고객들과의 긍정적인 상호작용을 강화하는 것이 중요하다.

(3) 관계 경영의 주요 기능

관계 경영은 기업이 고객과의 관계를 효과적으로 관리하고 개선하기 위해 사용되는 전략, 프로세스, 도구, 기술의 종합적인 접근이다. 기업은 고객의 기본 정보와 상호작용 데이터를 수집, 저장, 관리하고 분석한다. 이를 통해 고객의 구매 이력, 연락처 정보, 서비스 요청 등의 데이터를 중앙에서 효율적으로 관리하고 활용한다. 또 고객과의 다양한 상호작용을 관리하기 위해 이메일, 소셜 미디어, 웹사이트 등 여러 채널에서 고객과의 상호작용을 추적하고 기록하여 고객과의 의사소통을 개선하고 고객의 요구를 더 잘 이해하고자 한다. 더불어 고객 관계를 개선하기 위해 분석 결과에 따라 고객 행동을 예측하여 개인화된 마케팅, 고객 로열티 프로그램 등을 다양한 기능을 제공해 고객과의 관계를 강화하고 고객 충성도를 향상시킨다.

이 외에도 기업은 관계 경영 전략에 따라 다양한 기능을 제공하고 있다. 이로써 관계 경영은 고객과의 관계를 중심으로 기업의 비즈니스 활동을 지원하고 개선하는 데 도움을 주는 강력한 도구라고 할 수 있다.

2 관계 경영과 ESG

최근 몇 년간, 관계경영의 동향은 환경적, 사회적, 지배 구조적인 측면에서 책임을 다하고 지속가능한 경영을 추구하는 ESG(Environmental, Social, Governance)를 중심으로 변화하고 있다. ESG 경영을 반영하는 관계 경영의 동향은 다음과 같다.

(1) 사회적 책임 강조

기업은 사회적 가치와 지속가능성을 관계경영에 반영하여 고객들에게 사회적 책임 있는 기업 이미지를 전달하고자 한다. 환경 보호, 사회 공헌, 윤리적 경영 등을 강조하여 고객들의 관심을 끌어내고, 기업의 사회적 책임과 지속가능성에 대한 고객들의 요구에 부응하는 서비스를 제공한다.

(2) 투명한 커뮤니케이션

기업은 ESG 경영을 중심으로 고객들과의 투명하고 개방적인 커뮤니케이션을 강조하고 있다. 이는 기업의 ESG 성과, 활동, 제품, 서비스 등에 대한 정보를 고객들에게 제공하고, 고객들의 궁금증이나 의견에 대해 적극적으로 소통하려는 노력으로 이어지고 있다.

(3) 장기적 관계 구축

기업은 ESG 경영을 통해 단순한 거래 관계 이상의 고객들과의 지속적인 관계를 구축하고, 고객들의 기반 가치에 따른 서비스나 제품을 제공하여 고객들과의 긴밀한 소통을 통해 관계를 강화하고자 한다. 이때 ESG 경영은 기업이 지속가능한 성장을 추구하며 사회와 환경에 대한 책임을 다하는 것을 반영하므로, 고객들과의 장기적인 관계를 구축하는 데 도움을 준다.

(4) 법규 준수와 위험 관리

ESG 경영은 기업이 관련 법규와 규제를 준수하고 사회적, 환경적, 지속가능성 등의 위험을 관리하는 것을 강조한다. 고객은 기업의 합법성과 위험 관리 능력을 평가하여 신뢰할 수 있는 파트너로 선정하고자 한다. ESG 관리가 강화되면 기업은 법적 문제나 위험을 최소화하고 고객들에게 높은 신뢰를 제공할 수 있다.

기업은 고객과의 관계를 중심으로 ESG 경영에 집중하고, 이를 통해 더 나은 가치를 제공하기 위해 고객의 신뢰를 확보하는 것이 필요하다고 할 수 있다. 따라서 기업은 관계경영 전략에 ESG 경영을 반영하여 다양한 변화와 도전을 진행해야 한다.

③ 이해관계자 중심 경영

(1) 지속가능경영과 관계 경영

ESG 경영을 통해 기업은 사회적 책임을 다하고 환경, 사회, 지배구조 등의 다양한 요소를 고려하는 경영을 추구함으로써 고객들의 관심을 끌어야 하며, 고객들의 선택을 유도하여 고객 관계를 강화해야 한다. 이는 기업의 브랜드 가치와 인식을 향상하며, 장기적인 가치 창출과 고객의 만족을 추구하는 데에도 긍정적인 영향을 미친다. 또한, 기업은 ESG를 통해 사회적 책임을 다하고, 고객과의 관계를 투명하고 긍정적으로 관리함으로써 고객들의 신뢰를 높이고, 지속적인 고객 만족과 충성도를 구축하여 기업의 경쟁력을 강화할 수 있다.

따라서 기업은 관계 경영과 ESG 경영을 상호 보완적으로 고려하여 지속가능한 경영을 추구하고 고객들과의 긍정적인 상호작용을 강화하는 것이 중요하다. ESG 활동으로 기업의 가치관, 됨됨이를 소비자와 동시에 소통하는 관계로 나아가야 한다. 경영은 단순한 트렌드가 아니라 경영방식의 전면적인 방향 전환을 요구하는 시대적인 요구이자 생존의 조건으로 임해야 한다. 윤리적 가치의 추세 발전이 사회와 정부의 요구가 크기 때문에, 기업 역시 이에 발맞춰서 나가야 한다. 환경적인 마케팅, 사회적인 요건 확립 후 정당하고 수평적인 지배구조를 가진 기업만이 이제는 장기적으로 살아 나갈 수 있다.

그림 2-1 이해관계자의 신뢰와 비즈니스 성과

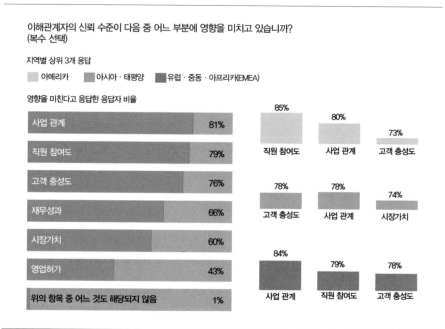

이해관계자의 신뢰 수준이 다음 중 어느 부분에 영향을 미치고 있습니까?
(복수 선택)

지역별 상위 3개 응답

■ 아메리카   ■ 아시아 · 태평양   ■ 유럽 · 중동 · 아프리카(EMEA)

영향을 미친다고 응답한 응답자 비율

항목	비율
사업 관계	81%
직원 참여도	79%
고객 충성도	76%
재무성과	66%
시장가치	60%
영업허가	43%
위의 항목 중 어느 것도 해당되지 않음	1%

직원 참여도 85% 사업 관계 80% 고객 충성도 73%

고객 충성도 78% 사업 관계 78% 시장가치 74%

사업 관계 84% 직원 참여도 79% 고객 충성도 78%

참고: N = 177
자료: 딜로이트, 이사회의 이해관계자 신뢰 제고 및 측정 방법, 딜로이트 글로벌 이사회 프로그램
보고서, 2023. 2.

경영자가 전통적인 '주주 가치'(shareholder value) 확대라는 신념을 버리고, 기업이 종업원, 소비자, 지역, 환경 및 주주, 즉 일반적으로 '이해관계자'(stakeholder)를 위해 가치를 창출하고 이를 기업 경영의 사명으로 삼아야 한다고 공개적으로 밝혔다. 기업은 과거 줄곧 '주주 가치 극대화'를 기업의 유일한 목표로 삼았다. 그러나 최근 몇 년 동안 시장 메커니즘에 따라 운영되는 자본주의가 사회에 심각한 병폐, 특히 빈부 불균형과 환경 파괴와 같은 문제를 가져왔다. 따라서 이러한 상황에서 사회 분위기가 크게 변화하고 기업은 이런 '주주의 가치'를 추구하는 것을 넘어 ESG를 기업 전략의 발전과 사명으로 삼아야 한다.

그림 2-2 이해관계자의 신뢰구축을 위한 주요영역

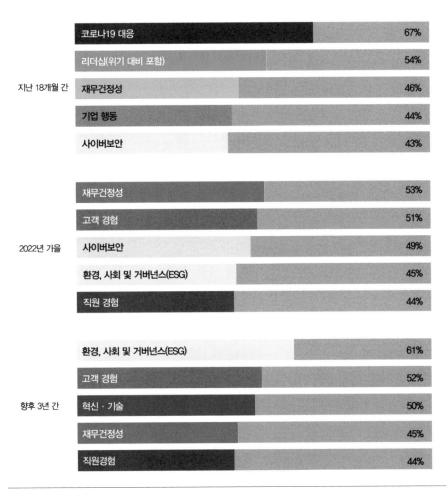

응답자 기업 내 이해관계자의 신뢰 구축을 위한 주요 영역(2020–2025년)

지난 18개월 간		
코로나19 대응		67%
리더십(위기 대비 포함)		54%
재무건정성		46%
기업 행동		44%
사이버보안		43%

2022년 가을		
재무건정성		53%
고객 경험		51%
사이버보안		49%
환경, 사회 및 거버넌스(ESG)		45%
직원 경험		44%

향후 3년 간		
환경, 사회 및 거버넌스(ESG)		61%
고객 경험		52%
혁신 · 기술		50%
재무건정성		45%
직원경험		44%

참고: 응답자들은 중요도 순으로 고려사항을 답하도록 요청받음. N=177
자료: 딜로이트 글로벌 이사회 프로그램 신뢰 서베이

(2) 이사회의 이해관계자 신뢰 제공

지난 2023년 3월 10일 딜로이트 글로벌 이사회 프로그램의 '이사회의 이

해관계자 신뢰 제고 및 측정 방법' 서베이 보고서 국문본이 발간되었다. 이 보고서는 이사회가 '신뢰(trust)'를 중요한 안건으로 인식하고 있는지에 대해 파악하기 위해 2022년 10월, 글로벌 30개국 이사진 177명을 대상으로 진행된 설문조사를 바탕으로 작성되었다.[1]

　　이번 조사에 따르면 대다수의 응답자들은 신뢰가 성과에 영향을 미친다는 것에 동의하고 있다. 응답자의 94%는 신뢰가 조직 성과에 '중요하다'고 답했으며, 조직성과에 '어느 정도 중요하다'고 단 6%만이 답했다. 전반적으로 응답자의 81%가 신뢰는 비즈니스 관계에 직접적인 영향을 미친다고 답했다. 보고서는 이를 '신뢰'가 조직의 성장과 경쟁력을 촉진하게 만드는 효과적이고 실질적인 요소로 보고 있다는 의미라고 밝혔다.

　　일례로 18개월(2021년 5월~2022년 10월) 동안 COVID-19와 관련된 과제를 극복하는 것이 이해관계자 신뢰 구축의 핵심 영역이었다고 67%의 응답자는 답했다. 그러나 최근 많은 글로벌 권역에서 COVID-19 상황의 심각성이 줄어들면서 환경, 사회 및 거버넌스(ESG)와 기후 변화 문제가 기업 신뢰 구축에 최대 영향을 미칠 수 있는 사안으로 부상하고 있다.

　　딜로이트 글로벌의 설문 결과는 이런 동향이 가속하고 있음을 보여주고 있다. 45%의 응답자는 ESG가 현재 기업의 핵심 신뢰 추진 동인이라고 답했으나, 앞으로 3년간의 우선순위를 선정하는 질의에는 61%로 증가했다. 또 ESG와 기후변화 이슈가 고객 경험(52%)과 혁신(50%) 등 다른 중요한 신뢰 영역들보다 더 높은 우선순위로 자리매김할 것으로 보고 있다.

　　앞서 말했듯 최근 많은 글로벌 권역에서 코로나19 상황의 심각성이 줄어들면서 환경, 사회 및 거버넌스(ESG)와 기후 변화 문제가 기업 신뢰 구축에 최대

---

1) 딜로이트 (2023), 이사회의 이해관계자 신뢰 제고 및 측정 방법, 딜로이트 글로벌 이사회 프로그램 보고서

영향을 미칠 수 있는 사안으로 부상하고 있다. 기업이 관계경영과 ESG 경영을 함께 고려함으로써 신뢰를 강화하고 지속가능한 경영을 추구할 수 있어 현대 기업에 중요한 경영 전략이라 볼 수 있다. 관계경영과 ESG는 상호 연관성이 높으며, 둘 간의 긍정적인 상호작용은 기업의 신뢰를 키우는 데에 도움을 줄 수 있다.

　이해관계자 관계경영과 ESG 경영은 현대 기업 경영에서 필수적인 요소로 인식되고 있다. 고객들의 기업에 대한 요구와 기대를 충족시키고, 사회적 책임을 이행하며, 미래 성장 동력을 확보함으로써 기업의 지속가능한 성공을 도모하는 데 중요한 역할을 수행한다. 기업이 환경, 사회, 지배구조 등의 ESG 요소를 고려하여 경영을 수행하면, 이에 따라 고객들은 기업에 대해 더 긍정적인 인식을 하게 되어 기업과 신뢰 관계가 형성될 수 있다. 또한, 기업이 고객들과의 긴밀한 관계를 구축, 유지하고 고객의 요구와 기대에 부응하는 관계경영을 추구하면, 이로써 고객들의 신뢰를 얻을 수 있을 것이다. 이처럼, 기업이 관계경영과 ESG 경영을 함께 고려함으로써, 신뢰를 강화하고 지속가능한 경영을 추구할 수 있다.

4 ESG 경영과 전략

(1) ESG 리더십

　전 세계적으로 ESG(환경·사회·거버넌스) 바람이 거세다. 세계 곳곳에서 ESG 정보 공시가 의무화되고, 유럽과 미국을 중심으로 투자 규모도 커지고 있다. 최근 국내 기업도 적극적으로 ESG 경영을 선포하고 체계를 갖추기 위해 노력하고 있다. 신종 코로나바이러스 감염증(코로나19)과 같은 유례없는 전염병 사태로 공중 보건, 환경 보호, 부의 불평등 해결 등 사회적 가치를 추구하는 지속 가능한 투자가 필요하다는 인식의 공감대가 만든 결과라 할 수 있다. 코로나19가 종식되어도 기업 경영과 투자의 주류로 주목받는 ESG에 더 많은 자금이 쏠릴 것으로 예상된다. ESG는 기업 손익에 영향을 미치는 중대한 위협이자 기회가 되고 있다.

ESG 경영은 기업이 핵심 비즈니스에서 환경과 사회위험을 줄이고 새로운 기회를 창출하려는 노력이 있는지를 살피는 활동이다. 기후 위험과 같은 사회·환경 문제를 이해 못 하는 최고경영진과 이사진에게 ESG 경영은 불가능한 일이다. 즉 지배구조(Governance)의 선행이 ESG 경영의 지속가능성에 가장 필요한 요소다.[2]

첫 번째로 기업의 사회적 책임에서 리더의 의지는 항상 우선된다. 즉 리더가 사회적 책임을 인식하지 못한다면 ESG 경영은 시작 자체가 어렵다. 최근에는 기업의 사회적 책임과 도덕성이 기업 이미지와 신뢰에 큰 영향을 끼침을 인지하는 리더가 늘어나고 있다. 하지만 비즈니스에 환경과 사회적인 원칙을 녹여내는 건 시기상조이고 여전히 매출 혹은 수익이라는 재무적 관점을 우선시하는 기업의 리더도 다수 존재한다.

두 번째로 ESG에 전문성이 없는 리더가 ESG에 근거해 사업체를 이끈다는 건 어불성설이다. ESG는 큰 범위의 세 요소를 포괄하는 복잡한 개념이다. ESG에 대한 잘못된 관점으로 기업의 핵심사업에서 환경과 사회에 끼치는 해악을 줄이는 대신, 비핵심 사업에서 소규모로 진행하는 친환경 사업을 최대한 부풀리는 기업도 있다. 시민과 투자자는 기업 리더가 기후 위기와 같은 사회·환경 문제에 이해도와 전문성을 가지기 위해 어떠한 노력을 하고 있는지 함께 모니터링해야 한다.

마지막으로 기업 리더가 아닌 리더를 포괄하는 지배구조라는 표현에 집중

---

2) 이혜란 아름다운커피 홍보캠페인팀장(2021), ESG 경영은 사람이 주도하는 'G'부터, 프레시안.

하자. 기업의 최고경영진과 이사진이 ESG에 근거해 의사결정을 할 수 있도록 지지하고 견제하는 구조가 중요하다. ESG는 이사회 구성, 감사위원회 구조, 부패 정도, 임원 성과와 보상 및 정치 기부금, 내부고발자 제도 등을 거버넌스 (Governance) 지표 주제로 제시하고 있다. 기업 활동을 둘러싼 주체들이 투명하고 민주적인 구조를 만들어야 수많은 이해관계의 충돌을 해결하고, 올바른 의사결정을 내릴 수 있게 된다. 예를 들면 최고경영진과 이사진 ESG 왜곡 또는 독선 혹은 갑질 경영을 막을 수 있는 기능도 가능하며, 이는 기업의 이미지와 브랜드 자산을 구축할 수 있으며, 환경과 사회적, 그리고 기업의 평등한 수평적 기회 등은 고객들의 집중을 받을 수 있으며, 기업의 입장으로부터 역시, 미래지향적, 장기적 기업 즉, 고객 및 투자자들의 긍정적인 방향으로 두 마리의 토끼를 잡을 수 있는 영향력이 있는 마케팅으로 등장하였다.

(2) ESG 경영과 국내 기업

1) SK 그룹

SKT에서는 '해피 햇빛' 프로젝트를 시행하고 나서 580만 개의 일회용 컵이 회수되었고 이는 소나무 7만 2천 그루를 식재한 것과 같다고 한다. 이런 작은 실천만으로도 환경을 살릴 수 있으니 소비자들의 입장에서 좀 더 적극적인 참여가 필요하다. 환경 보호나 사회 공헌하는 상품과 서비스를 고객이 이용할 때마다 적립되는 기부 전용 포인트로 지난 한 해만 약 8억 6천만 원의 행복 크레딧이 적립되었다. 그 외에도 SKT의 ESG 경영 사례는 2023년에도 계속 이어지고 있다. CES 2023에서 선보인 SK텔레콤 넷 제로(Net Zero) 기술은 그룹의 계열사 8개가 보유하고 있는 40여 개의 탄소 감축 기술이다. 전 세계 탄소 감축 목표량의 1%인 2억 톤을 줄이겠다는 목표를 가지고 탄소 없는 미래를 선보였다고 한다. CES 2023에서 선보인 기술 몇 가지를 소개하면 전기수직이착륙기

기반의 항공 이동 서비스 UAM, 저전력 AI 반도체 SAPEON, 전기차, 수소차 친환경 모빌리티 기술, 스마트 글라스, 디지털 헬스케어 등이 있다.

그리고 SK 케미칼은 석유를 원료로 한 코폴리에스터 등의 소재를 버려진 플라스틱, 자연 유래 바이오로 전량 대체하고, 합성의약품 중심 제약 사업을 바이오로 재편하겠다고 발표했다. 이를 통해 새로운 기회를 창출해 지속적인 성장을 한다는 것을 핵심으로 볼 수 있다. 또한 그린에너지 전환을 통해 2040년 온실가스 넷 제로를 달성한다는 목표도 제시했다. 울산공장 등 제품 생산에 사용되는 에너지 인프라에 4,200억 원을 투자하고, 기존 석탄발전을 2024년까지 액화천연가스(LNG) 열병합발전으로 전환할 예정으로 밝혔다. 이는 중장기적으로 수고 인프라를 도입하여 에너지 체계를 구축해 나간다.

2) 포스코그룹

포스코그룹이 올해 들어 ESG(환경·사회·지배구조) 경영에 적극 나서고 있다. 이를 통해 그룹의 '2050 탄소중립' 비전 달성은 물론 철강업계 ESG 경영 표준을 주도한다는 목표다. 포스코그룹은 2022년 3월 지주회사 체제 전환을 계기로 ESG 경영에 속도를 내고 있다.[3]

포스코는 2050 탄소중립 달성을 위해 '탄소중립위원회'와 '탄소중립 Green 철강기술 자문단'의 운영을 시작했다. 탄소중립위원회는 탄소중립 로드맵 이행에 따른 주요 이슈를 다루기 위해 만들어졌다. 앞서 포스코그룹은 지난 2020년 12월, 아시아 철강사로는 최초로 탄소중립 계획을 공식적으로 발표했다. 2030년까지 사업장 직접 감축 10%, 사회적 감축 10%를 달성하고, 2040년까지 50% 감축, 2050년까지 완전한 탄소중립을 이룬다는 목표다.

---

3) 김재홍 기자(2022), ESG경영 강화하는 포스코… "업계 표준 주도한다", 뉴데일리경제, 2022.5.16.

　　포스코홀딩스도 3월30일 '그룹ESG협의회'를 신설하고 첫 회의를 가졌다. 그룹ESG협의회는 포스코홀딩스를 중심으로 그룹의 ESG 이슈를 모니터링하고 리스크를 진단해 그룹 ESG 정책을 수립하기 위해 만들어졌다. 포스코홀딩스는 앞으로 분기마다 협의회를 개최해 각 사업회사 별 특성에 맞는 ESG 대응 역량을 향상시킨다는 방침이다. 또한 포스코홀딩스는 이달 22일 TNFD(자연관련 재무정보공개 협의체)에 가입했다. TNFD는 생물다양성에 관한 재무정보 공개 기준 수립을 위해 유엔개발계획(UNDP)과 세계자연기금(WWF) 등의 주도로 지난해 6월 공식 출범한 글로벌 협의체다.

　　현재 블랙록, BHP 등 420여개 기업 및 기관이 참여하고 있다. 국내 기업 중에서는 우리금융지주, 신한금융그룹, KB금융그룹에 이어 네 번째다. 포스코홀딩스는 TNFD 가입을 계기로 생물다양성 보전 활동에 참여하는 등 ESG 경영을 강화한다는 계획이다.

　　한편, 포스코그룹은 철강업계의 ESG 경영 트렌드를 주도하고 있다. 우선 지난 2019년 7월에는 글로벌 철강사 중 최초로 5년 만기 5억 달러(약 6,300억원) 규모의 ESG 채권을 발행했다. 2022년 1월에는 국내 철강사로는 처음으로 VBA(Value Balancing Alliance)에 가입했다. VBA는 2019년 출범한 글로벌 기업 연합체로 ESG 성과를 화폐 가치로 측정하고 이를 회계에 반영하는 글로벌 표준 개발을 목표로 하고 있다.

(3) 전략적 시사점

　　기후변화는 지구의 기후 시스템에서 일어나는 장기적인 변화를 말하며, 인간이 발생시킨 온실가스 배출 등이 원인이다. 이에 따라 지구 생태계와 인간 생활에 부정적인 영향을 미치고 있다. 한반도 지역의 이산화탄소 농도와 평균기온은 전 지구 평균보다 빠르게 상승하였고, 혹한 기온은 감소하고 혹서기온은 증가하여 평균기온의 상승을 유도하였다. 기후변화는 인류에게 가장 중요한 문제 중 하나이며, 대응이 필요하다. 기후변화의 주요 원인은 인간 활동으로 인한 온실가스 배출이며, 화석연료 연소, 에너지 생산과 소비, 교통수단 등의 배출이 큰 역할을 한다. 인간 활동으로 인한 기후변화는 지구 온도 상승과 자연재해 등 다양한 문제를 초래할 수 있다. 기후변화로 인해 피해가 커지고 있어서, 인간 활동에 의한 배출량을 줄이고 문제를 해결해야 한다. 이렇게 기후변화에 대한 관심과 걱정이 높아져 대다수 기업은 탄소중립을 선언했다. 탄소중립은 이산화탄소 순 배출량이 '0'이 되도록 하는 것이다. 이를 실현하기 위해서는 온실가스 배출을 줄이거나 흡수를 늘리는 방법이 있으며, 대표적인 방법으로는 에너지 전환, 건축물과 교통수단의 에너지 효율성 향상, 산업 구조의 변화, 숲 조성, 탄소 포집과 저장이 있다. 탄소중립을 실천했을 때 기업에 오는 긍정적인 영향으로는 기업의 경쟁력을 강화하는 데 도움이 될 뿐더러 시장에서 차별화된 경쟁력을 가질 수 있다.

또한 브랜드 가치를 증대시키고 투자 유치에 유리한 위치에 오를 수 있다. 환경에 오는 긍정적인 영향으로는 지구 온난화의 진행을 막을 수 있고, 생태계와 생물 다양성을 보호할 수 있으며 대기오염으로 인한 호흡기 질환, 심장 질환 등 건강 문제를 예방할 수 있다. 이렇게 지속가능한 미래를 위해서 기업들은 사회적 책임을 다하고 환경을 생각하는 경영을 해야 한다. 이에 기업은 미래 기업을 위해서 환경적 요인에 맞추어서 고객과의 관계에도 긍정적인 영향을 끼쳐야 한다.

관계경영은 고객 관리에 필수적인 요소를 고객 중심으로 정리 통합하여 고객 활동을 개선함으로써 고객과의 장기적인 관계를 구축하고 기업의 경영 성과를 개선하기 위한 경영방식이다. 관계경영은 고객 확보 비용을 줄이면서 기업의 지속가능한 가치 창출 방안을 모색하면서 등장했으며, 데이터베이스 마케팅, 관계 마케팅 등에서 진화된 요소들을 기반으로 하고 있다. 관계경영의 주요 기능은 기업이 고객의 기본 정보와 상호작용 데이터를 수집, 저장, 관리하고 분석하면 시작된다. 고객의 데이터를 기반으로 고객과의 의사소통을 개선하고 고객의 요구를 더 잘 이해하고자 한다.

또한 고객 행위를 예측하여 더욱 개인화된 서비스로 다양한 기능을 제공해 고객과의 관계를 강화하고 고객 충성도를 향상한다. 이 외에도 기업은 고객 관계 전략에 따라 다양한 기능을 제공하고 있다. 이로써 관계경영은 고객과의 관계를 중심으로 기업의 비즈니스 활동을 지원하고 개선하는 데 도움을 주는 강력한 도구라고 할 수 있다. 이러한 관계경영은 최근 환경적, 사회적, 지배 구조적인 측면에서 책임을 다하고 지속가능한 경영을 추구하는 ESG를 중심으로 변화하고 있다. 관계경영에서 사회적 책임 강조, 투명한 커뮤니케이션, 장기적 관계 구축, 법규 준수와 위험 관리 등이 중요한 키워드로 떠오르면서 ESG 경영을 기반으로 한 관계경영이 중요시해지고 있다. 더불어 기업은 고객과의 관계를 중심으로 ESG 경영에 집중하고, 이를 통해 더 나은 가치를 제공하기 위해 고객의 신뢰를 확보하는 것이 필요하다고 할 수 있다. 따라서 기업은 관계경영 전략에 ESG 경영을 반영하여 다양한 변화와 도전을 진행해야 한다.

참고문헌

권현한·김병식·윤석영(2008), "기후변화의 원인과 영향." 지반환경 9.3 pp.31−37.

김국현 대표(2021), 세계는 지금 ESG 혁신 중, 다양한 사례를 통해 알아본 ESG 경영, SK하이닉스 프레스룸.

딜로이트(2023), 이사회의 이해관계자 신뢰 제고 및 측정 방법, 딜로이트 글로벌 이사회 프로그램 보고서.

조 이와사키·코닉스버그·윌리엄 투쉬(2023), "이사회의 이해관계자 신뢰 제고 및 측정 방법." 딜로이트 글로벌 이사회 프로그램 보고서. pp.3−27.

안순일·하경자·서경환·예상욱·민승기·허창회(2011), "한반도 기후변화의 추세와 원인 고찰." 한국기후변화학회지 2.4 pp.237−251.

유한일(2021), ESG 위원회 설치, 기업 규모 따라 온도차… 코스피 상장사 15% 불과. (2021년 10월 20일). 투데이코리아

http://www.todaykorea.co.kr/news/articleView.html?idxno＝293537

윤경준·윤이숙(2016), 국제기후변화레짐과 한국 기후변화정책의 진화. 환경정책 24 (1): 71−107.

이기정(2021), ESG가 바꿔놓은 기업 '전략'… "생존 위해서 변해야 한다" (2021년 2월 3일) 비즈트리뷴

https://www.biztribune.co.kr/news/articleView.html?idxno＝257129

한국상장사협의회(2005). 상장회사 표준윤리강령. 상장 (2005년 5월호): 53−64.

정석균(2022), 지구를 살리는 기업, 파타고니아, 《미디어피아》

https://terms.naver.com/entry.naver?docId＝2274734&cid＝42171&categoryId＝51120

https://www.newswire.co.kr/newsRead.php?no＝963016

https://open−pro.dict.naver.com/_ivp/#/pfentry/ac2a322a89a045239e382abd14ecd5
45/5b6dae3c68e241c98a7b94b850cc3321

https://www.businesspost.co.kr/BP?command=article_view&num=310201

https://view.asiae.co.kr/article/2023040316240512476

https://www.yna.co.kr/view/AKR20230405118900009?input=1195m

https://m.dongascience.com/news.php?idx=56709

http://www.kihoilbo.co.kr/news/articleView.html?idxno=989844

http://www.energydaily.co.kr/news/articleView.html?idxno=136007

https://www.apple.com/kr/environment/

https://www.ebn.co.kr/news/view/1573303/?sc=Naver

https://www.cctvnews.co.kr/news/articleView.html?idxno=232291

https://www.epa.gov/ghgemissions/sources−greenhouse−gas−emissions

http://www.greenpostkorea.co.kr/news/articleView.html?idxno=201370

http://www.riss.kr/search/detail/DetailView.do?p_mat_type=be54d9b8bc7cdb09&co
ntrol_no=5a59f5160fb41e93ffe0bdc3ef48d419&keyword=esg%EA%B2%BD%EC%
98%81%20%EB%A7%88%EC%BC%80%ED%8C%85

https://m.pressian.com/m/pages/articles/2021022411574930398

제2부

ESG와 지속가능 경영

제3장

ESG와 탄소중립 및 환경경영

1 원유에서 석유로 그리고 수소경제

원유와 석유의 차이점은 무엇일까? 석유는 1860년대에 처음 발견되었고, 19세기 후반까지 석탄의 대체자원으로 쓰이다가 19세기 후반에 미국이 석유 보일러 선박 개발에 성공하면서 단번에 세계에서 가장 중요한 전략 자원으로 급부상하였다. 석유의 가치가 발견되기 전이나 고대에는 석유를 약품이나 화장품, 접착제, 선박 방수재 등으로 쓰기도 했다.

지금과 같은 석유와 같은 에너지 자산이 없던 과거의 중동 지역은 지금과 같은 풍요의 세계와는 거리가 먼 생활수준을 유지하였을 것으로 상상할 수 있다. 주로 어업이나 사막에서 목축업 등으로 생활을 하였을 것이다. 원유를 석유로 변화시킬 수 있는 기술이 없는 옛날에는 시원한 오아시스와 같은 물을 원하는 사람들에게 시커먼 원유는 원망의 덩어리 한숨의 액체로 여겨졌을 것이다.

물론 원유는 땅속 깊이 묻혀 있어서 물을 마시기 위해서 우물을 파는 정도의 깊이하고는 비교할 수 없겠지만, 탐사기술이 없던 과거에는 지구상의 핵심 에너지로 사용할 원유가 자신들이 밟고 다니는 땅속에 묻혀 있는지도 몰랐을 것이다. 원유를 다양한 에너지로 정제할 수 있는 기술 혁신이 없이는 원유를 석유로 변화시키지 못한다. 그만큼 인류에게 기술의 혁신은 가난과 부유함을 결정짓는 중요한 사회·경제 변화의 핵심 요소인 것이 분명하다.

한편, 수소 도시란 도시 내 수소 생태계가 구축되어 수소를 주된 에너지원으로 활용하면서 도시혁신을 시민이 체감할 수 있는 건강하고 깨끗한 도시를 말한다. 수소 생태계를 위해서는 수소의 생산, 저장·이송·활용까지 이뤄져야 하며 이를 통해 세계 최초 수소 도시를 조성하여 수소 도시 세계시장을 선점하는 것을 비전으로 삼고 있다.

하지만 현 시점에서 관련 기술 중 상당 부분이 사용화 되지 않아 적용 가능한 기술이 제한적이다. 아직까지 생소한 에너지원인 수소에 대한 안정성 우려를 고려하여 수소 도시를 전격적으로 조성하는 것은 현실적인 어려움이 있다고 판단된다. 이에 국토교통부는 단계적으로 수소 도시를 조성하기 위해 도시 활동의 핵심인 주거, 교통 분야에 집중하여 수소 활용 기술을 실증하는 「수소 시범도시」를 지정하고 안전성 등을 검증해 나갈 계획이다.

(1) 수소경제란?

수소 경제는 수소를 주요 에너지원으로 사용하는 경제산업 구조를 말한다. 즉 화석연료 중심의 현재 에너지 시스템에서 벗어나 수소를 에너지원으로 활용하는 자동차, 선박, 열차, 기계 혹은 전기발전 열 생산 등을 늘리고, 이를 위해 수소를 안정적으로 생산— 저장— 운송하는 데 필요한 모든 분야의 산업과 시장을 새롭게 만들어내는 경제시스템이다.

정부는 2018년 8월 '혁신성장전략투자방향'에서 수소경제를 3대 투자 분야 중 하나로 선정했다. '수소경제추진 위원회'를 구성한 데 이어 2019년 1월 「수소경제 활성화 로드맵」을 마련했다. 수소차와 연료전지를 두 축으로 세계 최고 수준의 수소경제 선도국가로 도약하는 비전과 계획을 담았다. 석탄과 석유 같은 화석원료 위주의 에너지 시스템 경제를 수소경제로 전환하는 것은 중요한

의미를 갖는다.[1)]

이는 국가의 주된 에너지원을 친환경 에너지로 바꾸고 모두 수입하는 원유와 천연가스 등 에너지의 해외 의존도를 낮추고 수소차나 연료전지 등 경쟁력 있는 미래 유망품목을 육성하고 관련 산업과 일자리를 창출해 우리 경제의 신성장 동력을 키우고 산업구조를 혁명적으로 변화시킨다는 변화이다. 우리나라는 세계 최초 수소차 양산, 핵심부품 국산화 등 수소 활용분야에서 이미 세계적인 기술을 확보하고 있다. 이 기술력을 자동차, 선박 등 전통 주력 산업과 연계하면 세계적으로 수소경제를 선도할 가능성이 있다.

탄소위주의 경제시대에는 원유와 천연가스를 전량 수입했기 때문에 국제가격 변동에 영향을 많이 받았다. 현재 우리나라는 에너지의 95%를 수입하고 있다. 이와 달리 수소는 어디에서나 구할 수 있는 마르지 않는 자원이다. 수소경제를 통해 에너지를 일정 부분 자급하게 되면, 안정적인 경제성장과 함께 에너지 안보도 확보할 수 있다.

아직까지는 수소를 기존 화석연료에서 추출하는 방식이 일반적이지만 앞으로는 태양, 풍력, 바이오 등 재생에너지를 사용해 친환경적으로 생산할 수 있다. 온실가스와 미세먼지를 배출하는 탄소와 달리 수소는 이산화탄소 배출이 전혀 없고 부산물이 물뿐인 깨끗한 에너지다. 특히 수소차는 주행하면서 대기 중의 미세먼지를 정화하는 효과까지 발휘한다.

수소는 그동안 석유화학, 정유, 반도체, 식품 등 산업현장에서 수십 년간 사용해온 가스로서, 이미 안전 관리 기술력이 축적된 분야다. 전문연구기관에 따르면 수소의 종합적인 위험도 분석 결과, 도시가스보다 위험도가 낮은 것으로 밝혀졌다. 수소차의 연료인 수소는 수소폭탄에 사용되는 중수소·삼중수소와 다르며, 자연상태에서는 수소가 중수소·삼중수소가 될 수 없다.[2)]

---

1) 산업통상자원부, 수소차, 폭발하면 어떡하죠?, 2019.02.15.
2) 부경진(2019), 왜 지금 수소 경제여야 하나, 대한민국 정책브리핑, 2019.01.29.

(2) 현황 및 가능성

우리나라는 수소 활용 분야에서 이미 세계적인 기술을 확보하고 있고 이를 전통 주력 산업인 자동차·조선·석유화학과 연계하면 세계적으로 각국이 관심을 가지고 있는 수소경제를 선도할 가능성이 있다. 수소경제의 효과는 누적 1조원 수준으로, 2022년 16조원, 2030년 25조원으로 규모가 커질 것으로 전망된다.

또한, 고용유발 효과는 1만 명 수준에서 2022년 10만 명, 2030년 20만 명으로 늘어날 것으로 예측된다. 완성차 업체는 물론 연관 기업, 연구개발 인재 확대 등 효과도 기대할 수 있다. 현재 300여 개의 국내 부품업체가 개발과 생산에 참여하고 있다. 수소 생산과 저장·운송 분야에도 다수의 중소·중견기업이 참여하고 있다.

1) 수소차

세계 최초로 수소차 양산에 성공했고, 핵심부품 99%의 국산화를 이루고 있다. 국내 수소차는 한번 충전으로 600㎞까지 달려, 현재 세계에서 가장 먼 거리를 달린다.

2) 연료전지

수소경제의 또 다른 축인 연료전지도 울산을 비롯한 대규모 석유화학 단지에서 수소차 확산에 필요한 부생수소를 충분히 생산할 수 있는 능력을 갖추고 있다.

3) 천연가스 배관

전국적인 천연가스 공급망도 우리나라 수소경제의 강점이다. 총연장 5천여㎞의 천연가스 배급망을 활용하면 천연가스에서 경제적으로 수소를 추출해 각지에 공급할 수도 있다.

(3) 수소경제 활성화 로드맵

2019년 1월, 정부는 수소차와 연료전지를 양대 축으로 세계 최고 수준의 수소경제 선도국가로 도약하기 위한 「수소경제 활성화 로드맵」을 제시했다. '수소경제'를 혁신성장의 새로운 성장동력이면서 친환경 에너지의 원동력으로 삼아 2040년까지 수소경제 활성화를 위한 수소 생산·저장·운송·활용 전 분야를 아우르는 정책 방향성과 목표 및 추진전략을 담았다. 로드맵을 차질 없이 이행하면 2040년에는 연간 43조 원의 부가가치와 42만 개의 새로운 일자리를 창출하는 혁신성장의 원동력이 될 것으로 기대하고 있다.

2 기후변화와 ESG 환경경영

ESG 경영을 해야 하는 가장 중요한 이유 중 하나는 환경문제이다. 기업의 경영 활동은 환경에 직간접적인 영향을 미치고 있고 지속적인 환경파괴와 온실가스 배출 등의 문제로 지구 온난화를 가속화하고, 기온상승을 유발하여 자연재해 발생 빈도와 강도를 증가시키고 있다.

20세기 후반부터 환경문제와 사회 문제가 점점 심각해지면서, 기업들은 이를 해결하기 위한 사회적 책임을 느끼게 되었다. 이전에 기업의 주요 목표는 이익 추구에만 집중했지만, 이제는 지속가능한 경영이 필수적으로 요구되고 있기 때문에 환경문제를 예방하고 대처하는 방법을 제시해야 하고 ESG 경영은 기업의 이미지 평판, 고객들의 인식과 결정에 큰 영향을 미치기 때문에 고객 관리를 위해서는 ESG 경영을 실천하면서 고객의 요구와 기대를 파악하고 충족시켜야 하며 고객들의 신뢰를 얻는 노력을 해야 한다. 또한 ESG 경영을 통해 자연환경을 보호하고 환경문제에 대한 사회적 책임을 다하게 된다. 이러한 이유로 ESG 경영을 실천해야 한다.

(1) 기후변화

기후변화는 지구 대기와 해양의 평균 기온 상승, 강수량 및 기상 패턴의 변화, 그리고 극지방의 빙하 및 빙산의 감소 등 지구의 기후 시스템에서 일어나는 장기적인 변화를 말한다. 이 변화는 인간이 발생시킨 온실가스 배출과 같은 활동의 결과로, 지구 생태계와 인간 생활에 큰 영향을 미치며, 해수면 상승, 극지방 빙하의 감소, 극심한 기상 이벤트 및 생물 다양성 감소와 같은 부정적인 영향을 가지고 있다.

지난 10년간 한반도 지역의 이산화탄소 농도는 전 지구 평균보다 빠르게 상승했으며, 평균 기온 역시 지구 평균 기온보다 크게 증가하였다. 또한, 혹한 기온 발생은 감소하고 혹서 기온 발생은 증가하여 평균 기온의 상승을 유도하였고 지표면 녹지화 역시 상대적으로 빠르게 진행되었다.

한편, 한반도의 1990년 이후의 여름철 평균 강수는 그 이전에 비해 15% 정도 증가하였다. 이는 8월 강수량의 증가에 기인한 것이며, 장마 기간의 평균 강수량은 오히려 약 5% 감소하였다. 집중호우의 경우 1970년대 후반을 기점으로 증가하는 양상을 보이고 있으며, 남부지역을 중심으로 강수가 없던 날의 지속 일수 또한, 강한 태풍의 발생 빈도가 다소 증가하고 있으며, 최근 10년 동안에는 한반도 남동쪽으로 상륙하는 태풍의 수가 증가 추세를 보이고 있는데, 한반도 평균 기온 증가의 약 28%가 도시화 효과에 의한 것이라고 할 수 있다. 기후변화는 현재 인류에게 가장 중요한 문제 중 하나로 여겨지고 있으며, 지속적인 대응이 필요하다.

(2) 기후변화의 원인 및 피해 사례

최근 지난 5억 년간의 이산화탄소의 변화 연구(IPCC)에 따르면, 온실가스로 인한 복사 강제(radiative forcing)가 기후변화를 일으키는 주요 원인으로 언급하고 있다. 다시 말해서, 온실효과는 열을 대기에 가두어 온도를 상승시키게 되며 지구의 온도를 변화시키는 데에 결정적인 역할을 한다. 인간으로부터 발생하는 원인(anthropogenic factors)은 인간이 행하는 행동으로 기인하여 환경을 변화시키고 기후변화에 영향을 주는 행위이다. 기후변화의 가장 큰 요인은 화석연료의 연소에 의해 발생하는 이산화탄소(CO_2)의 증가라고 인식되고 있다.

이외에 토지 이용, 오존 소모, 동물 농장, 산림 벌채 등이 있는데 대표적으로 에너지 생산과 소비로 석유, 천연가스, 석탄 등의 화석연료를 사용하여 전력을 생산하고, 건물 및 가전제품 등의 에너지를 소비함으로써 이산화탄소가 배출되고 다양한 산업 활동으로 이산화탄소가 배출되는데, 이는 산업 프로세스에서 발생하는 배출, 제품 생산 및 운송, 폐기물 처리 등이 해당한다. 자동차, 버스, 트럭 등의 교통수단에서 연료를 소비하여 발생하는 이산화탄소 배출량이 많은데, 교통부문은 세계적으로 탄소 배출량의 대다수를 차지한다. 농업에서는 가축 방제, 쌀 재배 등 농업 활동에서 발생하는 메탄과 아질산 이산화질소 배출이 크다. 또 폐기물 처리 시 발생하는 메탄 배출도 중요한 이산화탄소 배출원인이다. 인간 활동에 의한 온실가스 배출은 지구온난화를 가속해 기후 시스템의 변화를 초래하였다. 기후변화의 피해 사례들은 다음과 같다.

1) 전국의 산불 피해

지난 2일 소방 당국과 산림청에 따르면 서울과 대전, 충남 등 전국 35곳에서 동시다발적으로 산불 발생했다. 건조한 날씨 속 초속 10m 넘는 강한 바람이 불면서 산불이 커졌다. 산불 원인은 대부분 인재다. 산림청의 '10년간(2013~2022

년) 원인별 산불 발생 현황'에 따르면 입산자실화(177.4건), 쓰레기소각(68.2건), 담뱃불실화(30.4건), 주택화재비화(30.2건) 순이다.

문제는 기후변화의 영향으로 봄철 산불 발생이 더 빈번해지고, 그 규모도 커지고 있다는 점이다. 강수량이 줄고 건조한 날이 늘면서 산불이 나기 쉬운 조건이 형성됐는데, 2021년 대비 2022년 발생 건수는 2배, 피해 면적은 34배 늘어났다. 실제 올해 봄이 시작되면서 전국에서는 건조한 날씨가 이어졌다. 기상청의 전국 월별 강수일수 분석을 보면 2021년 3월(강수일수 8.1일, 강수합 110.7㎜)과 2022년 3월(강수일수 9.0일, 강수합 89.4㎜)에 비교할 때 올해 3월(강수일수 3.6일, 강수합 28.7㎜)은 강수량이 현저히 적었다.

2) 기후변화로 100년 전 사라졌던 호수가 다시 생겨났다

미국 캘리포니아를 강타한 폭설과 폭풍우 등 이상기후로 100년 전 사라졌던 호수가 다시 모습을 드러내면서 기후변화의 영향에 대한 우려가 커지고 있다. 샌프란시스코와 로스앤젤레스(LA) 중간에 위치한 툴레어 분지는 한때 호수였으나 100년 전 물이 빠진 후 아몬드, 피스타치오 등 견과류와 우유, 과일 등의 미국 내 주요 산지 역할을 해왔다. 하지만, 태평양에서 발원한 '대기의 강'(대기천·atmospheric river) 현상의 영향으로 미 서부 지역에 지난해 말부터 폭우와 폭설이 이어지면서 한 세기 동안 메말랐던 이 일대엔 요즘 물이 다시 들어차 바다를 방불케 하고 있다. 계속된 강우로 한때 호수였던 유역이 다시 물로 채워지는가 하면, 홍수로 마을들이 피해를 보고, 농장이 잠기는 등 피해가 속출하고 있다. 게다가 기록적인 폭설로 이 근처 산악 지대에 눈이 잔뜩 쌓여 있는 것도 농민들의 시름을 키우고 있다. 눈이 녹아 흘러내리면 산 아랫마을은 수개월 동안 홍수에 시달릴 수밖에 없기 때문이다.

3) 나이지리아의 홍수

나이지리아, 파키스탄 등에 기후변화가 촉발한 기록적인 수준의 재난이 잇달아 발생하고 있다. 16일 BBC에 따르면 나이지리아에서 역대 최악의 홍수로 600명 이상이 사망하고 130만 명의 수재민 발생, 20만 채 이상의 가옥이 파괴됐다. 이번 홍수는 최근 10년간 서아프리카에 발생한 홍수 중 가장 큰 규모의 피해를 준 것으로 알려졌다.

나이지리아는 주기적으로 홍수로 인한 재난이 발생했던 지역이다. 2012년에도 홍수로 363명이 사망하고 210만 명의 수재민이 발생한 적 있다. 문제는 기후변화로 재난의 피해 규모가 점차 커지고 있다는 사실이다. 나이지리아 국가비상관리청(NEMA)은 장마가 보통 6월경 시작되는데 8월 이후 특히 많은 비가 내렸다고 발표하며 극단적인 홍수의 원인으로 기후변화를 꼽았다. 탄소배출 등에 큰 책임이 없는 개발도상국이나 아프리카 국가가 기후변화로 인한 피해를 보는 사례가 늘며 기후 불평등과 배상에 대한 문제가 제기되기도 한다. 셰리 레흐만 파키스탄 기후변화부 장관은 9월 가디언과의 인터뷰에서 "오염을 일으킨 부유한 국가들이 홍수 피해를 입은 파키스탄에 배상해야 한다"고 주장했다. 안토니오 구테흐스 유엔 사무총장도 같은 달 "화석연료 회사에 기후변화를 일으킨 대가에 대한 횡재세를 부과해야 한다"며 "기후변화로 손실과 피해를 입은 국가에 세금이 돌아가야 한다"고 지적한 바 있다.

이처럼 기후변화는 환경·사회·경제 시스템에 영향을 주게 되는데, 이러한 영향은 인간으로 하여금 이제까지 와는 다른 지구 생태계 환경에서 어떻게 살아가야 하는지 나아가서는 생존을 고민해야 하는 기후 위기의 문제이다. 인간 활동에 의한 배출을 최대한 줄이고, 남은 온실가스를 흡수, 제거하여 실질적인 배출량을 0이 되도록 하는 탄소중립을 실천해야 한다.

4) 시사점 및 해결방안

탄소중립이란 온실가스 배출량이 전 지구적인 이산화탄소 흡수량과 균형을 이루어 대기 중 이산화탄소 농도가 더 높아지지 않게 즉, 이산화탄소 순배출량이 '0'이 되도록 하는 것이다. 탄소중립을 실현하기 위해서는 크게 두 가지 방법이 있다. 첫째는 온실가스 배출을 줄이는 것이고, 둘째는 온실가스를 흡수하는 것이다. 이를 위해 구체적으로 수행할 수 있는 대표적인 방법들은 다음과 같다.

첫째는 '에너지 전환'이다. 친환경적인 에너지인 태양광, 풍력, 수력 등의 에너지원을 이용하여 화석연료 사용을 대체하는 것이다. 두 번째는 '건축물과 교통수단의 에너지 효율성 향상'이다. 더 효율적인 건물 디자인, 저탄소 차량 사용 등을 통해 에너지 소비를 줄이는 것이다. 세 번째는 '산업 구조의 변화'이다. 적극적인 탄소 저감 기술 도입, 친환경 제품과 서비스 제공 등을 통해 산업 부문의 탄소배출을 줄이는 것이다. 네 번째는 '숲 조성'이다. 나무를 심어서 이산화탄소를 흡수하게 하도록 하는 것이고 다섯 번째는 '탄소 포집과 저장'이다. 탄소 포집 기술을 이용하여, 발생하는 온실가스를 잡아내어 저장하는 것이다.

3 탄소중립 및 ESG 환경경영을 위한 사례

넷제로란 배출하는 이산화탄소량과 제거하는 이산화탄소량을 더했을 때 순 배출량이 0이 되는 것을 말하며 탄소중립이라고도 한다. 대한민국도 최근 대통령 직속 국가넷제로위원회가 '2050 넷제로 시나리오'를 발표하는 등 글로벌 대열에 동참하고 있다. 한국 정부는 2030년까지 온실가스 배출량을 2018년 대비 40% 감축하고 2050년에는 '순배출량 0(넷제로)'을 달성하겠다는 목표를 담은 2050 넷제로 시나리오와 2030 국가 온실가스감축목표(NDC) 상향안 등 2개 안건을 사실상 확정한 바 있다.

구체방안으로는 개인, 회사, 단체 등에서 배출한 이산화탄소를 다시 흡수해 실질적인 배출량을 0(Zero)으로 만드는 것을 말한다. 각국 정부의 넷제로 목표 설정, 글로벌 투자자들의 ESG 압력이 급격히 증가하면서 기업들 역시 그 여느 때보다 빠른 변화와 결단을 요구받고 있다. 하지만 지난 2월 기준 '포춘 500' 기업 중 겨우 8%만이 넷제로 동참을 선언했다. 기존의 비즈니스 프로세스를 근본적으로 변혁하지 않고 탄소배출을 단기간에 제로 수준으로 줄인다는 것은 불가능에 가까운 과제이기 때문이다. 넷제로와 ESG를 위한 기업의 변화와 혁신은 최고 경영자가 기업의 성장 전략과 연계해 최일선에서 진두지휘 해야 한다. 비즈니스 운영 모델과 공급망을 바꾸고 혁신 투자에 필요한 자금을 적극 조달하는 한편 공시의 투명성을 높여 시장 참가자들과 적극 소통해야 한다.

(1) 해외사례

1) 파타고니아와 탄소중립

아웃도어 브랜드로 유명한 파타고니아는 2016년 롱 루트 에일(long root ale)이라는 맥주를 선보인다. 맥주의 주원료인 밀은 한해살이 작물이다. 다시 말해, 밀을 재배하기 위해선 해마다 밭을 갈아야 한다. 흙은 이산화탄소를 흡수하는 거대한 저장고다. 지구 토양에는 공기보다 3배나 많은 양의 탄소가 저장돼 있다. 그런데 밀을 재배하기 위해 트랙터 등 기계를 사용하는 대규모 기업형 농업이 확산하자 흙 속에 있어야 할 다량의 탄소가 지면 위로 배출되기 시작했다.

이는 기후 위기가 촉발한 탄소중립 흐름과는 배치되는 농법이다. 파타고니아는 밀이 아니라 여러해살이 밀 품종인 컨자(Kernza)를 통해 이런 흐름을 바꾸고자 했다. 컨자는 긴 뿌리를 통해 영양분이나 물을 모으는 기능이 뛰어나 생육에 필요한 물이나 비료 사용량이 적다. 뿌리 길이가 3미터가 넘을 정도로 땅속 깊이 뻗어 나가는 특성 덕택에 상당량의 이산화탄소를 땅속에 저장할 수 있다.

파타고니아는 생산 과정에서 발생하는 탄소배출을 감소시키기 위해 노력하고 있다. 예를 들어, 파타고니아는 제품 제조에 사용되는 에너지의 대부분을 태양광과 풍력 발전소에서 공급받도록 전환하고 있다. 또한 파타고니아는 제품 수명주기 전반에서 탄소배출을 줄이기 위해 제품 디자인과 생산 방식을 개선하고 있다. 파타고니아는 건물 건설과 운영 과정에서 발생하는 탄소배출을 줄이기 위해 노력하고 있다. 예를 들어, 파타고니아는 에너지 효율적인 건물을 건설하고 있으며, 건물 내부에는 태양광 발전 시스템과 지열 시스템을 설치하여 에너지를 생산하고 있다. 파타고니아는 남아메리카의 숲을 보호하고 탄소배출을 줄이기 위한 탄소오프셋 프로그램을 운영하고 있다. 이 프로그램은 파타고니아가 발생시킨 탄소배출을 보상하기 위해 숲을 심거나 보호하는 등의 활동을 통해 탄소배출을 줄인다. 이렇게 파타고니아는 지속가능한 경영을 추구하고 탄소중립을 실현하기 위해 큰 노력을 기울이고 있다.

2) APPLE

Apple은 에너지를 사용하는 모든 시설에 대해 높은 효율성을 유지하는 것을 중요시하며, 에너지 효율성을 높이기 위해 에너지 효율성을 높인 기술의 도입을 적극적으로 추진하고 있다. Apple은 화석 연료 사용을 줄이고, 대신 재생 가능 에너지를 사용하는 것을 목표로 한다. 이를 위해 Apple은 재생 가능 에너지를 대규모로 구매하여 사용하고 있으며, 또한 재생 가능 에너지 발전 시설의 건설에도 투자하고 있다. 또한 Apple은 탄소 중립을 달성하기 위해 숲 보호 및 새로운 숲 조성 등의 활동을 적극적으로 추진하고 있으며 탄소 포집 및 저장 기술을 연구하고 있다. 글로벌 기업 탄소 배출량에 있어 이미 탄소 중립을 이룬 애플은 2030년까지 모든 제품에 대해 각각의 탄소 중립을 실천하겠다는 목표를 세우고 이를 위해 혁신적인 장치들을 도입하고 있다. 그 일환으로 전 세계 재생 에너지 솔루션 확대 및 배출 저감을 위해 단행하는 재정적 지원인 47억 달러 규모 그린 본드가 있다. 애플은 오늘 2022년 그린 본드 지출의 세부 내역을 공개했다. 여기에는 대규모 태양광 저탄소 설계, 에너지 효율, 탄소 제거 등을 위한 투자 내역이 포함돼 있다.

40개 이상의 제조 협력업체가 작년에 애플 협력업체 재생 에너지 프로그램에 동참했다. 애플은 100% 재생 가능 전기 조달을 포함해 애플과 관련된 운영 전체에 대한 탈탄소화를 협력업체에 요청했다. 협력업체가 약속을 이행하고 한발 더 나아가도록 돕기 위해, 애플은 재생 에너지 아카데미를 통해 일련의 무료 교육 리소스 및 실시간 트레이닝을 제공하며, 협력업체가 재생 에너지 및 탄소 저감을 위한 해법을 모색하고 시행하도록 긴밀히 협력한다. 협력업체 재생 에너지 프로그램 참여를 통해 애플의 협력업체는 전 세계에 재생 가능 전기 용량 확대에 대한 필요성을 전파하고 있다. 애플의 전체 글로벌 공급망에서 사용 중인 재생 에너지는 2019년 이래 5배 이상으로 확대돼 이제는 총 13.7기가와트에 달한다. 이는 작년 1,740만 미터톤의 탄소배출이 방지된 것과 동일한 효과로, 도로에서 380만 대의 자동차가 사라진 것이나 마찬가지다.

3) 마이크로소프트

마이크로소프트(MS)가 연례 지속가능성 보고서(Sustainability Report)를 통해 탄소중립 선언 2년 만에 탄소 배출량 17%를 감소시켰다고 발표했다. 마이크로소프트는 이산화탄소를 배출한 만큼 제거하는 넷 제로(Net Zero) 전략을 취하고 있으며, 2030년까지 탄소 네거티브(Carbon Negative)를 실현하겠다는 전략을 선언했다. 또한 자체 생산 공장에서 발생하는 직접 탄소배출량(Scope 1)과 다른 경로를 통해 기업으로 들어온 간접 탄소배출량(Scope 2) 모두 전년 대비 약

17% 감소했다. 그러나 공급망 전체 탄소배출량(Scope 3)은 전년 대비 약 23% 증가한 것으로 나타났다.

이는 전 세계 데이터센터 확장과 엑스박스(Xbox) 판매율 증가를 기반으로 한 비즈니스적 성장 때문으로 조사됐다. 마이크로소프트는 이를 줄이기 위해 새로운 탄소 절감 전략을 수립하고, 지난해 140만 톤의 탄소 제거를 위한 세계 최대 규모의 투자를 단행했다. 마이크로소프트는 이번 2022 회계 연도에는 150만 톤의 탄소 제거를 위한 투자를 목표로 하고 있다.

또한, 마이크로소프트 내부 탄소 배출량 절대 상한제를 적용하고, 비즈니스 그룹별 연간 탄소배출 감축 목표를 새롭게 설정했다. 이를 달성하기 위해 사내 탄소세도 인상하는데, 이는 각 부서가 탄소배출에 대한 금전적인 책임을 지도록 하기 위함이다. 또 공급 파트너 행동 강령을 업데이트하고 약 87% 이상 협력사의 탄소 배출량 데이터를 확보해 탄소 회계 보고서에 반영했다. 또한 마이크로소프트는 탄소 배출량 절감을 위해 내부 탄소 배출량 상한제 도입과 비즈니스 그룹별 연간 탄소배출 감축 목표 설정, 사내 탄소세 인상 등을 시행하고 있고 탄소 회계 측정을 강화하고 기후 이니셔티브에 적극적으로 참여하며, 아시아 지역에서의 넷 제로 달성에 집중하고 있고 재생에너지 솔루션 투자와 머신러닝, 뉴럴 네트워크 등의 기술을 활용해 탄소 배출 감축을 추진하고 있다.

(2) 국내사례

1) 바이오 항공유 활성화

탄소중립을 위해 바이오항공유를 활성화하는 법안이 발의됐다. 개정안에 따르면 석유사업법의 석유대체연료 정의에 바이오항공유를 포함하고 바이오항공유를 수입할 경우 부과금을 면제하며 바이오항공유를 개발·생산·사용하는 경우 지원 근거를 마련했다. 또한 조특법에 바이오항공유를 개발하기 위한 연구·인력개발비와 통합 투자에 대한 세액공제를 신설했다. 우리나라는 탄소중립을 선언한 이후 각 부문별로 탄소 감축 노력을 이어오고 있다. 하지만 정책이 주로 차량에 집중됐고 항공기의 탄소배출 저감 노력은 미미한 수준이다.

유럽환경청이 승객 1명당 1km 이동할 때의 이산화탄소 배출량을 확인한 결과 비행기(285g)에서 가장 많이 배출되는 것으로 나타났다. 버스(68g)보다 4배 이상, 기차(14g)보다는 20배 이상 이산화탄소를 많이 배출하고 있어 항공기의 탄소 배출량을 줄이기 위한 정책 도입이 절실한 상황이다. 바이오항공유는 기존 석유항공유 대비 탄소배출 저감 효과가 40~82%에 달한다. 국제민간항공기구는 항공 부문 탄소배출을 줄이기 위해 바이오항공유 사용을 권고하고 있으며 미국, 영국, 유럽연합 등에서 바이오항공유에 대한 인센티브 정책을 펼쳐오고 있다. 특히 유럽연합은 2025년부터 유럽연합 내에서 사용되는 모든 항공유에 바이오항공유와 같은 친환경 석유대체연료를 섞어서 사용할 것을 의무화했다.

2) LG화학 탄소중립 선언

LG트윈타워에서 물류센터 포장용 랩을 재활용하기 위해 CJ대한통운과 '플라스틱 자원 재활용 및 순환 경제 구축을 위한 업무협약(MOU)'을 체결했다고 밝혔다. 업계에 따르면 국내 PE 폐기물 수거량은 연간 80만t에 달하지만, 재활용이 가능한 재생수지는 약 30만t에 불과하다. 재활용률이 40% 수준이라는 의미다. 재활용하지 못한 폐플라스틱은 소각, 매립 또는 폐 연료화되고 있기 때문에 재활용률을 높일 방안이 필요하다. LG화학은 이달 재활용 랩 1,000롤을 공급할 계획이다.

CJ대한통운에서 추가로 수거하는 포장용 랩을 재활용해 공급량 확대에도 나선다. 양사의 친환경 프로젝트는 언택트 시대에 급증하는 배송 폐기물을 줄이고 각 물류센터에서 버려지는 포장용 랩을 효과적으로 수거하는 재활용 생태계를 구축할 전망이다. 한편 LG화학은 지속 가능성 전략 일환으로 바이오 원료를 활용한 기저귀와 바닥재를 출시한 바 있다. 재활용 플라스틱 기반 친환경 리모컨, 셋톱 박스 등도 선보였다. 지난달에는 초임계 열분해유 공장 착공으로 탄소 중립과 자원 선순환에 앞장서고 있다.

3) 삼성전자, '지속가능한 지구 만들기'

삼성전자는 전력 수요가 많은 산업적 특성에도 불구하고 공정 가스 저감, 폐전자제품 수거 및 재활용, 수자원 보존, 오염물질 최소화 등 환경경영 과제에 2030년까지 총 7조 원 이상을 투자하기로 했다. 2021년 기준 삼성전자가 배출한 탄소는 1,700여 만 톤이다. 탄소중립 달성으로 이를 '0'으로 만든다면, 이는 30년생 소나무 20억 그루의 이산화탄소 흡수량과 맞먹고, 자동차 800만 대가 운행을 중단한 것과 같은 효과다. 삼성전자는 에너지 사용 절감 기술도 개발 중이다. 반도체 공정에서 미세화 및 저전력 설계 기술을 개발하면, IT제품은 물론 데이터센터 등에서의 사용 전력을 절감하게 해 온실가스 감축에 기여할 수 있다. 또한 스마트폰·TV·냉장고·세탁기·에어컨·PC·모니터 등 '7대 전자제품'의 모델에도 저전력 기술을 적용해, 오는 2030년 전력소비량을 2019년 동일 성능 모델 대비 평균 30% 개선한다는 목표다.

그뿐만 아니라 삼성전자는 지난 2월 말부터 기존 '삼성 Re+'를 '삼성 리사이클링'으로 변경하고, 국내외 사업장에서 폐전자제품(e-Waste) 회수·재활용 프로그램을 본격화했다.

국내의 경우 삼성전자 판매매장 170개, 서비스센터 180개소 등 총 350여 곳에서 폐전자제품 수거함을 운영 중이며, 폐전자제품 종합 재활용센터인 '아산 리사이클링 센터'를 통해 유가 자원을 추출하고 있다. 2021년 아산 리사이클링 센터에서 추출된 유가 자원만 총 3만 2,731톤이며, 재생 플라스틱 5,587톤이 제품 제조에 활용됐다. 삼성전자는 현재 50여 개국에서 폐제품 수거를 진행 중이며, 이를 2030년까지 180여 개국으로 확대한다는 계획이다. 2009년부터 2021년까지 누적 507만 톤의 폐전자제품이 회수됐고, 2050년까지 누적 2,500만 톤을 회수한다는 방침이다.

4) SK 하이닉스

SK 하이닉스는 2021년 기준으로 국내에서 산업용 전력을 두 번째로 많이 사용하는 기업이기 때문에 탄소중립 시대에 대응할 수단을 다변화할 예정이다. SK하이닉스는 기술력을 고도화해 탄소중립 기조에 대응하기 위해 노력하고 있다. 특히 저탄소 제조시스템 구축을 위해 반도체 생산과정에서 필요한 특수가스를 대체하기 위해 힘을 더할 것으로 예상된다.

이산화탄소(CO_2)가 대표적 온실가스로 알려졌지만, 반도체 제조과정에서 발생하는 불화 가스가 지구온난화에 미치는 영향이 더 큰 것으로 파악된다. 이에 SK 하이닉스는 불화 가스와 같은 공정가스로 인한 온실가스 배출량을 현재 연간 배출량의 40%를 2030년까지 줄이겠다는 목표를 세워뒀다. 구체적으로 공정별 온실가스 배출량을 산정해 높은 비율을 차지하는 가스를 우선순위에 두고 대체 가스 개발을 위해 기술력을 고도화하고 있다. 아울러 SK 하이닉스는 공정가스를 분해하는 스크러버 설비 개선에도 노력을 기울여 점차 성과를 내고 있다. 2021년에는 스크러버 설비에 질소산화물 저감 시설 25대, 암모니아 저감 시설 6대를 추가 설치해 대기오염물질 배출량을 2020년과 비교해 74% 수준으로 줄였다.

5) CJ 제일제당

CJ 제일제당 브라질 농축대두단백 생산기업 CJ 셀렉타는 올해부터 아마존 지역 대두를 일절 구매하지 않는다. 지난 2021년 산림파괴 중단을 선언하며 세웠던 '2025년까지 아마존 산 대두 구매량 제로(Zero)화' 목표를 2년 앞당겨 달성했다. CJ 셀렉타가 아마존 대두를 대체하기 위해 가동한 '종자 프로젝트' 참여율이 늘면서 아마존 외 지역 대두 구매량이 증가한 덕분이다.

현재 약 200여 명이 참여한 '종자 프로젝트'는 브라질에서 아마존 이외 다른 지역 농민에게 종자 보급, 자금 지원, 수확한 대두 전량 구매하는 활동이다. CJ 셀렉타는 구매한 대두를 가공 후 재활용할 수 있는 '선순환 시스템'을 구축하는 데에도 힘쓰고 있다. 농축대두단백 가공 시 발생하는 부산물을 특수비료나 바이오에탄올과 같은 친환경 소재로 재가공하는 방식이다. 이를 통해 농축대두단백 전 생산과정에서 발생한 탄소 배출량을 줄여나간다는 목표다.

참고문헌

김준환, 〈[2023 세계 ESG포럼] '다음 세대' 위한다면… ESG교육 초·중·고·대학까지
　이어져야〉, 《한국대학신문》, 2023.05.02.
　　https://news.unn.net/news/articleView.html?idxno=546115
김호준, 〈[자본시장 속으로] 대학 ESG〉, 《이투데이》, 2022.11.09.
김희연, 〈ESG 확산의 핵심은 대학〉, 《중부일보》, 2023.01.24.
http://www.joongboo.com/news/articleView.html?idxno=363575559
https://www.etoday.co.kr/news/view/2190874
변인호, 〈굳이 '아바타' 없어도… 온라인 활동은 ESG 실천하는 셈〉, 《IT조선》, 2022.09.21.
　　https://it.chosun.com/site/data/html_dir/2022/09/21/2022092101717.html
송세준, 〈ESG와 중소기업〉, 《전기신문》, 2021.11.10.
　http://www.electimes.com/news/articleView.html?idxno=225012
서울대학교 지속가능발전연구소, 지속가능보고서와 그린레포트
　https://isd.snu.ac.kr/isd/Report.php
선한결, 〈테슬라 '코발트 프리' 움직임… 코발트 지고 니켈 뜰까〉, 《한경》, 2020.09.23.
　https://www.hankyung.com/international/article/202009230815i
애플, 2023년 제품 환경 보고서 https://www.apple.com/kr/environment/
　https://www.apple.com/kr/newsroom/2023/04/apple-announces-major-progress
　-toward-climate-goals-ahead-of-earth-day/
애플, 〈Apple, 2025년까지 배터리에 100% 재활용 코발트 사용 계획〉, 《애플뉴스룸》,
　2023.04.13.
　https://www.apple.com/kr/newsroom/2023/04/apple-will-use-100-percent-

recycled−cobalt−in−batteries−by−2025/

애플, 〈Apple, 47억 달러 규모의 그린 본드 자금 집행으로 혁신적인 친환경 기술 지원〉, 《애플뉴스룸》, 2022.03.24.

https://www.apple.com/kr/newsroom/2022/03/apples−four−point−seven−billion−in−green−bonds−support−innovative−green−technology/

이한샘, 〈디지털 대전환 속 '메타버스'와 'ESG'의 융합 "선한 영향력 전파"〉, 《허프포스트》, 2023.04.20.

https://www.huffingtonpost.kr/news/articleView.html?idxno=208786

정성민, 〈"ESG에서 대학의 미래를 찾는다"…'ESG'로 '지속가능한 고등교육 생태계' 구축〉, 《한국대학신문》, 2022.06.13.

http://news.unn.net/news/articleView.html?idxno=529386

조일준, 〈"콩고 코발트 광산 '아동 착취'"…미 IT공룡들 집단 피소〉, 《한겨레》, 2019.12.17.

https://www.hani.co.kr/arti/international/globaleconomy/921224.html

하버드대학교, Harvard's 2021 Sustainability Report | Sustainability at Harvard Impact Report

https://report.green.harvard.edu/

황원희, 〈메타버스에 ESG 접목하면 무슨 일?〉, 《이미디어》, 2022.06.07.

http://m.ecomedia.co.kr/news/newsview.php?ncode=1065597160277639

채덕종, 〈세계대학 ESG 평가, 국내는 100위권 못 들어〉, 《이투뉴스》, 2022.11.20.

PWC, Global M&A Industry Trends: 2023 Outlook

https://www.pwc.com/gx/en/services/deals/trends.html

[정책뉴스] 수소버스, 울산서 국내 첫 정규노선 투입 (2018.10.22./산업통상자원부)

[정책뉴스] 올해 전기차 사면 최대 1,900만원 지원… 수소차는 3,600만원 (2019.01.18./환경부)

[정책뉴스] 수소차 교체시 최대 140만원 자동차 취득세 감면 혜택 (2019.01.22/정책기자단)

[정책뉴스] 올해부터 도심상업지역에도 수소충전소 설치 가능 (2019.01.28./공감)

[동영상] 수소차로 만나는 수소경제 (2019.02.12./자동차문화평론가 김현규)

[전문가 기고] 수소 경제 세계 1위 가려면 (2019.02.12./조철 산업연구원 산업통상연구

본부 본부장)

[보도자료] 수소경제 제1호 국제표준 탄생 (2019.05.27./산업통상자원부)

[보도자료] 수소경제 홍보 일원화, 『전담 T/F』 구성 (2020.01.16./산업통상자원부)

제4장

ESG 정보공시와 평가

ESG 초기에는 기업경영에서 ESG를 자율적으로 고려하도록 권고하였으나, 최근에는 기업에 대하여 ESG 관련 정보를 의무화하는 국가들이 급속히 증가하고 있다. 특히 EU와 그 회원국에서는 ESG 관련 정보공시를 법제화하여 추진하고 있다.

EU에서는 2020년 7월 '녹색 분류체계 규정(Taxonomy Regulation)'이 발효되었고, 2021년 3월부터 '지속 가능 금융공시규정'이 시행되었으며, 2021년 6월 유럽 기후 중립 달성을 위한 체계 수립 규정(유럽 기후법)이 채택되었다. 2021년 4월에는 기업의 '비재무 보고 지침(NFRD)'을 대체하는 '기업 지속가능성 보고 지침(SCRD)'을 제안하였다. 그리고 EU 집행위원회는 2022년 4월에 '유럽 지속가능성 보고표준(ESRS)' 초안을 발표하였다.

한편 우리나라에서는 2020년 후반부터 ESG에 관한 관심이 급증하였으며, 정부는 2021년을 'ESG 경영 확산의 원년'으로 선언하였다. 그리고 2021년 1월 14일 금융위원회, 금융감독원과 한국거래소가 '기업공시제도 종합 개선방안'의 일환으로 코스피(KOSPI) 상장회사의 ESG 정보공시를 단계적으로 의무화하는 계획을 발표하였다. 이에 따라 2025년부터 자산총액 2조원 이상의 코스피 상장회사가 지속가능경영보고서에 ESG 정보를 의무적으로 공시하고, 2030년부터 모든 코스피 상장회사가 이를 의무적으로 공시하게 되었다.

이를 위해 한국거래소(KRX)는 상장 회사들에 ESG 정보공개 보고서의 방향을 제시하기 위하여 'ESG 정보공개 가이던스'를 공표하였다. 하지만 국내 가이드라인들은 ESG 정보공개에 필수적으로 고려하여야 할 최소한의 지표만을 제시하고 있으므로, 기업의 특성에 따라 필요한 지표를 선택하는 데는 제한적이며, 글로벌 차원의 ESG 정보공개 요구에 충분한 지표라고는 할 수 없다는 비판이 있다. 따라서 국제적으로 사업 활동을 하는 상장회사들은 국제적 요구조건에 부합하는 ESG 정보공시 표준에 따라 보고서를 작성하여 공개하여야 할 필요가 있다.

1 ESG 활동의 공시(Disclosure)[1] 및 사회적 가치 측정

(1) ESG 정보공시 의무화

기업의 ESG 활동을 촉진하기 위해서는 기업의 ESG 활동을 측정하고 보고하는 공시체계를 갖추어야 한다. 이러한 체계에서 핵심 부분은 정보 이용자가 누구인가이다. 소식을 접하는 사람의 처지에 따라서 동일한 소식(news)이라도 정보로서 그 소식의 가치가 달라지기 때문이다.[2]

ESG 철학이 기업이 주주만을 위한 활동에 전념하는 것이 아니라 기업과 직간접적으로 관련된 이해관계자 전반을 모두 고려해야 한다는 관점을 반영하므로 ESG와 관련된 공시체계는 이해관계자 전반이 두루 활용할 수 있는 정보

---

1) 넓은 개념의 공시에는 모든 형태의 정보제공이 모두 포함된다. 회계정보, 즉 재무제표의 보고도 넓은 개념의 공시에는 포함된다. 회계정보와 같은 정기공시와 각종 수시공시도 넓은 의미의 공시에 포함된다. 이해를 돕기 위하여 회계제도라는 단어를 추가하였다.
2) 예컨대 투자자라는 공통점이 있다 하더라도 채권자와 주주 사이에는 이해관계 불일치가 존재하므로 동일한 정보에 대한 반응이 달라질 수 있다.

체계를 갖추어야 할 것이다. 기업의 재무적 성과의 측정과 보고는 표준화된 양식이 존재하므로 이에 큰 문제는 없다. 우선 재무적 성과는 주주 및 채권자라고 하는 투자자들을 주요 정보이용자로 설정하므로 그 재무적 성과를 전달하는데 초점을 맞추는 것으로 재무적 성과를 위한 시스템은 소기의 목적을 대부분 달성할 수 있다. 현재, 재무적 성과를 보고하기 위한 가장 광범위한 정보제공 체계는 재무제표라는 형식으로 작성되는 계량적이고 정형화된 정보인 회계정보다.

1930년대 대공황 이후 처음 등장한 회계기준은 오랜 시간 체계적으로 다듬어져 기업의 재무성과와 재무현황을 보고하기 위해 상당 부분 최적화가 이루어져 있다. 최근 들어 산업의 빠른 변화로 기존의 재무회계 기법이 표현하기 어려운 경제적 상황이 발생하는 등 재무회계도 완벽하지는 않으나 표준화된 형태의 정보를 투자자들에게 전달한다는 장점으로 기업의 성과 측정과 평가에서 기준점으로 여전히 널리 활용된다. ESG가 부상하기 전까지, 주주자본주의가 기업과 자본시장을 지배하던 시기에는 E와 S에 대한 정보를 기업이 굳이 알려야할 이유는 존재하지 않았으며, 오히려 기업 간 경쟁을 고려하면 이러한 정보는 숨겨야 할 정보로 간주되었다. 하지만, E와 S에 관한 정보수요가 증가하기에 관련 정보를 작성하고 전달하는 공시체계 전반을 손보려는 노력도 함께 진행되고 있다.

(2) 사회적 가치의 측정과 통합재무제표

한국에서도 ESG 관련 투자의 증가와 ESG 활동에 대한 관심이 증가함에 따라 기업의 ESG 활동에 대한 정보 수요가 증가하고 있다. 이에 따라 지속가능 보고에 대한 공시를 의무화하는 움직임이 진행 중이다. 2025년까지는 총자산 2조 원 이상의 KOSPI 상장기업에 대해 지속가능경영보고서가 의무화되고, 2030년부터는 모든 KOSPI 상장사가 지속가능경영보고서를 작성해야 한다. 또한 현재 자산 2조 원 이상의 기업에만 의무화되어 있는 기업지배구조보고서도 점차 확대되어 2026년부터는 모든 KOSPI 상장사가 의무공시 대상이 된다. 이러한 흐름에 따라 ESG 활동 공시와 관련한 논의들이 진행 중이다. 학계에서는 현재의 재무제표에 사회성과를 통합한 통합재무제표라는 새로운 형태의 재무보고 형식의 가능성을 타진하고 있다.

2020년 11월 한국회계학회와 사회적가치연구원[3]은 사회성과측정포럼을 개최해 그간 연구해온 통합재무제표 형식을 제안하는 자리를 마련하였다. 이들은 현재 경제적 가치만을 반영하는 재무제표는 주주들에 초점을 둔 재무보고로 사회적 가치를 반영하고 보고하는 데 한계가 있다고 주장한다. 이 문제에 대한 대안으로 사회적 가치를 측정하여 반영한 새로운 통합재무제표를 기존의 재무제표와 병기할 것을 제안하였다. 이 접근법에서는 기존의 재무제표 형식, 즉 재무상태표 및 포괄손익계산서의 형태에 사회적 가치를 추가하여 보고하게 된다. 그를 위해서는 기존의 재무적 성과와 구분되는 사회적 가치와 관련된 손익, 자산, 부채와 자본을 측정하여야 한다.

이러한 접근법은 기존의 재무제표 형식을 그대로 활용한다는 점에서 기존의 재무제표에 익숙한 투자자들이 직관적으로 활용하기 유리하다는 장점이 있다. 그러나 이러한 접근방법은 극복해야 할 난점이 적지 않다. 가장 어려운 점은 비재무적 가치를 화폐가치로 측정해야 재무적 가치와 함께 재무제표에 보고할 수 있다는 부분일 것이다. 비재무적 가치, 즉 사회적 가치는 탄소배출권과 같은 예외적인 경우를 제외하면 활성화된 시장을 통해 거래되는 경우가 거의 없어 공정가치(fair value)의 관측이 어렵다. 또한 사회적 가치와 관련된 자산의 경우는 그와 관련된 효익이 실현될 가능성이 불투명하다. 이러한 점은 회계기준이 기존의 무형자산 측정에서 겪는 난점과 일맥상통한다.

---

3) 한국회계학회(2020), "사회적 가치 포함한 통합재무제표 필요", 사회성과측정포럼.

참고로 회계기준은 효익 실현의 확실성과 측정의 신뢰성이 보장되지 않는 한 무형의 경제적 자산을 재무제표에 자산으로 인식하는 것을 허용하지 않는다. 이에 따라 재무제표가 반영하지 못하는 경제적 자산이 존재하며, 지식기반산업의 성장에 따라 누락된 무형자산으로 재무제표가 부실화한다는 점은 오랫동안 해결되지 않은 회계기준의 난점 가운데 하나다. 이는 사회적 가치의 재무제표 반영에도 동일한 난점이 발생할 가능성이 있음을 시사한다. 또 다른 문제점은 기존의 재무제표 형식을 이용하기 위해서는 자산, 부채, 자본의 개념을 재고찰할 필요가 있다는 점이다. 현행 회계는 주주를 기업의 소유주로 인식하고 이를 중심으로 자산, 부채, 자본 및 수익과 비용이 정의된다. ESG 개념이 도입되면서 이해관계자 전반으로 관점을 넓힐 경우에도 주주자본주의의 관점에서 정의된 현행 회계의 체계를 사용하는 것이 바람직한지는 더 많은 논의가 필요하다.

한국회계학회와 사회적가치연구원도 이러한 문제를 인식하고, 2020년 11월 발표에서 재무회계의 기준이 되는 개념체계부터 ESG를 반영하기 위해 수정이 필요하다는 것을 분명히 밝힌 바 있다. 그러나 이러한 논의는 앞으로도 진행되어가면서 더욱 섬세하게 다듬어져야 할 것이다.

2 ESG 정보공시와 평가체계

(1) 글로벌 보고표준

ESG 정보공개 및 책임투자의 논의를 전 세계적으로 확산시키는 계기를 마련한 것은 2006년 4월 당시 유엔 사무총장이었던 코피아난의 주도로 'UN 책임투자원칙(Principles for Responsible Investment, PRI)'이다. 이 원칙은 세계 5,000개가 넘는 기관이 서명하였으며 금융투자원칙으로 ESG를 반영하도록 하였다는 점에서 현재 기업경영에서 중요시되는 ESG 프레임워크의 초석을 제시하였다고 평가되며, 적용의 강제성이 없고 투자자의 자율적 참여에 의존하고 있다.

UN 책임투자원칙 이후에 GRI(글로벌 보고 이니셔티브) 보고표준, SABE(지속가능성 회계기준위원회) 보고표준, TCFD(기후변화 관련 재무정보공개 태스크포스) 권고안 등의 다양한 공시기준이 등장하였으나 국제적으로 표준화된 공시기준이 아니었기 때문에 기업으로서는 각각의 공시기준 및 방식을 적용하기 어려웠고 정보이용자로서는 공시된 정보들의 비교 가능성이 떨어져 활용에 어려움이 있었고, 이에 따라 국제적으로 통일된 단일 공시기준의 필요성이 제기되어, IFRS(국제회계기준) 재단 산하 국제지속가능성 기준위원회(International Sustainability Standards Board, ISSB)는 글로벌 ESG 공시의 국제표준이 될 'IFRS 지속가능성 공시기준'의 제정을 추진하였다.

그림 4-1 ESG 일반적 생태계

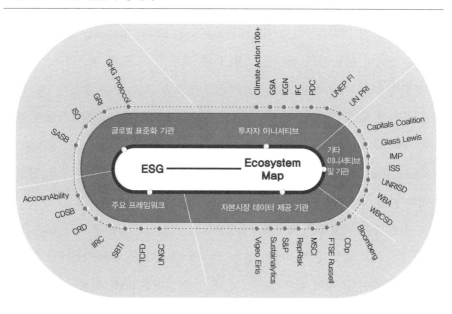

자료: 한국사회적가치연구원, ESG 핸드북, ESG 생태계에 대한 이해, 사회적가치연구원(CSES) www.cses.re.kr, 2021년 2월 24일

(2) IFRS와 ISSB

최근 ESG 정보공시 및 인증 시장에서의 IFRS 재단 내 국제지속가능성기준위원회(ISSB) 설립으로 다양한 ESG 보고기준이 단일화되고 있다. 아울러, 미국의 SEC 기후강화법안, 유럽의 CSRD(기업지속가능보고지침) 등 국가별로 ESG 공시가 의무화됨에 따라 기업들의 법적 책임 더욱 강화되고 있다. 이 가운데 가장 주목받는 부분은 신뢰성 있는 ESG 정보생성 및 보고를 위한 정보공시체계를 구축해야 한다는 점이다.

CSRD 초안 자체는 해당 정보가 경영진의 일부로 포함될 것을 제안한 것 이외에는 아직 공시 요건이 상세하게 나와 있지는 않다. 공시 정보가 건실하고 정량적이어야 한다는 조건하에서 현재 유럽 위원회의 자문 기관인 유럽재무보고 자문그룹(European Financial Reporting Advisory Group, EFRAG)에서 구체적인 기준을 개발중에 있다.

또한, 유럽 지속가능보고기준(European Sustainability Reporting Stadards)을 제정함에 있어서 EFRAG의 목표는 기후 관련 재무 정보 공개 태스크포스(TCFD) 및 글로벌 보고 이니셔티브(GRI) 등 기존의 글로벌 표준 및 프레임워크를 기반으로 동시에 유럽 그린 딜 및 EU 규정을 준수하는 것이다. 다양한 기술적 전문성을 반영하기 위하여 지속가능회계기준위원회(SASB, Sustainability Accounting Standards Board)나 GRI와 같은 국제적 기관들과의 협조가 이러한 목표 달성에 기여하게 될 것이다.

현재 많은 기업들은 지속가능경영보고서 작성 시 재무 보고와 같은 체계적인 내부 프로세스 및 시스템을 통한 전사적 참여보다, 외부 자문에만 의존하고 있는 상황이다. 이에 업무 일관성의 결여, 불명확한 R&R, 산재된 정보 원천, 데이터 임의가공 등의 심각한 문제점이 부각되고 있다. 이는 보고서 내 데이터의 신뢰성 저하 및 비효율을 초래하고 있다. 과거 ESG 전략 수립에 집중했던

ESG 1.0시대에서 현재는 이행의 단계의 ESG 2.0 시대로 이전하고 있다.

기업들은 다양한 보고 기준에 부합하고 데이터의 신뢰성을 확보할 수 있는 ESG 정보공시체계 구축에 집중하는 것이 매우 중요하다. 이러한 ESG 정보공시체계 구축에는 단기간에 가능하지 않고 최소 2~3년의 구축 및 이행 기간이 필요하다. 따라서 한국의 경우 2025년 공시의무화를 고려해 빠르게 이행하는 것으로 준비해야 한다.

IFRS 재단은 2021년 11월 제26차 유엔기후변화협약 당사국총회(COP26)에서 지속가능성 정보공시에 관한 글로벌 기준을 마련하기 위하여 ISSB를 설립하였으며, ISSB는 2022년 3월 31일 'IFRS S1 일반요구사항'과 'IFRS S2 기후 관련 공시' 공개초안을 발표하였다.

'IFRS S1 일반요구사항'은 투자자 등 주요 정보이용자가 기업가치를 평가하고 투자의사 결정을 할 때 유용한 지속가능성 관련 위험과 기회를 기업이 공시하도록 요구하고 있다. 공시하여야 할 핵심 4가지 요소는 1) 기업이 지속가능성 관련 위험 및 기회를 관리·감독하는 지배구조 및 2) 이를 위한 기업의 전략, 3) 지속가능성 관련 위험 관리, 4) 지속가능성 관련 위험 및 기회를 측정, 감독·관리하는 지표 및 목표 설정 등이다.

'IFRS S2 기후 관련 공시'는 투자자 등 주요 정보이용자에게 유의미한 기후 관련 위험 및 기회에 대한 정보를 제공하기 위한 것이다. 이에 따라 1) 기업이 기후 관련 위험 및 기회를 감독 및 관리하기 위하여 활용하는 지배구조 및 2) 이에 대한 기업의 대응전략, 3) 기업의 기후 관련 위험 및 기회에 대한 식별·평가·관리 등 위험관리정보, 그리고 4) 기후 관련 위험 및 기회를 측정, 감독이나 관리하는 방법에 대한 정보 등 네 가지 핵심요소에 중점을 두어 공시할 것을 요구하고 있다.

ISSB는 2022년 7월 29일까지 전 세계 이해관계자들로부터 이 초안에 대한 의견을 수렴하여 2022년 말에 최종안 및 시행일을 공표하였다. 우리나라에서는 한국 회계기준원과 금융위원회를 중심으로 ISSB 기준의 도입방안과 관련된 논의를 진행하였으며, ISSB 기준에 대한 국내 이해관계자들의 의견을 ISSB에 제출하였다.

현재 'IFRS 지속가능성 공시기준'을 중심으로 세계 각국의 ESG 정보공개를 의무화하는 법률의 제정이 증가하고 있다. 특히 EU와 그 회원국에서 ESG 관련 정보공개의 법제화를 선도적으로 추진 중이며, 2021년 3월 EU 내 금융기관에 금융투자상품의 지속가능성 정보공개를 강제하는 '지속 가능 금융 공시규정(Sustainable Finance Disclosure Regulation, SFDR)이 시행되었으며, 2021년 6월 유럽 기후 중립 달성을 위한 체계 수립 규정(유럽 기후법)이 채택되었다.

이러한 EU의 ESG 관련 법제, 특히 지속가능성 보고 지침과 지속가능성 실사 지침이 EU 각 회원국의 국내법으로 수용되면, EU 역내에 있는 기업뿐만 아니라 EU 이외의 국가에서 설립된 기업이라도 EU 역내 시장에 재화나 서비스를 공급하는 경우에는 지침의 적용대상이 될 수 있다. 이에 따라 EU에서 설립된 자회사를 가진 우리나라 기업, EU에 재화나 서비스를 공급하는 국내에 소재한 기업과 제3국에서 EU에 재화나 서비스를 공급하는 우리나라 기업 등이 EU의 ESG 관련 법제의 적용대상이 될 수 있다.

3 K-ESG

(1) K-ESG 가이드라인

우리나라 정부도 ESG 관련 정보의 중요성을 인식하고 이에 대한 대응을 진행 중이다. 정부차원에서 기업규모와 업종별로 차별화된 내용을 담은 K-ESG 가이드라인을 준비하였다.[4] 이 가이드라인에는 국내외 주요 평가기관들의 평가체계분석을 바탕으로 한 문항들이 담겨 있다. 정부는 이 가이드라인이 기업의 ESG 관련 활동의 방향성 및 그 평가에 지침을 줄 수 있을 것으로 기대한다. 특히 기업의 역량에 한계가 있는 중소기업에서 이러한 가이드라인의 유용성이 클 것으로 정부는 기대한다. 또한 해외 평가기관의 ESG 평가나 공시와 관련하여 한국적 상황에 맞지 않는 부분은 국가 차원에서 통일된 목소리로 평가항목의 적절성을 지적할 수 있게 될 것이다.5)

국내 외 국가의 ESG 규제 및 요구사항에 따라 국내 기업들도 ESG에 많은 관심을 두고 있다. 국내에서는 2021년 1월 14일 금융위원회와 금융감독원 및 한국거래소는 기업의 공시 부담을 경감하고, 투자자의 보호를 강화하며, ESG 책임투자의 기반을 조성하기 위하여 「기업공시제도 종합 개선방안」을 발표하였다. 이에 따르면, 2019년부터 자산총액 2조원 이상의 코스피 상장회사에 대하여 시행한 '기업지배구조 보고서'의 의무공시를 단계적으로 확대하여 2026년에는 모든 코스피 상장회사를 의무공시 대상으로 하였다.

2021년 1월 금융위원회가 발표한 「기업공시제도 종합 개선방안」에 따른 후속 조치로, 한국 거래소(KRX)는 'ESG 정보공개 가이던스'를 공표하였다. 'ESG 정보공개 가이던스'는 기업과 투자자의 지속 가능 경영에 대한 인식을 제

표 4-1 기업지배구조 보고서 공시 의무화 적용 시기

기업지배구조 보고서 공시 의무화 적용 시기	2019년(시행)	2022년	2024년	2026년
자산총액	2조원 이상 코스피 상장회사	1조원 이상 코스피 상장회사	5천억원 이상 코스피 상장회사	모든 코스피 상장회사

---

4) 관계부처합동(2021. 8. 26), 「친환경·포용·공정경제로의 대전환을 위한 ESG 인프라 확충 방안」.
5) 예를 들어 Dow Jones Sustainability Index에서는 기업 구성원의 인종비율에 대한 평가를 실시하는데, 현재 단일인종 비중이 압도적으로 높은 한국 상황에서는 평가항목을 만족시키기가 대단히 어렵다. 이는 한국적 특성을 고려하지 않아 한국기업의 ESG 평가를 체계적으로 낮추는 원인이 될 수 있다.

고하고, ESG 정보공개의 확대를 통하여 지속 가능한 투자의 활성화를 유도하며, 기업이 자율적으로 지속가능 경영 보고서, 지속가능성 보고서, 통합보고서 등을 발간하는 경우 ESG 정보공개에 익숙하지 않은 상장회사들에 그 방향을 제시하는 것을 그 목적으로 하고 있다.

(2) K-ESG 가이던스의 6가지 원칙

ESG 가이던스는 ESG 정보공개에 관하여

❶ 이해관계자가 기업의 성과를 평가할 수 있도록 그 정보가 정확할 것(정확성, Accuracy),

❷ 이해관계자가 쉽게 이해하는 방법으로 정보가 제공될 것(명확성, Clarity),

❸ 기업의 목표와 성과를 비교할 수 있고, 이를 다른 기업의 성과와도 비교할 수 있을 것(비교 가능성, Comparability),

❹ 기업의 유리한 정보뿐만 아니라 불리한 정보도 보고서에 포함하여 정보의 완전성을 보장할 것(균형, Balance),

❺ 정보는 검증할 수 있도록 정의, 수집 및 기록될 것(검증 가능성, Verifiability),

❻ 정보를 적시에 제공할 것(적시성, Timeliness)의 6가지 원칙이 요구하고 있다.

각 기업은 잠재적인 ESG 이슈 중에서 그 정보의 '중요성'을 고려하여 공개할 정보의 범위와 내용을 결정할 수 있다. 중요성 평가를 위하여 글로벌 공개 표준을 활용할 수 있으며, 주요 이해관계자의 의견수렴 등을 통해 조직의 중요 이슈를 파악할 수 있다. 또한, 주제별로 그 중요도가 동일하지 않으므로, 회사는 보고서에서 더 중요한 주제를 강조함으로써 상대적인 우선순위를 반영할 수 있다. 보고서를 작성하기 전에 전체적인 보고 방향을 기획하고 그 내용을 구성

표 4-2 ESG 정보공개 가이던스의 권고지표[6]

구분	항목	지표	비고
조직	ESG 대응	경영진의 역할	ESG 이슈의 파악, 관리와 관련한 경영진의 역할
	ESG 평가	ESG 위험 및 기회	ESG 관련 위험 및 기회에 대한 평가
	이해관계자	이해관계자 참여	이해관계자의 ESG 프로세스 참여방식
환경	온실가스 배출	직접 배출량	회사가 소유하고 관리하는 물리적 장치나 공장에서 대기 중으로 방출하는 온실가스 배출량
		간접배출량	회사 소비용으로 매입 또는 획득한 전기, 냉난방 및 증가 배출에 기인한 온실가스 배출량
		배출 집약도	활동, 생산 기타 조직별 미터법의 단위당 배출된 온실가스 배출량
	에너지 사용 집약도	직접 에너지 사용량	조직이 소유하거나 관리하는 주체의 에너지 소비량
		간접 에너지 사용량	판매제품의 사용 및 폐기처리 등 조직 밖에서 소비된 에너지 소비량
		에너지 사용 집약도	활동, 생산 기타 조직별 미터법의 단위당 필요한 에너지 소비량
	물 사용	물 사용 총량	조직의 물 사용 총량
	폐기물 배출	폐기물 배출 총량	매립, 재활용 등 처리 방법별로 폐기물의 총 중량
	법규위반, 사고	환경법규 위반, 사고	환경법규 위반, 환경 관련 사고 건수 및 조치 내용
사회	임직원 현황	평등 및 다양성	성별, 고용형태별 임직원 현황, 차별 관련 제재 건수 및 조치 내용
		신규고용 및 이직	신규고용 근로자 및 이직 근로자 현황
		청년인턴 채용	청년인턴 채용 현황 및 정규직 전환 비율
		육아휴직	육아휴직 사용 임직원 현황
	안전, 보건	산업재해	업무상 사망, 부상 및 질병 건수 및 조치 내용
		제품안전	제품 리콜(수거, 파기, 회수, 시정조치 등) 건수 및 조치 내용
		표시, 광고	표시, 광고 규제 위반 건수 및 조치 내용
	정보보안	개인정보 보호	개인정보 보호 위반 건수 및 조치 내용
	공정경쟁	공정경쟁, 시장지배적 지위 남용	내부거래, 하도급 거래, 가맹사업, 대리점거래 관련 법규위반 건수 및 조치 내용

---

6) 삼일PWC, 기업지배구조: ESG 정보공개 가이던스, 2022.

하여야 한다. 보고서를 작성할 때에는 ESG 요소를 조직의 전략, 조직의 구조, 운영체계, 활동 및 성과목표와 연계될 수 있도록 하고 정보공개원칙에서 제시된 요건을 고려하면서 권고지표 관련 내용이 잘 나타나도록 작성하여야 한다. 보고서 작성 후에는 보고 담당자, 자료수집 담당자 등이 함께 그 내용을 검토하고 보완하여야 한다. 보고서에 대한 내부의 검토절차가 완료된 후에는 제 3자를 통하여 독립적인 검증을 진행하고, 공인된 검증표준을 적용하여 객관성을 확보하여야 한다. 마지막으로 접근 가능성을 고려하여 기업의 홈페이지 및 한국거래소가 운영하는 전자 공시시스템(KIND) 등 적절한 공개 채널을 통하여 정보를 공개하여야 한다. 정보는 연 1회 이상 공개하는 것을 원칙으로 하고, 매년 일정한 시기에 공개한다.

(3) K-ESG 가이드라인 구성

2021년 12월 1일 산업통상자원부는 'K－ESG 가이드라인'을 발표하였고, K－ESG 가이드라인에서는 기업이 우선으로 고려해야 할 ESG 경영 요소와 평가기관에서 가장 중요시하는 평가 항목을 제시하기 위해서 국내외 주요 13개 평가기관의 평가지표와 측정항목을 분석하여 ESG 이행과 평가의 공통적이고 핵심적인 61개 사항을 제시하였다.

K－ESG 가이드라인은 산업 전반의 ESG 수준 제고를 위한 범용적 가이드라인이 될 수 있도록 구상하였고, 기업 일반에 대하여는 ESG 경영 수준 향상을 위한 방향성 제시에 초점을 두고 기업 스스로 ESG 경영 수준 향상을 위한 방향성 제시에 초점을 두고 기업 스스로 ESG 경영 목표를 용이하게 수립할 수 있도록 활용 가이드를 제시하였으며, 중소, 중견 기업에 대해서는 ESG 경영전략의 수립에 우선으로 활용할 수 있는 항목을 선별하여 제시하였다. 그리고 평가 검증기관에는 K－ESG 가이드라인을 자율적으로 활용할 수 있도록 설계하고 평가 검증기관의 수요를 고려하여 기본진단항목 외 대체 추가항목을 제시하

표 4-3 K-ESG 가이드라인 구성

구분	주요항목
정보공시(5개 항목)	— ESG 정보공시 방식, 주기, 범위 등
환경(17개 항목)	— 환경경영 목표 및 추진 체계, 친환경 인증, 환경 법규위반 등 — 온실가스 배출량, 폐기물오염물질 배출량, 재활용률 등
사회(22개 항목)	— 사회책임경영 목표, 채용, 산업재해, 법규위반 등 — 채용, 정규직, 산업안전, 다양성, 인권, 동반성장, 사회공헌 등
지배구조(17개 항목)	— 이사회 전문성, 이사회 구성, 주주권리 등 — 윤리경영, 감사기구, 지배구조, 법규위반 등

출처: 산업통상자원부

였다.

그러나 정부주도로 K–ESG 가이드라인이 도입되는 것에 대해서는 장기적인 측면에서 우려가 있다. ESG 활동이 민간영역에서 주도되는 움직임인 만큼 ESG 관련 요구사항의 변화 속도가 정부 조직보다 빠르게 일어날 가능성이 있다. 그러므로 정부가 K–ESG 가이드라인을 직접 관리할 경우 시장의 빠른 변화를 K–ESG 가이드라인이 적시 반영하지 못할 우려가 크다. 그러므로 정부가 K–ESG 가이드라인을 직접적으로 관리하기보다는 현행 회계기준 등과 마찬가지로 기업과 민간영역에서 주도하고 정부가 이러한 민간영역에 제도적 장치로 힘을 실어주는 구도로 설계되는 것이 장기적으로 바람직할 수도 있다.

4 ESG 평가

(1)「ESG 평가기관 가이던스」제정[7]

'23.5.24일(수) 금융위원회는 ESG 평가시장의 투명성·신뢰성 제고방안을 발표하였다. 이번 방안의 주요내용은 정부, 한국거래소, 자본시장연구원의 지원 하에 국내 주요 ESG평가기관 3개社(한국ESG기준원, 한국ESG연구소, 서스틴베스트)가 '자율규제'로서「ESG 평가기관 가이던스」(이하 '가이던스')를 마련하여 운영한 다는 것이다.

이번에 발표한 방안은 지난 4.13일(목) 정책 세미나(거래소·자본연 주최, 금융 위 부위원장 축사), 4.27일(목) 제2차 ESG 금융 추진단 회의(금융위 부위원장 주재), 5.24일(수) 민관합동 ESG 정책협의회(기재부 1차관 주재)에서 있었던 논의를 종합적으로 반영하여 마련되었다.

ESG 평가(Ratings)란 기업의 ESG 활동의 성과를 평가하는 것으로, 투자 의사결정에 필요한 정보를 제공하는 역할을 한다. 마치 신용평가가 주로 기업의 재무적 위험을 평가하여 기업의 가치 산정에 반영하는 것처럼, ESG 평가는 환경(E), 사회(S), 지배구조(G)와 같은 비재무적 요인들을 기업의 가치평가에 고려한다.

최근 ESG 투자가 활성화되고, 금융시장에서 ESG 평가등급의 활용도가 증가함에 따라 ESG 평가기관의 역할과 중요성도 점차 증가하고 있다. 그러나 많은 전문가들은 ESG 평가결과의 신뢰성과 평가 프로세스의 투명성 등에 대해 우려를 제기하고 있는 상황이다.

우선 ESG 평가기관별로 평가결과가 상이하여 그 결과를 신뢰하기 어렵다는 의견이 있다. 물론, ESG 자체가 가치판단적 요소를 지니고 있고, 평가기관

---

[7] 금융위원회, ESG 평가시장의 투명성·신뢰성 제고방안 발표,「ESG 평가기관 가이던스」제정, 2023-05-24

별로 평가지표, 가중치 등 평가모델이 다르기 때문에 평가결과의 차이가 불가피하다는 의견도 존재한다. 그러나 ESG 평가 등급의 과도한 차이(divergence)는 기업의 ESG 경영 활동에 대한 엇갈린 신호(mixed signal)로 작용하여, 결과적으로 기업의 ESG 성과개선의 동기를 약화시킬 우려가 있다.

또한, 평가 결과의 차이가 ESG 평가기관과 기업 간 이해상충 가능성, ESG 평가체계에 대한 정보공개 부족 등의 문제와 결합될 경우 ESG 평가시장의 투명성과 신뢰성을 약화시키고 평가시장의 발전을 저해할 수 있다는 우려가 제기되고 있다.

이와 같은 우려를 감안하여, IOSCO, OECD와 같은 국제기구들은 ESG 평가기관에 대해 투명성 강화 및 이해상충 방지 장치를 마련할 것을 요구하는 한편, 각 국 정부에 대해서도 주의를 기울일 것을 권고하고 있는 상황이다.

앞서 언급한 것처럼, 정부, 한국거래소, 자본시장연구원의 지원하에 국내 주요 ESG평가기관 3개社(한국ESG기준원, 한국ESG연구소, 서스틴베스트)는 '자율규제'로서 「ESG 평가기관 가이던스」를 마련하였다. 구체적인 평가방법을 규율하는 것이 아닌, 평가업무 수행시 필요한 절차기준 등에 대한 모범규준(Best Practice)를 제시하고자 하는 목적이다.

각 ESG 평가기관은 가이던스 참여 여부를 자율적으로 천명하고, 원칙준수·예외설명(Comply or Explain) 방식으로 참여한다. 국내시장이 아직 발전 초기단계라는 점 등을 감안하여 신용평가 규제 등에 비해서는 낮은 수준의 규율방식을 택하였다.

가이던스는 총 6개의 장*, 21개의 조문으로 구성되어 있다. 제1장은 총칙으로 동 가이던스의 목적과 적용 방식 등을 규율한다. 제2장에서는 준법감시인의 지정 등 준법감시체제를 구축하고 이해상충방지 등 내용을 담은 내부통제체제를 마련할 것을 요구하고 있다.

❶ 총칙 – ❷ 내부통제체제의 구축 – ❸ 원천데이터의 수집 및 비공개정보의 관리 – ❹ 평가체계의 공개 – ❺ 이해상충의 관리 – ❻ 평가대상기업과의 관계

제3장에서는 평가기관은 객관적이고 검증 가능한 데이터에 근거하여 평가하도록 하며, 평가과정에서 취득한 비공개정보를 대외비로 관리하고 임직원이 남용하지 않도록 하고 있다. 제4장에서는 ESG 평가방법론 및 기업별 ESG 평가등급, 평가점수 등 평가결과를 공개하도록 하며, 정보공개시 인터넷 홈페이지 등 정보접근성이 높은 방식을 이용할 것을 요구한다.

제5장에서는 기관 내 이해상충 가능성이 있는 업무·인력을 분리하고, 계열회사의 업무와 이해상충 문제가 발생하지 않도록 내부정책을 수립·운영하며, 이해관계가 있는 회사와 관련된 잠재적인 이해상충의 관리의무도 부여한다. 제6장에서는 평가대상기업에 대한 불공정행위 및 금품 수수 등을 금지하며, 평가등급 확정 전 평가대상기업에 수집데이터 내용 등을 통보하고 사실오류가 있는 경우 설명기회를 부여하는 등 평가대상기업과의 관계를 규율한다.

ESG 평가시장의 신뢰성과 투명성을 제고하기 위해 우선적으로 가이던스를 도입·운영한다. ESG 평가기관뿐만 아니라 금융위, 한국거래소, 자본시장연구원이 옵저버('관찰자')로 참여하는 'ESG평가기관협의체'(이하 '협의체')를 구성하여 자율규제로서 운영될 예정이다.

다만, 자율규제의 경우 구속력이 제한될 수 있는 만큼 내실 있는 운영을 위한 보완방안도 함께 추진한다. 각 평가기관은 자신의 가이던스 이행현황을 공시하며, 협의체(또는 거래소)가 정기적으로 평가기관의 가이던스 이행현황 등을 비교·분석하여 보도자료로 배포할 계획이다.

이번 발표한 가이던스는 각 평가기관의 동 가이던스 준수를 위한 준비절차 등을 감안하여, 약 3개월간의 유예기간을 거쳐 '23.9.1일부터 시행할 예정이다.

'23~24년간 가이던스를 운영한 이후, '25년부터는 가이던스의 역할·활용도, 국제 동향 등을 보아가며 진입규제, 행위규제 등 법제화도 검토할 예정이다.

앞으로 정부는 ESG 평가시장뿐만 아니라, 「ESG 공시 - 평가 - 투자」로 이어지는 ESG 생태계 전반에 대한 제도적 기반을 마련해 나갈 계획이다. 향후에도 전문가들의 의견수렴 등을 거쳐 제도개선 방향을 적극 모색해 나갈 예정이다.

(2) 녹색분류체계(K-Taxonomy)의 개발

ESG 활동을 강화하기 위해서 기업은 기존 사업을 ESG를 기준으로 재편할 필요가 발생하며, 이러한 사업구조 재편에 따라 기업의 자금 수요가 발생한다. 따라서 기업의 ESG 활동 강화를 지원하기 위해서는 ESG 강화 목적의 금융이 절실하다. ESG와 관련된 기업활동 가운데서도 가장 앞서 진행 중인 환경 분야 활동을 강화하기 위해서는 설비투자의 필요가 크며, 이를 지원하기 위한 금융 또한 활성화되고 있다.

이러한 목적의 금융을 녹색금융이라고 한다. 녹색금융은 온실가스 감축, 기후변화뿐만 아니라 기타 환경 관련 효과 전반에 초점을 맞추고 있다. 녹색금융은 온실가스 감축에 초점을 맞춘 탄소금융이나 온실가스 감축에 기후변화 관련 효과도 고려하는 기후금융보다 포괄적인 개념이며, 환경뿐만 아니라 사회·경제와 지배구조 관련 효과를 모두 고려하는 지속가능금융보다는 하위개념이다. 민간의 자금이 기업의 친환경 활동을 지원하는 녹색금융으로 유입되도록 하기 위해서는 기업의 어떠한 활동이 친환경 활동에 해당되는지를 판단하는 기준이 필요하다. 이를 녹색분류체계(Taxonomy)라고[8] 한다.

---

8) 사전적 의미로 taxonomy는 모든 종류의 분류체계를 의미하는 일반명사이나, 녹색금융에서는 'Taxonomy'를 환경 분야의 지속가능성 제고활동에 포함되는 활동과 그렇지 않은 활동을 구분하기 위한 분류체계, 즉 '녹색분류체계'를 특정하여 지칭하는 단어로 사용한다.

녹색분류체계는 금융회사, 기업, 투자자 등 금융시장 참가자들의 일관성 있는 평가가 가능하도록 한다. 이는 위장환경주의(Green washing)를 막고 자금이 친환경 활동에 유입되도록 하기 위한 필수적인 장치다. 이러한 배경에서 한국 정부도 한국형 녹색분류체계(K-Taxonomy)를 발표하였다.

한국형 녹색분류체계 개발과 관련하여 다음과 같은 사항에서 사회적 공감대를 충분히 형성할 수 있어야 한다. 첫째는 녹색분류체계를 통해 추구하는 환경목표다. 그다음은 적용 분야 및 분야별로 녹색 경제활동이 무엇인지를 정하는 것이다. 마지막으로는 녹색 여부를 판단하는 기준이다. 한국형 녹색분류체계에서 다음과 같은 상황이 고려되어야 하는데, 첫째로 추구하는 환경목표를 구체화하는 것이 필요하다. 한국의 산업특성과 지리적 여건 등을 고려할 때 지향해야 할 한국만의 고유한 환경목표가 무엇인지를 선별해야 한다는 의미다. 현재, 한국정부는 온실가스 감축 등의 제한적인 영역에 대해서만 목표를 제시하는 반면, 기타 영역에 대해서는 구체적인 목표를 제시하지 않았다.

둘째, 금융의 국제화를 고려할 때, 한국형 녹색분류체계 또한 국제적 정합성을 가져야 혼동을 피할 수 있다. 녹색분류체계는 각 국가와 지역별로 자신들의 환경을 고려하여 개발되는 반면, 금융시장은 국제화되어 있어 국경을 넘나든다. 따라서 한국형 녹색분류체계가 한국적인 고유성만을 강조한다면 기업과 금융시장에서 혼란을 초래할 여지가 있다. 마지막으로 비녹색에서 녹색으로 전환하는 과정에 있는 기업이 녹색금융 지원에서 소외되지 않도록 고려해야 하며, 이를 위해서 녹색과 비녹색의 이분법적 적용은 지양해야 할 것이다. 한국은 기업의 환경 관련 대응이 비교적 늦은 편으로 이야기된다. 즉 대규모 전환이 필요한 상태다. 이러한 상황에서 녹색분류체계가 이분법적으로 적용될 경우,

---

이 보고서에서도 'Taxonomy'를 '녹색분류체계'를 특정하여 지칭하는 단어로 사용한다. (출처: 두산백과사전)

전환에 적극적인 동시에 자금이 가장 필요한 전환 중인 기업들로 자금 유입이 제한될 소지가 있다. 그러므로 전환 중인 기업이 비녹색으로 평가받지 않도록 하는 장치가 반드시 필요할 것이다.

5 주요 시사점

최근 국내외적으로 투자, 경영, 정책 등 다양한 분야에서 ESG 논의가 활발하게 다루어지고 있다. 글로벌 대기업들을 중심으로 ESG 경영이 공식화되고 지속가능성 보고서 등 관련 정보공시가 일반화되고 있다. 금융투자 측면에서도 대형 투자회사 등을 중심으로 ESG 투자전략을 공포하고 다수의 표준들이 제안되는 실정이다. 각국 정부나 국제기구 역시 관련 정보 공개 등 규율체계를 마련 중이며 점차 법적 책임을 부여하고 금융당국의 감독을 강화하는 추세다.

한국의 경우 정부 부처나 위원회 등에서 ESG 관련 정책들이 다양한 형태로 마련되고 있으며, K-SDGs와 한국형 뉴딜정책 등이 운영되고 있다. 그러나 주요 정책들 가운데 일부는 서로 중복되거나 상충되는 면이 있으며, 본질적으로 시장과 정부의 역할분담이나 정책 자체의 지속가능성에 대한 고려가 미흡한 것으로 판단되므로, 향후 좀 더 국가전략적 관점에서 통합적으로 보완될 필요가 있다. 그리고 많은 경우 양적인 목표를 설정하고 그 성취도를 측정하는 방식으로 정책이 운영되는데, 향후 질적 측면까지 고려되도록 문제의식 및 위험요소 파악을 강조하고 목적지향적으로 운영하는 것이 바람직하다.

더 나아가 ESG 규율체계가 금융시장과 기업경영과 시민문화 속에서 효과적으로 작동 가능한 부분은 국가의 간섭을 최소화하고 긍정적 측면을 적극적으로 지원할 필요가 있다. 그러하지 못한 부분은 정부가 주도적으로 개입하여 대체 또는 보완할 뿐만 아니라 민간과 정부의 다양한 협업방식을 모색하여야 한다.

구체적인 정책 방안으로는 먼저 기본적인 인프라를 구축하기 위해 ESG 활동의 개념을 정의하고, 녹색분류체계(taxonomy)를 마련하여 금융시장을 통해서 ESG 활동이 촉진될 수 있는 여건을 확보하여야 한다. 현재 통일된 기준이 존재하지 않는 ESG 관련 공시제도 수립을 촉진하고, 법제적인 뒷받침을 통하여 ESG 관련 공시 의무를 부여함으로써 ESG 관련 정보환경을 개선하여야 한다. 이러한 제도적 환경을 통해 시장참여자들이 ESG 활동을 적절히 모니터링할 수 있는 인프라를 설계하는 것은 정부만이 할 수 있는 역할이다. 특히 벌써 과열 양상을 보이는 것으로 판단되는 관련 평가 프로그램 및 지표 산출사업들에 대해서는 적절한 규제와 감독제도를 마련할 필요가 있다.

현재 국내외적으로 다양한 평가지표들이 각기 제안되어 운영되고 있으나 개념적 측면에서 상호 일관성이 부족할 뿐만 아니라 통계적으로도 서로 상관관계가 상당히 낮은 수준에 머물고 있다. 따라서 이들 사업에 공통으로 필요한 제도적 인프라를 구축하여 공정하고 효율적인 경쟁이 가능하도록 유도할 필요가 있다.

ESG 평가는 원칙적으로 객관성이 높고 낮은 영역으로 구분할 필요가 있다. 객관성이 높은, 예를 들어 부정적 요소를 평가하는 경우 등은 정부의 규제와 감독 등을 이용하여 포괄적으로 평가하는 것이 바람직할 것이다. 반대로 객관성이 낮은, 예를 들어 긍정적 요소를 평가하는 경우 등은 시장의 자율과 경쟁원리가 작동하는 방식으로 평가가 이루어지는 것이 바람직할 것이다. 따라서 정부정책은 시장참가자들이 법규를 준수하고 기초 수준의 사회적 목표를 달성하는지를 점검하는 데 집중할 필요가 있다. 이와 함께 질적 평가가 필요한 주요 정보들을 적절히 공시하거나 평가기관 등이 적절히 사용할 수 있도록 지원하는 방안이 필요할 것이다.

한편 중소기업은 대기업과 기관투자자와 비교하여 ESG 경영의 필요성은 동일하지만 실천역량은 매우 부족한 실정이다. 따라서 정부 등의 지원이 필요한데, 이를 위해 먼저 실태조사와 기업 유형별 ESG 경영진단 및 정보제공이 필요하다. 특히 현재 부처별로 진행되는 다양한 관련 정책들과의 연계성에 대해 자문하고 사내전문가를 육성하는 교육프로그램을 마련하며 온라인 교육체계를 강화할 필요가 있다. 또한 우수기업 포상 및 인증 제도 등을 통해 재정사업, 조달사업, 금융세제상 혜택을 제공함으로써 ESG 경영 유인을 강화하는 것이 바람직할 것이다. 한편 중소기업의 생존과 번영에 필수적인 산업생태계 내의 협업 과정에서 ESG 관리를 강화할 필요가 있다. 특별히 이를 위해 대기업과 중소기업 간 협업을 강화하고 적절한 평가 및 유인제공 등을 통해 동반성장을 유도할 수 있을 것이다.

참고문헌

박재흠(2023), ESG가 기업 가치 평가의 새로운 지표로 떠오르고 있습니다. 여러분은 ESG 경영을 준비하고 계십니까?, EY한영회계법인, 2022년 7월 18일.

산업통상자원부(2021), 「산업부, K-ESG 지표 정립 본격 착수」.

이형규((2022), "ESG 정보공시와 상장회사의 대응." 비교사법 29.4 pp.101-147.

장우영(2021), 기관투자자의 ESG투자와 지속가능성. 기업법연구 35 (3):39-73.

전국경제인연합회(2021), 500대 기업 ESG 준비실태 및 인식조사.

정유진·오윤진·임현경·김진성(2019), 유가증권 상장기업 이사회 내 위원회 설치 및 운영현황. 한국기업지배구조원.

최미화·김확열(2016), CSR활동과 감사품질, 기업가치. 회계연구 21 (1): 25-51.

최종서(2012), 실증적 회계학연구에 있어서의 내생성문제. 경영과 정보연구 31 (4): 469-490.

최준혁·양동훈·유현수·김령(2017), 비재무성과 공시의 신뢰성 검토: 지속가능보고서를 중심으로. 경영학연구 46(4): 1157-1200.

홍지연(2021), ESG 경영에 대한 이사회의 역할 확대. 자본시장포커스 2021-24: 1-4.

한국ESG기준원 : http://www.cgs.or.kr/business/esg_tab01.jsp

한상범·권세훈·임상균(2021), 글로벌 ESG 동향 및 국가의 전략적 역할, 대외경제정책연구원.

The Deloitte HX TrustID™ Survey, May 2020 (n=7,500). See: Ashley Reichheld and Amelia Dunlop, The Four Factors of Trust: How organizations can earn lifelong loyalty, (New York: Wiley, 2022).

Michael Bondar, Natasha Buckley, Roxana Corduneanu, David Levin,

How enterprise capabilities influence customer trust behavior, Deloitte Insights,

June 28, 2022.

Deloitte, "Many C-suite executives say their organizations want to build trust in year ahead, yet few have leadership and tracking capabilities in place," press release, October 19, 2022.

Paul J. Zak, "The neuroscience of trust," Harvard Business Review, January-February 2017.

Michael Bondar, Natasha Buckey, Roxana Corduneanu, Can you measure trust within your organization?, Deloitte Insights, February 9, 2022

U.S. Department of Energy(2013), "Revolution Now: The Future arrives for Four Clean Energy Technologies," p. 2.

제5장

ESG 경영과 주요 트렌드

ESG는 기업의 사회적 책임 차원을 넘어 하나의 중요한 평가 및 투자 기준으로 고려되고 있다는 점에서 사회 공헌 활동과 분명히 구별된다. 기업들에 있어 ESG는 새로운 표준이자 생존 전략으로 자리 잡았다. CSR이 이미지 개선을 위한 '선택'이었다면 ESG는 '필수'라는 말이 나오는 이유다. 환경이나 사회에 관해서 시선을 끌고 있는 또 하나의 키워드가 '지속가능발전목표(Sustainable Development Goals, SDGs)'이다.

ESG는 SDGs와 근저가 유사하기도 하여 최근에는 세트로 주목받는 경향이 있다. 2015년 9월 UN은 지속가능 발전 정상회의(UN Sustainable Development Summit)에서 SDGs를 새로이 채택했다. 특히, SDGs의 17개 목표 중 목표 5(성평등), 목표 8·12(지속가능성), 목표 13(기후변화 대응) 등은 기업의 ESG 활동과 직접적으로 연관되어 있어 주의 깊게 살펴볼 필요가 있다.

현재 ESG에 대한 표준 정의는 다양한 집단에서 발표하고 있으며 평가 지표에 대해서도 각 평가기관 측의 판단으로 이루어지고 있다. 법령 등에 의해 정해진 기준도 없고, '세계 공통의 판단 기준이 없다'는 것이 일정한 인식이다. ESG에서는 다양한 사회 문제에 대해 기업이 리스크를 인식한 후 어떤 전략에 의해 대응해 나갈지를 묻고 있다고도 할 수 있다.

1 PWC의 ESG 경영 4대 트렌드

　기업의 이미지 개선을 위해 강조해온 사회적 책임(CSR)에서 더 나아가 기업을 둘러싼 소비자, 주주, 지역, 환경 등을 두루 고려해야 한다는 것이다. ESG란 용어는 2005년 유엔글로벌콤팩트(UNGC) 보고서에서 처음 등장했고, 2006년 유엔 주도로 발표한 책임투자원칙을 통해 국제적으로 알려지기 시작했다. 이후 글로벌 자산운용사들을 중심으로 부정적인 이슈의 기업을 배제하는 소극적 지속가능 투자에서, 보다 나은 ESG 성과를 추구하는 적극적 지속가능 투자로 전환해나가고 있다. 즉 기업 입장에서 ESG의 확산은 지속가능경영을 부스팅(Boosting) 하는 외부 자금 조달(투/융자) 환경의 변화라고 볼 수 있는 것이다. 이런 흐름에 맞춰 글로벌 기업들은 ESG에 선도적으로 대응하고 있다.

　ESG 지표에 맞추지 못하면 투자받기 어렵고, 생존할 수 없기 때문이다. 2021년부터 가속화되고 있는 지속가능경영의 글로벌 규제 도입 경향으로 ESG 성과 준수 시의 인센티브보다 미달 시의 손실 리스크가 상대적으로 커지고 있다. 대기업은 이러한 환경 변화에 직접적으로 노출되어 있으므로 이에 대한 대응의 과정에서 협력사인 중소기업들이 간접적 영향을 받게 됐다. 또한 글로벌 기업과 거래하는 수출 중소기업들도 ESG 확산의 직접적 영향을 받게 되었다.

　2021년 ESG 경영은 글로벌 트렌드가 되면서, 기업의 전략에서부터 사업의 전환까지 기업 경영에 있어 깊이 있는 변화를 이끌어 내고 있다. 계속해서 변화하고 진화하는 ESG 경영에 있어 PwC가 제시한 4가지 주요 트렌드를 소개한다.

(1) ESG 공시 및 법제화 방향성

　기존 ESG 공시에 대한 글로벌 기준이 없고, 국가마다 공시 기준이 달라 혼란을 겪던 투자자와 기업들에게 GRI, IIRC, CDSB 등 다양한 공시 표준이 통합되고 있다. 유럽연합(EU)에서는 2020년 6월 그린 택소노미[1])를 발표하면서 환경적으로 지속가능한 경제 활동의 범위를 정하며 환경 목표를 달성하기 위한 다양한 전환 경제 활동이 포함될 수 있도록 기존의 택소노미가 확장되고 있다. 또한 'EU 기업 지속가능성 실사지침'을 공개하면서 ESG 경영을 강제할 수 있는 공급망 실사 규제를 실시했다.

(2) 온실가스 배출 - Scope 3에 대한 관심 증가

최근 엑손모빌이나 사우디아람코는 자사의 총 배출량의 90%를 차지하는 Scope 3 배출량을 넷제로 이행 목표에 제외하면서 이슈가 되었다. 여기서 Scope 3 간접배출은 Scope 2에 속하지 않는 간접배출로서 원재료의 생산, 제품 사용 및 폐기 과정에서 배출되는 것으로 정의하고 있다. 영국과 유럽연합(EU) 역시 Scope 3에 관심을 갖기 시작했고 SEC는 기후변화와 대응 공시 규정 또한 Scope 3을 공시 대상에 포함할 것을 요구했다.

(3) 과학기반의 기후 목표 설정 기업 증가

기후 목표를 인증하는 과학기반 이니셔티브(SBTi)에 가입하는 기업이 증가하는 추세로서, 2022년 9월 기준 3,600여 개 기업이 동참하고 있다. SBTi는 2021년 말 Scope 1·2·3 포함, 기후 목표는 기간별 설정과 매년 일반 공시 요구, 오프셋은 배출량 감소 목표에서 제외 사항의 원칙을 포함한 '넷 제로 스탠다드'를 발표했다.

(4) 생물다양성과 자연 자본

생물다양성과 급격하게 고갈되고 있는 자연 자본이 문제가 되면서 이를

---

1) 그린 택소노미(Green Taxonomy): 친환경 그린 에너지에 대한 분류체계

대응하고자 TNFD가 창설되었다. SASB, GRI 등 다수의 기준 개발 기관과의 협력을 발표하고 2023년 4월 TNFD '자연 관련 위험 관리' 공시 프레임워크 최종판이 공개되며 주목을 받았다.

2 국내외 기업들의 ESG 추진현황

(1) 국내 기업들의 ESG 추진사례

기업 ESG 경영의 성공 사례 중 아모레퍼시픽는 ESG 경영 위원회를 설립하여 ESG 경영을 실천해 나가고 있다. 기업의 목표는 2025년까지 글로벌 생산 사업장의 재생에너지 사용률을 100%로 만드는 것이다. 이에 기업의 생산 공장인 아모레 뷰티 파크에 사용되는 전력을 재생에너지로 대체했다. 또한 2003년 화장품 공병을 매장에서 회수하는 '그린 사이클 캠페인'을 시작으로, 2020년 이후 국내 최초의 리필스테이션을 구축하며 제로웨이스트 실천을 위해 노력하고 있다. 리필스테이션은 샴푸, 컨디셔너, 바디워시를 리필하여 구매할 수 있는 공간으로, 용기를 직접 가져와서 해당 제품을 리필할 수 있다.

또한 토스의 계열사인 토스페이먼츠는 친환경 경영과 재활용 및 친환경 제품 사용, 사무용품 사용 현황 모니터링 등 ESG 활동을 통해 국제 환경경영시스템 표준의 인증을 획득했다. 특히 업무환경을 전자 시스템으로 바꾸고, 가맹점 계약 절차 대부분을 전자계약으로 전환하는 활동을 전개했다. 해당 활동(페이퍼리스)으로 기존에 사용했던 A4 용지의 98%를 절약하여 높은 수준의 친환경 업무 환경을 구축한 것으로 평가받고 있다. 이처럼 ESG 경영은 많은 기업에서 실천하고 있는 하나의 트렌드이자 필수적인 경영 요소로 자리 잡고 있다. 환경을 보호하고, 사회 공헌 활동을 수행하면서도 효율적인 회사 운영을 가능하게 하는 ESG 경영 문화가 지속적으로 확산되어야 할 것이다.

또 다른 ESG의 사례로는 사회공헌의 정석을 실현하는 '스타벅스'를 예로 들 수 있는데, 스타벅스 코리아는 인간적인 관계와 감성이 소통하는 경험을 함께 제공하고자 노력하고 있으며, 환경적, 사회적 문제 해결에도 적극적으로 동참해 ESG 경영을 강화하고 있다. 현재 진행 중인 장애인, 중장년, 경력 단절여성 등의 취업 취약계층 일자리 지원을 강화해 나가며 취약계층 채용에 앞장서고 있다. 또한 스타벅스는 지난해 카페 업계 간의 지속적인 상생을 위한 소통과 협력의 기반을 마련하고자 중소벤처기업부와 함께 동반성장위원회, 전국카페사장협동조합 간 상생 협약을 체결했다. 이러한 지역사회를 위한 커뮤니티 스토어 & 소상공인 재기 지원 활동 말고도 환경적인 부분에서의 ESG 경영도 찾아볼 수 있는데 커피 퇴비를 농가에 기부해 그로 인해 재배한 농산물이 다양한 푸드 상품의 원재료로 사용돼 다시 스타벅스 매장에서 판매가 이루어지는 커피찌꺼기 업사이클링을 통한 자원 선순환, 2018년도부터 전국 매장에 빨대 없이 사용하는 리드(뚜껑)와 종이 빨대를 도입해 일회용 빨대 사용량을 지속 감축시켜 나가는 지속가능한 친환경을 위한 종이 빨대와 개인컵 시스템, 마지막으로 친환경 매장 확대 및 물류시스템을 구축하여 지속 가능에 대한 고객 경험을 이어나가고 있다.

국내 유일의 ESG 전문 매거진인 '한경ESG'에서도 ESG 경영 사례들을 찾아볼 수 있는데 2017년부터 2022년까지 미국의 방대한 소비재 매출 데이터를 토대로 조사한 'ESG 제품 선호도' 분석 결과를 볼 수 있다. 업종별 탄소중립 전략 비교 시리즈에서는 국내 4대 금융지주를 분석했다. 신한금융, KB금융, 하나금융, 우리금융 그룹의 금융 배출량 감축 전략을 확인할 수 있다.

또한, 현장 사례로는 BGF리테일의 상업 시설 최초 전력 사용량 자동 조절 사업을 담았다. 한국의 기후기술 기업으로는 작물 생육 데이터를 알고리즘화해 스마트 농업을 돕는 '에이아이에스'를 소개한다. 리딩 기업의 미래 전략 코너에서는 오경석 풀무원 바른마음경영실 상무가 풀무원의 지속가능 식품 전략에 대해 들려준다. 글로벌 동향으로는 매혹적인 관광 명소가 된 스코틀랜드 풍력발전 단지, 러시아 전쟁으로 촉발된 유럽의 에너지 대전환 흐름, 중국 아이폰 공장의 폭동 사건의 전말, 재활용 경쟁하는 일본 가전 브랜드, 폭발하는 독일 대체육 시장 등을 알아볼 수 있다. 끝으로, 러닝 섹션에서는 패션업계 가치사슬 전반에서 발생하고 있는 그린워싱 소송, 에너지 비용과 온실가스 배출을 모두 줄일 수 있는 에너지 절약 사업(ESCO), 유럽연합이 산업 보호와 공정 경쟁을 위해 도입하는 ESG 법안 흐름을 확인할 수 있다. 최강 ESG 팀으로는 국내 금융권 최초로 RE100에 가입한 미래에셋증권을 소개하고 있다.

(2) 국외 기업들의 ESG 추진사례

해외 기업의 ESG 경영사례를 분석하면서 공통적으로 크게 3가지의 특징을 발견할 수 있었다. 첫 번째로, 새로운 전략으로 소비자들에게 과감히 도전한다는 점이다. 애플은 환경적 지속 가능성을 강조한 제품과 서비스 개발을 전략으로 강조했고, 테슬라는 차량의 성능과 기술 혁신, 지속 가능한 라이프스타일을 제공하는 전략을 통해 소비자들의 이목을 집중시켰다.

두 번째로, 투자를 아끼지 않는다는 점이다. 이슈화와 주가 상승에 성공한 두 기업은 ESG 경영 전략을 실행할 제도와 기술을 재정비할 충분한 자본을 모을 수 있었고 과감히 투자하였다. 또한 이 두 기업은 교육에 관련하여 협력 및 기부 활동에도 과감히 투자했다. 지속 가능한 비즈니스 모델과 사회적 가치 창출에 큰 관심을 보이고 있으며, 해외 대학들과의 파트너십을 통해 지속가능 성장에 지원했다.

세 번째는 성장 과정 속 데이터의 투명성을 강조한다. 기업들은 지속가능한 환경 성과를 정기적으로 투명히 보고하고 있어, 각 기업의 발전 과정을 눈으로 확인 가능한 점에서 글로벌 대기업으로 성장할 수 있는 비결로 꼽을 수 있다.

1) 넷플릭스(Netflix)

넷플릭스(Netflix)는 26년까지 격년제로 다양성 조사를 지속할 예정이다. 또한 다양성 강화를 위해 향후 5년간 매년 2,000만 달러의 '창작발전기금'을 투자 예정이다.

2021년 넷플릭스의 탄소 발자국은 약 1.5백만 메트릭톤이었다. 해당 탄소 발자국의 절반 이상이 넷플릭스에서 회원들이 시청하는 시리즈 및 영화를 실제로 제작하는 프로덕션에서 발생했다. 이에 따라 넷플릭스는 10년 단위가 아닌 단기적인 기후 목표를 세웠으며, 현재 두 가지 목표 모두에 차근차근 다가가고 있다. 우선 2030년까지 과학 기반 목표에 따라 탄소 배출을 절반으로 저감할 것이고 2022년 현재 넷플릭스는 매년 탄소를 흡수하는 자연환경에 투자함으로써 잔여 탄소 발자국을 영점화하고 있다.

2022년에는 넷플릭스 전체 회원의 70%가 넘는 1억 6천 5백만 가구가 전 세계적으로 넷플릭스에서 기후 문제를 더욱 잘 이해하는 데 도움이 되거나, 지속가능성을 위한 희망적인 해결책을 제시하는 이야기 혹은 두 가지 모두를 충족하는 이야기를 한 편 이상 시청했다. 넷플릭스는 해당 주제와 관련된 200편이 넘는 시리즈, 영화 및 스페셜을 넷플릭스 컬렉션 '지속가능성 이야기'로 한데 모았다. 넷플릭스 회원은 '지속가능성 이야기' 컬렉션을 통해 코미디 《돈 룩 업》, 다큐시리즈 《브레이킹 바운더리: 지구의 과학》 및 《지구상의 위대한 국립공원》, 기분이 좋아지는 영화 《폴링 인 러브》, 판타지 SF 《스위트 투스: 사슴뿔을 가진 소년》, 정치 드라마 《비르기트: 왕국, 권력, 영광》, 감명 깊은 해결책을 전하는 《잭 에프론의 다운 투 어스》, 온 가족을 위한 콘텐츠 《씨 비스트》 및 《스피릿 레인저스》 등, 변화하는 세상을 다양한 방식으로 스크린에 담아낸 수많은 작품을 만날 수 있다.

2) 맥도날드(McDonalds)

맥도날드는 2025년까지 모든 포장재를 재활용 및 재생 가능 인증을 받은 원자재를 사용한 포장재로 전환하는 것을 목표로 3R(감축−Reduction, 재사용 −Reusable, 재활용−Recycling) 정책을 시행하고 있다. 2020년 10월 업계 최초로 빨대가 필요 없는 음료 뚜껑 '뚜껑이'를 도입한 데 이어, 지난해엔 매장 내 플라스틱 빨대 통을 없애고 고객 요청 시에만 빨대를 제공하는 '빨대 은퇴식'을 진행했다. 이를 통해 맥도날드는 월평균 6.9톤의 플라스틱 빨대 사용량을 감축했다. 도입 전과 비교해 51%가 줄어든 수치다. 또 아이스크림 '맥플러리'의 플라스틱 뚜껑을 종이 리드 형태로 교체해 연간 약 14톤 이상의 플라스틱 사용량을 줄였다. 이와 함께 맥도날드는 50여 개 종이 포장재를 국제산림관리협의회(FSC)의 인증을 받은 친환경 소재를 사용하고 있으며, 매년 발생하는 약 3,500톤의 폐식용유를 친환경 바이오디젤 원료로 재활용했다.

맥도날드는 2019년 경남 양산 부산대학교 병원에 문을 연 '로날드 맥도날드 하우스'를 통해 복지 사각지대에 놓인 이들에게 실질적인 도움도 제공한다. 로날드 맥도날드 하우스는 소아암 등으로 장기 입원을 하는 환아와 가족들이 병원 근처에 함께 머물 수 있는 공간이다. 지금까지 총 145가족이 하우스를 거쳐 갔다. 맥도날드는 로날드 맥도날드 하우스의 운영과 건립을 맡은 한국 RMHC(Ronald McDonald House Charities)의 후원사로, 고객들이 구매한 '행운버거', '해피밀' 판매 수익금 일부와 임직원 바자회 '맥 해피데이' 기부금 등을 전달하고 있다. 구매 시 100원이 기부되는 '행운버거' 판매로 지난 2년간 총 4억 7000만원의 기부금을 마련했다.

맥도날드는 '사람이 가장 중요한 자산'이라는 철학 아래 학력·나이·성별·장애 등에 차별을 두지 않는 '열린 채용'을 지향한다. 지난해 신종 코로나바이러스 감염증(코로나19) 여파에도 500명 이상의 정규직 직원을 채용했다. 기존에 재직 중인 시급제 직원 중 선발된 인원에게도 정규직 매니저로의 전환 기회를 줘 외식 경영 전문가로서 성장할 수 있는 발판을 제공했다. 여성 인재 양성과 일자리 창출에도 앞장서고 있다. 전체 직원 중 여성 직원의 비율은 50%를 상회하며, 여성 임원의 비율은 국내 500대 기업 평균(5.2%)을 넘는 40%에 달한다. 또 육아휴직, 출산휴가, 임산부 지원제도 등을 장려하고 특별 복직 프로그램과 유연 근무 제도를 도입해 여성들이 경력을 이어갈 수 있도록 분위기를 조성하고 있다. 유통업계에 따르면 지난해 한국맥도날드의 매출은 1조원을 돌파한 것으로 추정된다. 한국맥도날드 관계자는 "맥도날드는 지역사회의 좋은 이웃으로서 우리 사회가 직면한 다양한 문제들을 해결하기 위해 꾸준히 노력하겠다"라고 했다.

3) 스타벅스(Starbucks)

스타벅스 코리아는 한국환경공단, 인천 서구 지역자활센터와 함께 17일 인천시 서구에 위치한 한국환경공단 본사 내 '카페 지구별'을 스타벅스 재능기부 카페 13호점으로 오픈하고 커피 찌꺼기 재자원화 촉진 및 지역사회 취약계층 일자리 창출을 위한 업무 협약을 체결했다고 최근 밝혔다. 스타벅스 재능기부 카페는 청년, 어르신, 장애인, 다문화가족 여성, 취약계층 여성들이 근무하는 지역사회 기관의 노후 카페 등을 대상으로 시설과 인테리어를 리모델링하고 바리스타 교육, 매장 운영 노하우 등을 전수하는 스타벅스의 대표적인 사회공헌 프로그램이다. 카페 지구별은 민관 협력으로 운영되는 최초의 커피 찌꺼기 재활용 시범 매장으로서 스타벅스는 재능기부 카페 13호점 오픈을 위해 커피 찌꺼기를 재활용한 테이블 등 내부 인테리어와 전기, 냉난방 시설, 배관설비, 간판 설치 등 제반 비용을 지원하고 바리스타교육 등 기업 역량을 살리는 재능기부 활동을 전개했다.

스타벅스는 '그라운드 포 유어 가든(grounds for your garden)' 캠페인을 통해, 매장에서 한번 사용하고 버려지는 커피 원두를 퇴비나 탈취제 등으로 고객이 활용할 수 있도록 무료로 제공하고 있다. 스타벅스 코리아에 따르면 커피 찌꺼기로 순환자원 인정을 받은 것은 커피 업계에서 첫 사례로 이 제도는 폐기물 중 환경 기준 등을 충족하면 폐기물 관리 규제를 적용하는 대신 재활용 촉진 대상으로 다루는 제도다. 커피 찌꺼기는 지금껏 생활폐기물로 취급돼 종량제 봉지에 담아 배출하고 폐기물 전용 차량으로 운반해야 하는 등 재활용에 많은 제약이 있었지만, 이번 인정 획득 이후 재활용 과정이 더욱 원활해질 것으로 보인다.

4) 테슬라

코발트는 전기차, 스마트폰 등에 쓰이는 리튬이온 배터리 제조에 활용되는 핵심 원자재다. 그러나 코발트 채굴과정에서 최악의 노동환경과 어린이 노동 착취와 같은 어린이 인권 침해, 인권 유린 등의 문제가 간간히 제기되던 상황이었고 이에 테슬라는 곧바로 2019년 임팩트 보고서에서 코발트를 사용하지 않겠다는 '코발트 프리' 배터리 개발 계획을 발표했다.

이는 테슬라 배터리에 니켈 함유량을 높이고 코발트 비중을 줄여나감으로써 100% 니켈 배터리를 개발하는 방안이다. 니켈은 코발트보다 가격이 싸고 에너지밀도가 높은 원자재다. 반면 코발트는 니켈에 비해 생산지역이 편재되어 있어 수급 안정성도 낮은 편이다. 그러나 전기차 업계가 코발트가 들어간 배터리를 쓰는 것은 니켈 배터리의 장점을 극대화할 수 있는 기술이 아직 부족하기 때문이다. 그럼에도 불구하고 테슬라는 어린이 인권 보호라는 사회적 책임을 지는 ESG 경영 전략을 제시함과 동시에 신기술 개발에 모든 것을 건 것이다. 테슬라는 기존 전기차 업계에서는 감히 상상도 하지 못한 100% 니켈 배터리 개발이라는 목표와 전략을 과감하게 발표하였으며, 추가적으로 2019년도부터 Tesla Start라는 교육 프로그 램도 시작해 대학, 직업 교육 기관 및 커뮤니티 기반 교육 파트너와 협력하여 학생들에게 필요한 기술을 전달해 사회적 가치를 창출하는 것에도 힘썼다. 그리고 테슬라는 기업의 소식을 자사 홈페이지를 통해 꾸준히 업데이트함으로써 소비자들에게 투명하게 정보를 제공하고 있다.

(3) 중소기업 ESG 추진현황

대기업들은 ESG 경영 실천을 위해 많은 노력을 기울이고 있다. 그러나 중소기업에게 ESG는 어려운 과제다. 중소기업중앙회의 조사에 따르면, 조사에 응답한 공공조달 참여 중소기업 중 70.7%는 ESG 경영에 대해 '모른다'(전혀 모른다 48.0%+자세히는 모른다 22.7%)고 응답하여, ESG 경영에 대한 낮은 인지도를 보였다.

또한 조사 결과, ESG 경영을 도입할 환경이 준비되지 않아 어려움을 느낀다는 중소기업은 무려 89.4%에 달했다. 중소기업에 대한 ESG 경영 도입 요구가 적절하지 않다고 느끼는 곳도 53.7%에 달했는데, 이 가운데 40.4%는 물적·인적 비용 부담을 이유로 꼽았다. ESG 경영을 실천하려면 당장 막대한 비용이 발생하기 때문이다. 대기업에 비해 자원과 역량이 부족한 중소기업은 ESG 경영의 도입 및 ESG 평가에 대한 준비가 미흡하다. 중소기업은 ESG 경영에 따른 단기적 비용 부담을 감당할 수 있는 일정 수준의 재무 상태, 즉 생존 기반의 확보가 선행되어야 한다. 먼저, 일정 수준의 재무 상태, 즉 생존 기반을 확보한 이후 ESG 경영을 도입하고, 공급망 관리 대응 및 ESG 창업 특화전략을 강화하여야 한다.

이를 위해 내부적으로 ESG 경영 담당 조직 및 담당자를 조기에 지정하고 각종 가이드라인 학습과 선도기업을 벤치마킹함으로써 ESG 경영의 상대적 이행 수준을 점검할 필요가 있다. 또한 ESG 정보공개 수준에 우호적인 평가환경을 고려할 때 범용 소프트웨어의 내재화 과정을 통해 ESG 경영 이력 및 관련

정보의 사전 관리가 필요하다. 경영진 주도의 전략적 의사결정에 의해 자금조
달과 위험관리의 수단으로 ESG 평가 경험을 축적하여 평판 제고 및 정책성 자
금조달에 유리한 입지를 마련할 수 있다. 결론적으로 중소기업은 생존 기반이
전제되는 여건하에서 업종과 규모별로 상이한 수준의 ESG 경영이 도입되고 평
가되어야 한다.

3 포스코경영연구원의 2023년 ESG 10대 트렌드 전망[2]

최근 ESG 동향을 기반으로 포스코경영연구원에서는 '23년 ESG 트렌드를
10가지로 구분해 살펴봄으로써 앞으로 다가올 ESG 변화에 어떻게 대응해야 할
지 시사점을 제시하고 있는데 그 주요 내용은 다음과 같다.

(1) 글로벌 ESG 공시 표준화 대비

'23년 내 최종안 발표를 앞두고 있는 국제지속가능성기준위원회(ISSB)의
공시 기준은 구체적인 대응 전략 및 프로세스, 실질적 이행 체계와 수립 근거
등 과정과 적용 로직에 대한 관리를 요구하고 있다.

- (지배구조) 기후 리스크와 기회를 관리·감독할 수 있는 책임 조직과 책
  임자, 해당 역량 공시 요구
- (전략) 기업의 직·간접적 대응 방식 관련 전략과 수립 근거 공시 요구
- (리스크 관리) 기후 관련 기회에 대한 공시 요구
- (지표와 목표) 관리 목표와 진척도 공시 요구

---

2) 유현주 수석연구원, 2023년 ESG 10대 트렌드 전망, POSRI 이슈리포트, 포스코경영연구원

(2) 공급망 ESG 리스크 대비

EU 집행위의 '기업 지속가능성 실사 지침'이 최종 채택될 경우, 광범위한 관리 대상군 중 ESG 고위험 협력사를 선별하는 것이 관리의 핵심이 될 것으로 예상된다.

- 본 지침은 인권과 환경에 대한 공급망 실사 의무화 지침으로 '확립된 비즈니스 관계(established business relationship)'에 적용되므로 그 적용 범위가 매우 광범위함
- 기업의 인권 및 환경의 부정적 영향에 대해 민사상 손해배상 청구가 가능하도록 하였으나, 협력사와의 실사 준수 계약 체결 및 이행 확인 등 적절한 조치를 취한 경우 협력사로 인한 책임을 면제받을 수 있음

(3) 비즈니스의 친환경 수준 식별

'23년부터 EU 택소노미에 따른 공시 의무화가 본격화되므로, 기업별 비즈니스 포트폴리오의 친환경 수준에 대한 객관적인 평가가 가능해질 것으로 예상됨

- 택소노미는 환경적으로 지속가능한 경제활동에 대한 정의와 기준에 대한 규정으로 그린워싱을 방지하고 지속가능한 투자를 촉진하기 위한 목적으로 수립됨
- 시가총액 2천만 유로 이상 혹은 순수익 4천만 유로 이상인 EU 역내 상장 기업 중 직원이 500명 이상인 기업은 기술적 선별 기준(TSC)에 부합하는 기업의 경제활동에서 발생한 매출액, 자본 지출(Capex), 운영 경비(Opex)별 비율을 공시해야 함

EU 택소노미는 EU 역내 기업을 대상으로 하나, EU 진출 외국 법인과 거래 관계가 있는 한국 기업도 관련 정보를 요구받을 수 있으며 EU 택소노미의 큰 틀을 그대로 적용한 한국형 녹색분류체계(K Taxonomy)의 경우, 법적 강제력은 없으나 최근 금융권에서 택소노미 실무 적용에 대한 논의가 일어나고 있어 국내 택소노미의 활성화에 추진력이 더해질 것으로 예상된다.

(4) ESG 관련 분쟁 경계

최근 ESG 관련 소송은 글로벌 소송/분쟁 해결 전문 투자사(Litigation Funding Firm, LFF)의 적극적인 참여로 NGO 및 시민의 전략적 소송에 힘이 실리고 있는 추세이다.

또한, LFF는 대규모의 배상금이 예상되는 사건에서 소송 진행을 위해 필요한 비용을 자금력이 부족한 원고에게 투자, 승소 시 배상금에서 약정한 금액을 회수하여 수익을 올린다.

최근 ESG 관련 분쟁이 증가함에 따라 ESG에 우호적인 법원의 선례도 함께 축적되고 있어 향후 유사한 판결이 발생할 가능성도 높아진다.

(5) ESG Washing 모니터링 강화

EU집행위(EC)는 '소비자 권리 지침'에 친환경성 측면에서 제품의 내구성과 수리 및 업데이트 정보를 추가하는 EU소비자보호법(EU consumer rules) 일부 개정안을 '22.3.30. 발의하였다.

- 이는 생산된 제품이 오랫동안 사용되어 무분별한 소비가 일어나지 않도록 하기 위한 것으로 친환경성에 대한 접근을 기존의 '에너지 소비 절감 및 효율성 제고' 중심에서 '소비 행동 교정에 도움이 되는 정보'로 확장한 조치임
- 본 개정안이 '23년에 최종 통과될 경우, 회원국의 국내법으로 전환되며,

기업이 이를 위반할 경우 소비자는 집단적 구제 절차 등을 통해 구제받을 수 있음

이와 더불어, EU집행위는 불공정관행지침(UCPD)에도 내구성 및 수리 가능성을 반영하는 개정안을 제안한바, 향후 그린워싱의 적용 범위가 같은 맥락에서 확장될 것으로 보인다.

(6) 이사회의 실질적 역할과 책임 강조

ESG위원회의 설립을 넘어 ESG위원회 역할의 실효성에 대한 최근 이해관계자의 관심과 모니터링이 증가함에 따라 형식적인 이사회 운영의 경우 ESG 워싱으로 비난받을 소지가 있다.

이해관계자가 기대하는 ESG위원회의 역할은 회사의 ESG 전략 방향 수립, 평가 및 보상 체계 내 ESG 반영, 사업/투자 의사 결정 시 ESG 반영 등 장기적 관점에서 지속가능성을 제고할 수 있는 안건에 대한 의결이다.

(7) ESG 혁신을 통한 기업의 실익 추구

맥킨지 코리아의 분석에 따르면, 최근 기후 관련 유니콘 기업 수는 타부문 대비 빠르게 증가하고 있으며, 최근 3년간 글로벌 기후테크 벤처의 펀딩액도 지속 증가하고 있음

기후 테크 관련 5대 분야인 탄소, 에너지, 식음료, 산업, 모빌리티 중 에너지와 식음료 부문이 60%로 가장 큰 비중을 차지하며, 탄소가 연평균 성장률 측면에서는 가장 빠르게 성장하고 있는데, '16~21년 기후 테크 분야별 연평균 성장률은 탄소(78%), 식음료(17%), 산업(14%), 에너지(6%), 모빌리티(2%) 순이다.

최근 ESG 기술 및 혁신을 주제로 한 글로벌 행사가 증가함에 따라 새로운

성장 모멘텀의 구체적인 실체로써 ESG 기술 및 혁신에 대한 논의가 더욱 활성화될 것으로 예상된다.

(8) 기후변화 Loss & Damage 주목

제27차 유엔기후변화협약 당사국총회(COP27)에서 기후변화로 손실을 입은 개도국을 지원하는 '손실과 피해(Loss & damage)'가 공식 의제로 처음 채택, 기금 조성이 타결됨으로써 기후 재난 대응의 필요성에 대한 국제적 공감대가 형성된다

또한, S&P글로벌은 S&P글로벌500에 속한 기업의 1/3 이상이 2050년까지 기후 위기로 인해 적어도 한 개 이상의 자산에서 20% 이상 가치를 잃게 될 것으로 분석하고 있다.

S&P글로벌은 2만 개 이상의 기업과 87만 개 이상의 자산 위치가 8가지 기후 위험(극한의 열, 극한의 추위, 산불, 물 스트레스, 가뭄, 연안 홍수, 자갈 홍수, 열대저기압)에 얼마나 노출되었는지 기후 모델을 사용하여 분석하였는데, 이러한 결과는 탄소 감축을 위한 노력이 전혀 없을 경우를 가정한 것으로 지구 온도를 섭씨 2도 이하로 제한하는 파리협정 목표가 달성되면 물리적 위험이 높은 자산을 보유한 대기업은 39%로 낮아질 수 있다.

(9) Next Carbon 이슈 제기

세계자연기금(WWF), 세계지속가능발전협의회(WBCSD) 등 7개 기관이 협력하여 발간한 '생물다양성 보전을 위한 핸드북('22.12.9.)'은 네 가지 방안을 통해 생물다양성 리스크 관련 사업적 대응의 필요성을 시사하였다

- (가치 제고) 지속가능성에 대한 공공의 요구에 응함으로써 제안 가치와 브랜드 개선
- (혁신 주도 시장) 가치 있는 제품/서비스, 비즈니스 모델 개발로 수익성

있는 신규 마켓 진입

- (비용 효율화) 운영 효율성 강화, 원자재 및 운영 비용 절감을 위한 공급자와의 협력 강화, 금융 비용 절감을 위한 ESG 성과 개선
- (사업 매력도 증진) 생물다양성 중심의 기업 노력과 인재 유지 및 확보를 위한 사내 문화 개발

(10) 'Social'의 중요성 부상

유엔책임투자원칙(UN PRI)은 220개의 기관 투자자가 참여하는 세계 최대 규모의 소셜 이슈 스튜어드십 이니셔티브인 '어드밴스(Advance)'를 '22.12.1. 발족시켰다.

- 어드밴스는 Climate Action100+(CA100+)*의 모델을 인권 프로그램에 적용한 것으로, 인권침해와 사회문제 해결을 최우선으로 함
- 참여 기업들에 '기업과 인권 이행지침(UNGP) 이행', '기업의 정치적 참여와 인권 존중에 대한 책임 연계', '운영 및 밸류체인에서 발생하는 심각한 인권 이슈에 대한 상당한 개선'을 요구할 것임

우리나라 정부는 '26년까지 산재 사고사망만인율(임근근로자 1만명당 발생하는 사망자 수의 비율)을 OECD 평균 수준인 0.29‰(1만명당 비율)로 감축하는 내용의 '중대 재해 감축 로드맵'을 '22.11.30. 발표하였으며 따라서 근로자 300명 이상의 사업장은 '23년부터 사업장 내 위험 요인을 진단하고 개선하기 위한 '위험성 평가'를 의무적으로 실시해야 하고, 평가 및 예방을 위한 조직, 프로세스, 시스템을 구축해야 한다.

참고문헌

권승하(2023), 한국 창업 기업의 ESG 경영과 SCM 파트너십이 기업이미지와 기업성과
　에 미치는 영향에 관한 연구, 무역학회지, 48(1), 331－355.

김보경. [ESG가 온다] ① 국내업계에 부는 바람… 동맹 체결하고 투자도 확대, 연합뉴
　스, 2021.05.19.

김호석, 「ESG 관련 국내외 동향 및 환경정책에 미치는 영향」, KEI 정책보고서
　2021－09호

대외경제정책연구원, 「글로벌 ESG 동향 및 국가의 전략적 역할」, ODA정책연구
　21－01

대한상공회의소, 「중소기업 ESG 추진전략」, 2021.08.

박윤수(2023). 중소기업의 ESG평가에 대한 전략적 대응방안 탐색적 연구. 벤처창업연
　구, 18(1), 47－65.

삼성전자－지속가능경영보고서－2022.pdf

서울대학교지속발전가능연구소
　https://isd.snu.ac.kr/isd/Report.php?mode＝view&number＝290&page＝1#

송준호, 【2022 대한민국 ESG포럼①】 ESG 트렌드 현황과 전망… UN 평가지표 소개,
　IMPACT ON(임팩트온).

양대규(2017), 마이크로소프트, AI로 지구 환경 문제 해결한다, techworld.

정석균(2023), [ESG사례 6] Microsoft, ESG 지수 1위 기업. 미디어피아.

중소기업중앙회, 「중소기업 ESG 경영 지원을 위한 ESG 우수사례집」, 2023.01.

파타고니아(2019.11.25.) "이 재킷을 사지 마세요(Don't Buy This Jacket) 블랙프라이
　데이, 뉴욕타임스"

파타고니아－파도가 칠 때는 서핑을　(2020), 이본 쉬나드(이영래 역), 라이팅하우스

Business Handbook for Biodiversity Conservation Summary 2022, '22.12.9., CEEC

Climate Vulnerable Economies Loss Report, '22.6., Climate Vulnerable Forum
Sigma 01/2016: Natural catastrophes and man-made disasters in 2015: Asia
suffers substantial losses, '16.3.31., Swiss Re Institute Annual Plan 2023/24
consultation, '22.12.15., CMA

CMA guidance on environmental claims on goods and services, '21.9.20., CMA
유가증권 상장회사 ESG위원회 현황, '22.10.28., 경제개혁연구소
ESG 위원회 안건 분석 및 시사점, '22.9.20., 전국경제인연합회
IFRS S1 지속가능성 관련 재무정보 공시를 위한 일반 요구사항 초안, '22.3.31., IFRS
IFRS S2 기후 관련 공시 초안, '22.3.31., IFRS
EU집행위, 기업 공급망 실사법안 초안 공개, '22.03.28., KOTRA 해외시장뉴스
EU공급망실사지침(안) 주요 내용과 기업 사례, '22.05.11., 한국무역협회
European Commission, '21.07.06., Commission Delegated Regulation 2021/2178
2021 Year in Review: A Progress Update, '22.01., Climate Action 100+
RE100 annual disclosure report 2021, '22.01., RE100 2022 Status Report, '22.10.,
TCFD Does ESG really matter-and why?, '22.08.10., McKinsey Quarterly
Startrail(2022.02.03.), [융합경영리뷰] ESG와 파타고니아, [ESG사례1] 지구를 살리기
위해 사업하는 글로벌 아웃도어 회사 파타고니아

제3부

ESG 경영의 주요 영역

ESG 경영과 마케팅

환경에 대한 시민의식이 높아지면서 사회 전반적으로 ESG경영에 대한 활동에 관심도가 높아지게 되었다. 이런 사회적 트렌드는 기업이 ESG 경영을 친환경 및 사회적 책임, 기업경영 투명성 등 지속 가능한 핵심 요소로 고려하게 되었다. 기업이 환경, 사회, 경영 투명성을 관리한다는 것은 해당 기업 소비자에게 매우 긍정적인 인식을 줄 수 있기 때문에, ESG 경영은 자연스럽게 마케팅으로 연결된다. 기업은 이익추구가 우선이기에 ESG 경영 마케팅에서 지속가능성을 고려하며 경쟁력 있는 장기적 전략을 가지는 것이 중요하다.

1 ESG 경영과 마케팅 연구

ESG 경영의 마케팅은 소비자들로부터 좋은 브랜드 자산을 형성시킬 수 있다. 소비자들은 대체로 좋은 이미지를 가진 기업에 대한 호감도가 굉장히 높기 때문에, 기업들은 장기적인 투자와 소비자의 마음을 동시에 사로잡기 위해서는 현 ESG 경영 마케팅이 가장 좋은 인식을 얻어 내고 소비자층을 늘려갈 수 있다. 결국 기업의 본질적인 자본은 자연이라는 것을 내포하며, 기업의 경영권에도 영향을 끼친다. 기업의 자본을 지키는 것이 이제는 환경을 지키는 것과 소비자들의 관심과 흥미, 참여도를 높일 수 있기 때문에 사회적, 미래의 기업으로 성장 즉, 장기적 투자로부터 매우 중요시되는 부분이다.

기업 역시 ESG 활동으로 기업의 가치관, 됨됨이를 소비자와 동시에 소통하는 관계로 나아가야 한다. 경영은 단순한 트렌드가 아니라 경영방식의 전면적인 방향 전환을 요구하는 시대적인 요구이자 생존의 조건으로 임해야 한다. 윤리적 가치의 추세 발전이 사회와 정부의 요구가 크기 때문에, 기업 역시 이에 발맞춰서 나가야 한다. 환경적인 마케팅, 사회적인 요건 확립, 정당하고 수평적인 지배구조를 가진 기업만이 이제는 장기적으로 살아나갈 수 있다. 이로써 기업은 이제 목적의 중점을 두는 것이 아닌, 책임을 중점으로 선도해야 한다. 과거 기업은 기업의 본원적 활동인 경제적 가치 창출을 통해 주주·투자자로부터 가치를 인정받아 왔으나 경제적 가치 창출과 더불어 사회문제 해결을 위한 기업의 역할에 대해 고객, 비즈니스 파트너, 주주, 사회 등 이해관계자들의 요구가 더 커지고 있다. 이에 기업은 이해관계자의 행복을 위해 회사가 창출하는 모든 가치를 사회적 가치로 정의하고 사회적 가치 기반 비즈니스 모델 혁신을 통해 이해관계자의 신뢰와 지지를 확보해야 한다. 기업은 구성원 행복이 기업 경영의 궁극적 목적이라는 신념을 바탕으로, 구성원이 안정과 성장을 통해 행복을 키워나갈 수 있는 터전을 만들기 위해 행복 경영을 실천해야 한다. 기업을 구성하는 핵심 주체인 구성원의 인권을 존중하고 글로벌 행동규범과 가이드라인을 준수하며, 이에 대한 주기적인 진단을 통해 개선과제를 도출/이행함으로써 이해관계자로부터 신뢰받을 수 있는 수준의 인권경영 실천하고, 역량과 잠재력을 갖춘 인재를 선발하고 공정하고 체계적인 교육·승진·보상제도 및 시스템을 운영하고 있다. 이를 통해 기업의 구성원들은 성장을 통한 행복을 느낄 수 있음과 더불어 외부 환경 변화에도 흔들리지 않는 장기적인 경쟁력을 확보해 나가야 한다.

또, 독립성, 전문성, 다양성을 종합적으로 고려하여 역량 있는 이사회를 구성하고, 이사회가 회사의 경영 현안에 대해 실질적인 의사결정을 수행할 수 있도록 심의 권한과 역할을 확대해야 한다. 또한 회사의 지속 가능한 존속·발전을 위해 구성원과 회사를 둘러싼 이해관계자의 행복을 동시에 추구해야 함을 이사회의 의사결정 과정에 반드시 고려하고, 시장 및 이해관계자와의 소통을 확대해 나가야 한다. 기업의 내부 구성원들은 지배구조헌장을 제정·공표하여 이사회 중심 경영에 대한 의지를 선언하고, 이를 지속적이고 체계적으로 실행하기 위한 기업 내부 수평적 조직을 구성해야 한다.

즉, ESG 경영 마케팅에 있어서는 외부 구성원과 내부 구성원 간의 조합이 잘 아울려져야 하며, 확실한 타기팅을 정해 놓고 실천해야 한다.

2 ESG 경영과 마케팅 트렌드

(1) 새로운 소비 권력자 MZ세대의 힘

기업의 주요 타겟층인 MZ세대는 코로나19 팬데믹을 경험해, 본인의 만족을 추구하는 동시에 지속가능한 삶을 위해 가치소비를 하는 경향이 있다. 기업은 이러한 MZ세대를 고려하기 위해 비재무적 측면인 심리적 요소가 소비자 구매 의도에 중요한 역할을 한다는 관계에 주목하는 전략이 필요하다. 이런 경쟁력을 가진 마케팅 전략은 아래와 같이 기업에서 다양하게 사용되고 있다.

1) 환경(Environmental) 분야

롯데백화점은 환경재단과 함께 양양, 제주 등 해양 쓰레기 이슈 지역에서 쓰레기를 주워오면 포인트로 사용 가능하게 해주거나 혹은 친환경 제품으로 교환해주는 비치코밍 프로젝트를 진행했다. 그뿐만 아니라 플로깅 자체 키트를 만들어보기도 하면서 참여 형식으로 MZ세대에게 흥미롭게 가치소비를 하도록 유도한 마케팅이다. 이 프로젝트는 친환경적 참여를 브랜드의 직접적 혜택과 연결시켜 추진한 사례로 MZ세대에게 해당 경험이 브랜드에게 장기적으로 긍정적인 인식을 얻는 결과를 가져왔다.

2) 사회(Social) 분야

11번가에서 유기 동물 입양을 독려하기 위해 MZ세대에서 핫한 '아이돌 콘셉트'라는 요소를 마케팅과 융합시켰다. 일명 고양이계의 아이돌 '11키티즈'라 불리고 있다. 메인 멤버 6마리와 연습생 5마리로 이루어져 있고 메인 멤버가 입양되면 연습생이 메인 멤버로 로테이션 되는 형식으로 MZ세대에서 핫한 반응을 이끌고 있다. 이런 마케팅은 동물과 공존에 관한 일관성 있는 메시지를 전달하고 소비자들에게도 인상 깊이 남길 수 있다는 점에서 주목된다.

3) 지배구조(Governance) 분야

풀무원은 소비자 신뢰가 구매자의 행동 의도로 연결된다는 점을 잘 연결시킨 마케팅 사례이다. 가치적 소비와 심리적 요인에 큰 영향을 받는 MZ세대에게 경영투명성을 보여준다는 점은 긍정적 결과를 불러일으키기 때문이다. 구체적으로, 풀무원은 2018년 1월 전문경영인 체제를 도입해 소유와 경영을 분리시킴으로써 2019년에는 자회사의 지분을 100% 보유하는 글로벌 기준 지주회사 체제를 확립했다. 이로써 One Company 구조를 구축한 풀무원은 투명한 회계와 내부거래 이슈 방지 등 건전한 지배구조의 기반을 마련한 것이다. 또한, 풀무원은 선임 사외이사제도를 도입해 이사회의 독립성을 강화하고 운영 효율성을 제고했다. 여성 사외이사의 비율도 37.5%(사외이사 8명 중 3명)로 늘려 성별 다양성도 확보했다. 설치 의무 대상 기업이 아님에도 불구하고 감사위원회와 보상위원회도 설치해 객관성과 투명성을 높였다. 풀무원은 이사회와 경영진 간에 견제와 균형을 이루는 '선진형 지배구조' 구축을 위해 지속해서 노력하는 기업으로 평가 받고 있다.

(2) ESG 커뮤니케이션의 힘

지속가능성을 중점으로 ESG 마케팅을 위한다면, ESG 커뮤니케이션이 브랜드 평판에 큰 영향적 요소로 작용하므로 ESG 마케팅에게서 아래와 같은 기업의 커뮤니케이션을 체크하는 것은 전략적, 필수적으로 주목 되고 있다.

1) 명확하고 측정 가능한 목표 설정

소비자는 지속가능성에 대한 키워드를 일회성에 그치는 홍보 전략이거나 마케팅 수단이라고 생각할 수 있다. 이를 방지하기 위해선 명확한 기준을 제시하고 신뢰감을 얻어내는 것이 전략 중 하나로 필요하다. 명확한 메시지가 가지는 힘은 소비자의 제품 구매가 '착한 소비'의 일환으로 이어지는 연상 작용을 일으키게 된다. 기후변화를 몸소 겪으며 환경 이슈에 민감한 소비자들은 소비를 자신의 정체성에 대변하고 인지하여 가치 있는 소비에 주목하는 것이다.

2) ESG 커뮤니케이션을 위한 온라인 공간의 필요성

직원이나 고객, 주주들이 쉽게 찾을 수 있도록 ESG 커뮤니케이션을 위한 별도의 페이지나 채널이 필요하다. 성공사례나, 인터뷰 등 다양한 종류의 콘텐츠를 한군데 모으고 다양한 콘텐츠 포맷을 시도해야 한다.

3) 직원들의 참여도를 통한 강력한 콘텐츠 마케팅

ESG 콘텐츠 속 중요핵심은 진정성이므로 직원들의 참여도는 프로젝트의 성공과 연결된다. 따라서 기업의 경연진들은 콘텐츠 마케팅을 강력히 지지해 어느 분야에 힘을 쏟고 어떤 키워드를 선택할지를 고려해 기업의 핵심 비즈니스와 즉각적으로 연결되게 노력해야 한다.

3 ESG 경영과 마케팅 사례

(1) 파타고니아의 ESG 마케팅

ESG 경영 마케팅에는 사회적, 지배 구조적 역시 내포되어 있지만, 친환경적인 요소를 중요시하는 요소가 굉장히 인식이 강하다. ESG 마케팅을 소개하고자 한다. 파도칠 때 서핑을 허락하는 기업이 있다. 파타고니아는 등산용품 의류 용품 등 다양한 범주의 제품을 판매한다. 이런 파타고니아의 마케팅은 나름 흥미롭다. '우리 기업의 옷을 사지 말아주세요'라는 광고는 오히려 소비자들로부터 흥미와 관심을 유발해 제품에 대한 정보에 관심을 가지게 했고, 그 결과 파타고니아의 제품들이 지구에 해가 되지 않는 범위에서 원단을 만들고 옷을 만들어 팔고 있는 사실을 소비자 스스로 각인해 주었다.

파타고니아는 1973년 미국 캘리포니아주에서 이본 쉬나드가 설립한 아웃도어 의류회사다. 연 매출 10억 달러가 넘으며(2020년 기준), 미국 19개 주의 36개 매장을 비롯하여, 전 세계 2,000여 개가 넘는 소매점을 운영하고 있다. 2013년 한국에 들어온 파타고니아코리아 역시 2020년 기준 매출액 427억 원으로, 전년 대비 30% 이상 성장하고 있다.

1973년 '파타고니아'를 창업한 이본 쉬나드는 등반과 모험이 좋아 등산복 제조회사를 시작했다. 그는 '환경 보호'에 관한 투철한 철학을 갖고 있었다. 목화 재배 현장의 과도한 농약 사용을 목격한 후 100% 유기농 원료로만 옷을 만들었다. 생산 단가가 높아졌다. 그래도 환경 보호에 동의하는 고객들의 충성도는 함께 증가했다. 이본 쉬나드는 새 옷을 사기보다 기존 제품을 수선해 쓰라는 '사지 마세요'라고 광고했다. 고객들은 그의 진정성 있는 메시지를 믿었다.

파타고니아의 주요 목표는 기업 성장에 있지 않다. 파타고니아에서 이윤은 지구를 살린다는 목표를 달성하기 위한 하나의 방편에 불과하다. 파타고니아는 지구 환경 보전과 공익을 위한 사회공헌 활동 등을 통해서 경영의 안정성과 지속성을 높였다. 고객, 협력업체, 임직원을 비롯한 이해관계자들과의 상생이 파타고니아만의 차별적 가치 실현에 매우 유익했다. 최고 경영자의 ESG에 대한 이해와 솔선수범, 단기 이익 중심이 아닌 기업과 사회의 지속가능성을 고려한 전략 설정, 경영진의 투명한 의사결정, 수평적인 기업문화 등 ESG 경영이 추구하는 방향과 궤를 같이하고 있다.

(2) 유기농 목화와 ESG 마케팅

원단 중 환경에 가장 나쁜 영향을 미치는 것은 면이다. 목화를 재배하는 과정에서 농약이 대량으로 살포된다. 이 농약은 토양을 해칠 뿐만 아니라 인체에도 악영향을 미친다. 또 목화밭에 뿌려지는 제초제와 살충제는 인근 하천에 흘러들거나 비가 올 때 바다로 빠져나가 데드존을 형성한다. 파타고니아는 1994년에 면제품을 유기농 목화로 제작하는 방안을 검토하기 시작했다. 유기농법으로 목화를 재배하고 있는 몇몇 농부들을 찾아가고, 공장을 설득해 장비 세척을 부탁한다. 그 결과 파타고니아는 1996년부터 모든 면제품을 유기농 목화로 생산하는 데 성공하며 생산 과정에서 환경 피해를 줄이려는 기업의 선두 주자가 되었다.

면화는 '유기농'을 선택한다. 유기농 면화는 일반 면화보다 가격이 1.5배 비싸며 공급 농장도 절대적으로 부족하다. 하지만 장기적으로는 원자재 수급에 ESG 관점인 환경 영향성과 고객 안정성을 보여주게 된다. 이로써 제품 경쟁력을 갖추고 고객들의 신뢰와 브랜드 가치를 높일 수 있었다.

유기농 목화 재배를 통해 유기농업이 환경에 큰 도움이 된다는 것을 깨달은 파타고니아는 재생 유기농업 전도사가 됐다. 관련 활동가들을 지원하고 전환을 위해 실질적으로 필요한 것에 대해 고민하고 구축해 왔다. 2018년에는 재생 유기농업에 공감하는 글로벌 기업 및 전문가들과 함께 비영리 단체 '재생 유기농 연대'를 출범시켰다. 유기농업으로 재배하는 소수의 농부와 목화 직거래를 하는 등 공급망에 대한 철저한 관리로 불과 2년 만에 목표를 현실화했다. 특히 인증기관의 협조를 받아 생산 과정에 쓰이는 모든 섬유가 친환경적으로 생산되는지 역 추적하는 시스템까지 구축했다.

(3) 환경재생형 맥주, 롱루트 에일

맥주를 만드는 밀은 한해살이 작물이라 매년 밭을 갈아야 한다. 흙은 이산화탄소를 흡수해 공기보다 3배나 많은 탄소를 저장한다. 흙을 자꾸 갈아엎으면 탄소가 지면 위로 배출된다. 탄소 중립에 역행하는 일이다. 파타고니아는 환경재생형 유기 농법을 고민했다. 맥주 원료로 여러해살이 밀 품종인 컨자(Kernza)를 찾아냈다. '롱 루트'라는 이름을 가진, 세계 최초의 환경 재생형 맥주가 탄생한 이유다. 파타고니아는 기후 변화를 역전하기 위한 방안으로 되살림 농법을 강조했으며, 궁극적인 해결책을 마련하고자 했다.

쉬나드 회장은 2012년 파타고니아 프로비전을 설립하는 과정에서 되살림 유기농 농법을 접했다. 컨자는 미국 토양 연구기관인 랜드연구소(The Land Institue)가 개발한 다년생 밀로, 한 번 심으면 5년 연속 곡물을 수확할 수 있다. 땅속으로 10피트 이상 뻗는 컨자의 뿌리는 물과 질소, 인산을 흡수하고 토양을 고정해 침식을 막을 뿐만 아니라 가뭄에 강하다. 특히 컨자는 토양과 대기의 이산화탄소를 포집하고 흡수하는 능력이 뛰어나 기후변화를 해결하는 장기적인 대안이 될 수 있다. 2017년 파타고니아는 되살림 유기농 농법을 상용화하는 작업을 시작했다.

독립적인 비영리 단체인 되살림 유기농 연대(Regenerative Organic Alliance)의 출범 이후 되살림 유기농 인증(Regenerative Organic Certification)을 마련했다. ROC는 미국 농무부의 유기농 인증에서 한층 발전한 단계로, 토양 건강, 동물 복지, 농장 노동자 및 농부에게 경제적 안정성을 보장하기 위한 상세 기준이 추가된 전 세계 유기 농업 최고 표준이다.

(4) 친환경소재를 활용한 아웃도어 의류

등반인들에게 완벽한 베이스레이어(이너)로 유명한 캐필린은 1984년 시카고 스포츠용품 박람회의 축구복 섬유에서 아이디어를 얻어 개발한 소재다. 기존 파타고니아의 베이스레이어들은 폴리프로필렌이었지만, 폴리프로필렌은 녹는점이 낮아 건조기에서 녹아버리기 일쑤였고 물을 잘 빨아들이지 못해 세탁하기 어려워 대체 원단이 절실했던 상황이었다. 폴리에스테르는 원래 표면이 매끄럽기 때문에 물을 밀어내는 성질이 있다. 그래서 세탁이 어렵다는 단점이 있지만, 캐필린은 폴리에스테르 원단 표면을 부식시켜 물을 잘 흡수시키도록 만들어진 것이었다. 땀을 흡수하면서도 빨리 건조되어야 하는 베이스레이어로 적합한 소재였다.

신칠라 역시 제품의 질을 향상시키기 위해 도전을 두려워하지 않는 파타고니아의 노력에서 탄생하였다. 기존 파일 스웨터에서 뻣뻣함 같은 여러 문제점을 발견한 파타고니아는 인조 모피 회사인 말덴 밀스와 협력해 보풀이 전혀 일어나지 않는 원단, 신칠라를 개발했다. 그때 이후로 파타고니아의 원단 개발부와 실험실은 회사의 중심축이 된다. 다음은 원단 재활용을 통해 환경오염 저감으로 1993년 의류 회사 최초로 재활용 폴리에스터를 원단으로 한 옷을 만들어 판매한 후 재활용 원단의 범위를 넓혀 다양한 재활용 제품을 꾸준히 출시했다. PET 공병에서 섬유를 추출하는 기술을 개발하여 1993년부터 2015년까지 1억 개의 페트병을 재활용하였다.

최근에는 브랜드를 막론하고 어떤 의류 제품이든 무상으로 수선해주는 '원웨어(Worn Wear) 프로그램'을 만들었다. 원웨어란, 브랜드를 막론하고 어떤 의류 제품이든 무상으로 수선해주는 파타고니아의 대표적인 캠페인이다. 새 옷을 구매하기보단 기존 옷을 고쳐 오래 입는 것을 권장하는 무료 서비스다. 파타고니아 관계자는 "파타고니아는 수선에 대해 낡거나 헌 물건을 고친다는 사전적

의미를 넘어 지구를 위한 급진적인 환경 운동으로 바라본다"며 "옷을 수선해 오래 입는 것은 익숙하지 않지만, 우리의 터전인 지구를 위한 멋지고 위대한 일이다"고 설명했다. 같은 해 파타고니아는 '환경발자국 찾기(The Footprint Chronicles)' 프로그램을 시작했다. '환경발자국 찾기'는 원재료의 생산단계에서부터 직조, 염색, 봉제 등 생산 작업을 거쳐 물류, 배달 과정까지 전 과정과 부족한 문제점을 추적하여 고객에게 공개하는 방대한 작업으로, 아직까지 현재진행형인 장기 과제다. 즉, ESG 마케팅은

E 환경: 리사이클링 소재, 유기농 면, 천연, 울 등을 선호하며 합성 섬유를 포함하지 않는 의류 비율이 현재까지 75%에 달한다. 2025년까지 이 비율을 100%로 만드는 것이 목표로 설정한다. 유행에 맞춰 많은 제품을 팔기보다 질 좋은 제품을 판매하고 이를 오래 입는 방법을 제안한다.

S 사회: 1985년부터 매년 매출의 1%를 지구 환경을 보호하고 되살리기 위해 활동하는 전 세계 환경 단체들을 지원하는 데 사용하며 환경 단체가 만들어내는 변화의 힘이 크다는 것을 믿고 의지하며, 이를 적극 추진한다.

G 지배 구조: 수평적 의사결정의 문화 수직적이 아닌 수평적 의사결정의 문화를 조성하며 실무자의 판단 아래 필요한 일에는 책임감을 가지고 커뮤니케이션하고 협업하며 업무의 자유성을 갖는다. 일에서 개인의 자유성을 중요하게 생각하는 만큼 업무 외적으로 개인의 생활도 존중한다. '일은 즐거워야 한다'라는 경영 철학의 표본이다.

4 주요 전략적 시사점

기업경영 환경의 약화로 인하여 기업의 지속가능성에 대한 우려가 커지고 있는 상황에서, ESG 경영은 전략적 경영 분야에서 기업 평가의 잣대가 될 만큼

중요한 역할이 되었다. 기후변화에 대응하기 위해 국가 및 기업은 탄소중립 달성에 대한 관심을 커지게 되었다. 국가의 경우, 한국과 미국 공통적으로 2050년도 안에 탄소중립 목표를 제시했으며, 탄소 배출권 거래를 받아들여 장기적 탄소배출 감소에 힘쓰는 모습을 보이고 있다. 그리고 기업의 경우, ESG 경영 중 환경적 영향 최소화에 가장 집중된 경향을 보였다. 국내 기업 대다수 기본적으로 온실가스 감축을 위해 노력하는 모습으로 탄소중립 달성에 큰 관심을 보인다는 것을 알 수 있다. 국가 및 기업의 이러한 기후변화에 대응하는 자세는 자연스레 기업의 경쟁력 도구로 활용되게 되었다, 즉, ESG 경영을 융합시킨 여러 경영 전략을 사용해 장기적으로 긍정적 성과를 달성할 수 있게 된 것이다.

첫 번째로는, 디지털 전환(DX)을 통한 ESG 전략이다. 디지털 전환은 ESG 경영과 메타버스의 융합으로 볼 수 있기에 기업들은 이 둘의 유기적 상관관계에 주목해 이 둘을 본격 연동시켜 탄소중립 실현에 적용시켰다. 가상세계와 현실세계를 하나로 연결시켜 기술 및 탄소중립에 힘썼고, 첨단 기술을 환경보호에 접목시킨 이 전략은 디지털 전환 전략 중에서도 눈여겨 볼 사례이다.

두 번째로는, 마케팅에서도 ESG 경영 전략이 사용되었다. 지속가능성을 중점으로 마케팅 분야에서는 2가지의 전략이 주목되었다. 소비층에서 힘을 가지게 될 MZ세대 공략을 하는 것과 ESG 커뮤니케이션을 체크하는 것이다. 마케팅 전략 1에서 MZ세대를 주요 타깃으로 잡아야 하는 이유는 ESG의 정의를 깊이 생각하면 답을 찾을 수 있다. ESG는 재무적 요소 이외 비재무적 가치를 중점으로 두기에 MZ세대의 소비 성향인 가치소비를 기업 입장에선 전략으로 사용할 수밖에 없는 것이다. 다음으로 ESG 커뮤니케이션도 지속가능성의 관점으로 보면 답을 알 수 있다. ESG 커뮤니케이션은 브랜드 평판에서 큰 영향을 차지하므로 기업에서 이를 잘 체크했는지 확인하는 것은 전략적으로 필수이기 때문이다.

경영자가 전통적인 '주주 가치'(shareholder value)확대라는 신념을 버리고,

기업이 종업원, 소비자, 지역, 환경 및 주주, 즉 일반적으로 '이해관계자' (stakeholder)를 위해 가치를 창출하고 이를 기업 경영의 사명으로 삼아야 한다고 생각한다. 기업은 과거 줄곧 '주주 가치 극대화'를 기업의 유일한 목표로 삼았다. 그러나 최근 몇 년 동안 시장 메커니즘에 따라 운영되는 자본주의가 사회에 심각한 병폐, 특히 빈부 불균형과 환경 파괴와 같은 문제를 가져왔다. 따라서 이러한 상황에서 사회 분위기가 크게 변화하고 기업은 이런 '주주의 가치'를 추구하는 것을 넘어 ESG를 기업 전략의 발전과 사명으로 삼아야 한다.

ESG의 3가지 분석 차원(환경, 사회, 기업 지배 구조)에서 산업마다 기업은 서로 ESG의 집중 방향이 다르고 동시에 3차원에 참여하는 것은 불가능하다. 예를 들어, 환경에 대한 '탄소 배출량' 문제는 분명히 제조산업에 중요한 문제이지만 요식업에는 그렇게 중요하지 않다. 기업의 맹목적인 ESG 참여는 자원 낭비를 초래하고 기대한 결과를 얻지 못할 뿐만 아니라 기업에 부정적인 영향을 미칠 수도 있다. 2021 EY Global Institutional Investor Survey 조사는 COVID – 19 대유행이 소비자들이 더 많은 기업의 사회적 문제에 관심을 가지도록 촉진하고 ESG의 '사회적(S)' 측면에도 더 많은 관심을 기울이게 한다고 지적한다.[1] COVID – 19 대유행 이전에는 다른 ESG 이슈만큼 사회적 요인이 투자자의 관심을 끌지 못했지만, COVID – 19 대유행으로 인해 사회적 문제가 최우선 순위에 올랐다. 많은 기업이 직원 보호, 지역사회 및 취약 고객 지원에 더 많은 관심을 두기 시작했다. 또한, 2020년에는 'Black Lives Matter'와 같은 사회 운동이 높은 관심을 받았으며 기업은 반드시 이 사회의 주요 의제에 대한 입장문을 발표해야 한다. 한 기업의 높은 다원성 정책 및 공정한 고용과 같은 조치는 광범위한 지지를 받을 것이다. 대기업부터 중소기업까지 ESG 추세를

---

1) EY(2021), Three – quarters of institutional investors looking to divest from companies with poor environmental track records, EY Press release, 2021.11.

피해갈 수 없다.

ESG 마케팅을 위해서는 우선 마케팅의 일반화된 정의가 무엇인지 알아야 한다. 미국 마케팅 협회의 정의는 마케팅은 고객에게 가치를 창출하고, 소통하고, 고객에게 전달하며, 조직과 이해관계자가 이익을 얻을 수 있도록 고객 관계를 운영하는 일종의 조직 기능과 프로그램이다. 따라서 ESG의 가치가 브랜드 가치에 어떻게 연결되어 소비자에게 효과적으로 전달되는지가 ESG 마케팅의 가장 중요한 목적이 될 것이다. 기업의 ESG 마케팅 정보는 기업의 브랜드 자산, 재무 가치 및 브랜드가 사회에 미치는 영향에 대한 잠재력을 구축할 수 있다. 그리고 ESG의 이데올로기를 유형적인 이익으로 전환한다. 마케팅팀은 콘텐츠 마케팅(Content Marketing)을 활용해 기업 자체 ESG 스토리에 더 깊은 깊이를 제공해야 한다. 비즈니스 출판물 또는 회사 블로그에서 작성된 기사를 사용하여 회사의 취지와 ESG가 어떻게 발전했는지와 회사가 주요 성과 지표를 통해 검사, 검증 및 노력하는 방법을 보여주어야 한다. 그러나 ESG의 영향을 과장하거나 허위적인 것을 피해야 한다. 과도한 약속은 기업 취지의 무결성을 해치기 쉬우므로 마케팅팀은 진실하고, 정확한 의사소통이 필요로 하다.

ESG 마케팅팀은 고객 관리를 추구하기 위해 디지털 플랫폼을 잘 사용하고 기업과 소비자 간의 투명한 커뮤니케이션을 강화하고, 고객에게 참여 및 몰입감을 부여하여 자신의 쇼핑 선택이 사회의 지속 가능한 발전에 도움이 될 수 있음을 알도록 하며, ESG로 브랜드 자체의 가치를 강화하고 소비자가 공감할 수 있도록 도와주어야 한다.

참고문헌

정석균(2022), 지구를 살리는 기업, 파타고니아, 미디어피아

이진열(2019), "고객관계관리(CRM)가 사회복지관의 클라이언트 만족도에 미치는 영향." 인문사회 2110.5, pp.257－266.

조 이와사키·댄 코닉스버그·윌리엄 투쉬(2023), "이사회의 이해관계자 신뢰 제고 및 측정 방법." 딜로이트 글로벌 이사회 프로그램 보고서. pp.3－27.

안순일·하경자·서경환·예상욱·민승기·허창회(2011), "한반도 기후변화의 추세와 원인 고찰." 한국기후변화학회지 2.4, pp.237－251.

권현한·김병식·윤석영(2008), "기후변화의 원인과 영향." 지반환경 9.3, pp.31－37.

한스경제 2021.11.10 ESG 모범생 파타고니아 "첫째도 환경, 둘째도 환경"(김정환 기자).

왜 파타고니아는 맥주를 팔까? (2022.07), 신현암·전성률 － 흐름출판.

넥스트 CSR 파타고니아 (2019), 서진석, 유승권.

파타고니아, 세계 최고 수준 유기농 표준 '재생 유기농 인증(ROC)' 개발 참여, 스포츠조선 2020.08.13.

https://terms.naver.com/entry.naver?docId＝2274734&cid＝42171&categoryId＝51120

https://www.newswire.co.kr/newsRead.php?no＝963016

https://open－pro.dict.naver.com/_ivp/#/pfentry/ac2a322a89a045239e382abd14ecd545/5b6dae3c68e241c98a7b94b850cc3321

https://www.businesspost.co.kr/BP?command＝article_view&num＝310201

https://view.asiae.co.kr/article/2023040316240512476

https://www.yna.co.kr/view/AKR20230405118900009?input＝1195m

https://m.dongascience.com/news.php?idx＝56709

http://www.kihoilbo.co.kr/news/articleView.html?idxno＝989844

http://www.energydaily.co.kr/news/articleView.html?idxno＝136007

https://www.apple.com/kr/environment/

https://www.ebn.co.kr/news/view/1573303/?sc＝Naver

https://www.cctvnews.co.kr/news/articleView.html?idxno＝232291

https://www.epa.gov/ghgemissions/sources－greenhouse－gas－emissions

http://www.greenpostkorea.co.kr/news/articleView.html?idxno＝201370

http://www.riss.kr/search/detail/DetailView.do?p_mat_type＝be54d9b8bc7cdb09&co
    ntrol_no＝5a59f5160fb41e93ffe0bdc3ef48d419&keyword＝esg%EA%B2%BD%EC%
    98%81%20%EB%A7%88%EC%BC%80%ED%8C%85

https://m.pressian.com/m/pages/articles/2021022411574930398

제7장

ESG 금융과 투자

　　ESG 경영은 기업 가치를 평가할 때 철저하게 투자자 관점으로 접근하는 것을 의미한다. 기업의 경영활동 관련 리스크와 기회 요인을 파악할 때 환경·사회·거버넌스는 지속적이고 전략적인 모니터링 이슈인데, 다시 말해 비즈니스 관계에서의 가치창출의 관점이 반영되었다고 볼 수 있다. ESG 경영에는 투자에 대한 리스크, 계약 관계에서의 비즈니스 거래에 대한 철저한 관리와 비즈니스 가치를 지속적으로 창출하고자 하는 근원적인 목적이 있다. 또한 ESG 경영은 재무적 가치에 대한 '건강한 약속 이행'에 대한 엄격하고 투명한 잣대이고, 기업가치에 연계된 투자자들이 요구하는 사항이기도 하다.

　　현재 한국기업들이 가장 많이 체감하고 있는 부문은 투자자 IR, 글로벌 영업·마케팅부서에서 'ESG에 대한 정보를 모으고 정비를 우선 해야 한다'라는 인식이며, 이에 대해 일차적인 필요성이 대두되고 있는 상황이다. 또한, 관련된 실질적인 활동은 컴플라이언스(compliance) 경영을 하는 법무실, 환경이나 안전 담당 부서 및 인사(HR) 담당 부서에서 수행하기 때문에 정보 통합 및 관리체계를 제대로 구축하기 위해서는 조직 차원의 명확함이 선결되어야 한다. 결국 ESG경영은 기업의 프로세스 차원의 리스크 관리(모니터링)를 포함한 신시장 기회 확보 및 공시·커뮤니케이션 범위를 포괄하는 것이다.

　　ESG 경영은 '회계, 재무적 숫자는 한 곳에 모을 수 있는 기준과 조직이 있는데, 비재무적인 환경 · 사회 · 거버넌스(지배구조 또는 의사결정구조)에 해당하는 숫자가 아닌 경영활동 및 관련 지표는 어떤 기준으로 어떻게 모아서 관리하고 공시하며 커뮤니케이션에 활용할 것인가?'라는 질문에서 시작된다. 이는 보통 글로벌 리포팅 기준 GRI(Global Reporting Initiative)에서 출발한다. 그리고 '그렇다면 우리 기업은 어떤 전략과 경영목표를 지니고 성과를 내어 고객과 투자자, 임직원 및 사회로부터 신뢰가치를 형성해 나갈 것인가?'라는 근본적인 방향성을 찾는 단계로 나아간다.

ESG 경영을 제대로 정립하기 위해서는 먼저 대상과 관점에 대한 정의가 필요하다. 게다가 이러한 전사 차원의 전략적 ESG활용과 대응에 대한 기획 관리를 할 수 있는 조직이나, 연관 부서 간의 역할과 책임이 명확하지 않은 상황에서는 효과 있는 전략적 추진을 기대하기는 어렵다.[1]

1 ESG와 금융

ESG는 기업의 비재무적 요소인 환경(Environmental), 사회(Social), 지배구조(Governance)의 앞 글자를 딴 약자로, 기업활동에 친환경, 사회적 책임 경영, 지배구조 개선 등 투명경영을 고려해야 지속가능한 발전을 할 수 있다는 의미를 내포하고 있다. 현재 전 세계적으로 ESG 투자에 대한 관심이 커지고 있는 가운데, 키움증권에 따르면 글로벌 ESG 투자자산은 2020년 상반기 40조 5,000억 달러로 집계되었다.

우리나라 정부는 2020년 말 '2050 탄소중립 선언'을 발표한 후 각 부처에

---

1) 이준희 이사(2020), 한국기업들의 ESG 경영을 위한 변화, ESG 경영의 개념과 접근 방법, Sustainability Transformation & ESG Strategy, Deloitte Insights, 딜로이트 안진회계법인, 2020년 11월.

서 ESG 관련 정책과 계획을 내놓았고, 금융위원회 또한 동참하였다. 금융위를 포함한 금융감독원 등 13개 금융기관은 2021년 '기후변화 관련 재무정보 공개 협의체(TCFD)'와 권고안에 대한 지지 선언을 했다. 글로벌 협의체 TCFD는 기후변화 관련 정보 공개를 위해 설립됐으며, 기업이 기후변화와 관련된 위험 등을 의사결정에 반영하도록 하는 것이 목표이다. 금융위는 한국형 녹색분류체계를 마련하였고 64,000억 원을 발행해 금융권에 시범적으로 적용하였다.

또한, ESG 투자 시장을 이끌고 있는 금융회사는 ESG 경영을 한층 강화하고 있다. 이는 금융회사가 일반 제조업과 같이 수익성을 추구하는 영리기업인 동시에 공공성을 기반으로 국가 내 자금 순환의 중개자로서 실물경제를 뒷받침하는 역할을 수행하기 때문이다. 금융회사의 ESG 경영이 무엇인가에 대해서는 IMF의 '지속가능 금융(Sustainable Finance)' 개념에서 찾아볼 수 있다. 지속가능 금융은 경제가 장기적으로 성장, 발전하기 위해서는 실물경제 내 기업 등 경제 주체가 ESG 요소 등을 고려하여 지속가능성을 도모하는 경제 활동을 수행해야 하고, 이를 지원하는 방향으로 금융활동이 수반되어야 한다.

(1) ESG 평가등급

ESG 평가는 여러 기관에서 수행하고 있다. 그 가운데 투자자들에게 널리 활용되는 평가등급들은 Morgan Stanley Capital Investment(MSCI) ESG Ratings, S&P Global Corporate Sustainability Assessment, CDP Climate, Water & Forest Scores, Sustainanalytics' ESG Risk Ratings 등이다.

한국에서는 한국기업지배구조원(KCGS: Korean Corporate Governance Service)이 2011년부터 ESG 평가를 실시해 왔다. 대상은 유가증권시장 상장기업과 코스닥 150에 포함된 기업, 대기업집단 소속기업, 주요 금융사 등이 포함된다. 등급은 S, A+, A, B+, B, C, D 총 7단계 등급으로 구성되어 있다. ESG 평가 역사가 길지 않아 측정방법, 평가방법과 평가대상 항목 등 많은 부분이 아직도 표준화되어 있지 않고, ESG의 특성상 평가 항목의 범위가 방대하며 그 항목들마다 가중치 또한 서로 다르다. 따라서 ESG 평가결과가 일관되지 않은 경우가 발생하며, 이는 ESG 평가의 신뢰성 문제를 야기한다. ESG 평가의 불일치 문제는 국내외 기업을 불문하고 나타난다.

우리은행의 2020년도 평가 가운데 환경부분 점수는 MSCI에서는 B, 톰슨로이터[2])에 따르면 C, KCGS의 경우에는 C+ 등급이 주어졌다. 오뚜기의 경우 KCGS의 평가는 B+인 반면, MSCI와 톰슨로이터의 경우는 C+로 매우 낮게 평가하였다. SK하이닉스는 MSCI등급은 C+이지만 톰슨로이터와 KCGS의 평가는 B+ 등급 근처로 높게 나타났다. 이처럼 평가기관에 따라 등급이 크게 변할 뿐 아니라, 평가결과 차이도 일관되게 나타나지 않는 등 ESG 평가의 신뢰성 문제는 앞으로도 개선이 필요하다.

2021년 4월 기준 국내외에 ESG 평가지표가 약 600개가 존재하며, 이 평가지료들이 서로 일관되지 않은 결과를 내놓고 있는 것으로 알려져 있다. 이에 따라 기업들의 ESG 관련 활동에 혼란이 야기된다. 또한 신뢰성 문제에 더하여 ESG 평가항목의 세부적인 내용들도 기업에 부담을 야기할 소지가 있다. 한국적 환경과 해외에서 중요성을 두는 ESG 활동이 상이할 수 있으며, 그 결과로 한국기업의 ESG 활동이 해외 지표에서 제대로 반영되지 못함에 따라 ESG 등급과 실제 ESG 활동에 괴리가 발생할 수 있기 때문이다. 특히 S, 즉 사회 관련 활동에서 이러한 점들이 문제가 될 소지가 다른 지표보다 크다. E, 즉 환경 관련 지표는 국제적인 기구들을 통해 달성 목표와 로드맵이 명확하여 기업의 환경 관련 활동 목표 수립과 그 평가도 비교적 신뢰성 있게 이루어질 수 있다. G, 즉 기업지배구조 또한 큰 어려움은 없을 것으로 예상된다. 한국에서도 짧지 않

---

2) 금융, 법률, 세무회계, 지적재산, 과학, 미디어 등에 관한 전문지식 정보를 제공하는 캐나다의 다국적 미디어 그룹.

은 기간 기업지배구조에 대한 논의가 진행되면서 기업지배구조와 관련한 달성 목표와 수단 등에서 해외에서의 논의와 상당한 접근이 이루어진 상태다. 그러나 S의 경우는 한국의 고유한 환경이 해외 지표에서는 반영되지 않을 가능성도 크다.

산업통상자원부는 2021년 4월 간담회를 통하여 한국형 K-ESG 지표 초안을 발표하였다. 이 지표는 정보공시 관련 5개, 환경 관련 14개, 사회 관련 22개, 지배구조 관련 20개 항목 총 61개 항목으로 구성되어 있다.[3] 앞서도 언급하였으나 정부 주도의 ESG 지표는 지표의 난립 문제를 완화하는 등의 장점이 있으나, 정부의 규제로서 작동할 위험성이 있고 시장의 움직임을 적시 반영하지 못할 가능성이 있다. 그러므로 ESG 관련 공시 및 평가 인프라가 정비될 때까지는 정부가 가이던스를 제공하는 것은 바람직하나, 궁극적으로는 ESG 평가는 민간 주도로 이루어질 수 있도록 장기적으로는 ESG 평가 관련 주도권을 민간으로 이양하는 것을 염두에 두고 정책을 설계·운영해야 할 것이다.

(2) ESG 활동과 금융시장

ESG는 기관별 설립 목적 및 사업의 특성, 이해관계자의 차이에 따라 상이하게 제시되고 있다. 이들을 종합할 경우 투자의사결정, 장기적인 수익, 재무적인 가치, 경영 리스크, 사회책임, 지속가능성 등이 공통적으로 제시되는 키워드로, 자본시장에서 집중해야 할 ESG 개념은 '투자의사결정 및 장기적인 재무적 가치'에 영향을 미칠 수 있는 중요한 비재무적 요인이다.

ESG 중요한 이유는 다양한 이해관계자들의 ESG 요구가 지속적으로 증대하여 ESG의 중요성이 커지고 있기 때문이다. 주요 이해관계자의 ESG 요구에는 투자자의 ESG 요구 증대는 기업지배구조 개선 등을 도모하는 스튜어드십코드

---

3) 산업통상자원부(2021), 「산업부, K-ESG 지표 정립 본격 착수」.

강화, 연기금과 자산운용사 등의 책임투자 및 ESG 투자 전략 활용 확대가 있다. 고객의 ESG 요구 증대는 ESG가 공급망 관리와 협력업체 선정의 주요 요소로 부상 MZ세대 중심의 고객 ESG 요구 증대가 있다.

또한 글로벌 신용평가기관인 무디스(Moody's)는 ESG 기반으로 전체 기업 33% 신용등급을 조정했다, 피치(Fitch Ratings)는 신용등급 평가 시 ESG 리스크 수준이 높은 경우를 반영한다. S&P(Standard&Poor's)는 개별 기업 신용등급 상/하향 사유에 대한 ESG 영향을 공시했다. S&P는 환경오염이나 탄소배출량, 안전보건, 내부통제, 리스크 관리 등으로 분류하여 조정사유에 해당하는 기업에 대해 신용등급을 조정했다. 이처럼 글로벌 신용평가기관들이 ESG 평가 결과를 신용등급에 반영하고 있다는 걸 알 수 있다.

2 ESG와 금융시장

ESG와 관련하여 기업의 최대 관심사는 기업의 ESG 활동에 대한 자본시장의 평가다. 투자자들이 투자의사결정에 기업의 ESG 활동을 반영함에 따라 자본시장의 ESG 평가가 기업가치 평가와 자본조달에 중요한 영향을 미치기 때문이다.

또한 금융활동은 본질적으로 '재무적 성과'를 추구하는 속성을 지니고 있으므로 이 역시 고려할 필요가 있다. 지속가능금융은 ESG 등 비재무적 성과뿐만 아니라 재무적 성과를 통합적으로 고려하여 금융업 및 각 경제 주체의 지속가능성을 도모하는 금융활동으로 정의할 수 있다.

금융회사의 ESG 경영은 크게 두 개의 영역으로 구분할 수 있다. 첫째는 일반 기업과 마찬가지로 금융회사 자체의 ESG 수준을 제고하는 영역이다. 여기에는 자사의 탄소배출 감소, 임직원 다양성 제고, 지역사회와의 협력 등 다양한 활동이 포함된다. 이는 장기적 관점의 변화이자 혁신과 내재화를 뜻한다. 환경과 사회(시장)의 지속가능성과 기업의 지속가능성은 하나로 이윤추구가 기업의 유일한 목적이 아니며 최우선 순위도 아니다. 둘째 영역은 타사에 대한 ESG 수준을 평가하고 이에 기반하여 자금을 공급하거나 억제하는 역할을 수행하는 것이다.

(1) ESG 관련 금융의 확대

ESG는 은행지주, 증권 등 금융시장에도 상당한 영향을 미쳤다. 키움증권의 'ESG, 금융시장에 밀려오는 거대한 물결' 보고서에 따르면, 은행지주는 대표적인 ESG 관련 기업으로 꼽힌다. 금융업은 어느 정도의 사회적 책임을 요할 뿐만 아니라 산업에 대한 신뢰와 사회적 평가가 중요하고 그와 아주 긴밀한 관계를 이룬다. 특히 코로나19 사태 이후 위기에 처한 자영업, 중소기업 등에 대한 지원을 늘리면서 금융권의 사회적인 책임이 강화되고 있다. 또 기타 산업과 달리 금융업은 환경과 관련된 부정적인 사안이 많지 않아 ESG는 곧 기회가 될

표 7-1 ESG 채권 발행 주요 현황

주관사	발생사	채권종류	규모
KB증권	SK에너지	녹색채권	5,000억
	GS칼텍스		1,300억
	TSK코퍼레이션		1,100억
	한국수력원자력	사회적채권	3,000억
	롯데지주	지속가능채권	500억
SK증권	한국남부발전	녹색채권	1,000억
	KDB산업은행		3,000억
	우리카드	사회적채권	1,000억
	BNK부산은행	지속가능채권	1,000억
	기업은행		3,000억
	신한카드	ESG채권	1,000억
미래에셋대우	한국전력	지속가능채권	2,000억

자료: 키움증권 리서치센터, CEO스코어데일리 12월 8일 기사.

그림 7-1 ESG채권 발행 현황

자료: 한국거래소, 키움증권 리서치센터

수도 있다. 이에 키움증권은 "향후 기업의 이미지, 고객 신뢰도를 어떻게 제고하느냐에 따라 ESG의 매력도가 높아질 것이다"라고 판단하였다.

그중에서도 특히 증권업은 자금조달 측면에서 ESG 시장 확대에 중추적인 역할을 담당하고 있다. ESG 채권시장이 급성장하고 관련 투자상품 개발이 현재보다 더욱 가속화될 전망이다. 실제로 ESG 채권시장의 활성화로 관련 채권발행 주선 규모가 확대되었다. 키움증권에 따르면, ESG 채권 상장 잔액은 2019년 말 대비 2020년 약 207% 증가하였다.

국내 금융지주사 중 한 곳은 2030년까지 ESG 금융 규모를 50조 원까지 확대한다고 밝혔다. 이는 ESG 분야에 50조 원을 투자하겠다는 의미이다. 이러한 투자 규모를 ESG의 중요성이 강조되고 있다는 것을 알 수 있다. ESG는 기업을 평가할 때 재무적 성과만을 판단하던 전통적 방식과 달리 장기적 관점에서 기업의 '지속가능성'을 평가하는 비재무적 요소들이다. 다시 말해 이전에는 기업을 평가할 때 매출규모 등 수치를 중심으로 '돈 잘 버는 회사'를 최고로 생각했다면, 최근에는 기후변화 대응과 사회적 책임까지 고려해 '지속가능할 수 있는 회사'를 최고로 삼겠다는 것이다. 이에 따라 실제 세계적으로 많은 금융 기관들이 ESG 평가정보를 활용하기 시작하고 있다.

(2) ESG ETF 상품출시

그렇다면 이를 통해 금융소비자들이 얻을 수 있는 이점은 무엇이 있을까? 금융사들의 사회적 책임(S)은 이전부터 중시되어 왔다. 소비자 보호 역시 사회적 책임에 해당되기 때문에 소비자보호실 신설이나 사회적 약자, 취약계층을 위한 금융사들의 사회공헌 노력이 이에 해당된다. 투명한 지배구조(G) 역시 모든 기업들에게 요구되는 기본적인 사항이기도 하다. 그렇다면 금융소비자들은 가장 변화가 큰 E(환경)에 집중하게 된다. 실제 금융사들은 물론 국내 기업들이 가장 많은 투자를 집중하고 있는 분야가 바로 'E'이다. 대표적인 것은 탄소배출을 줄여 환경에 대한 책임을 다하는 경영 방식이 있다.

또한, 금융업무의 편의성이 높아지는 것 이외에 다른 이점은 없을까? ESG 경영으로 달라진 것은 '투자 패러다임'이다. 금융사들은 ESG 경영의 일환으로 친환경 기업들에 대한 투자를 확대하고 있다. 특히, 친환경 소재를 사용한다거나 탄소배출 감축에 동참하는 ESG 특화 스타트업 육성에 대한 투자 역시 확대되면서, 관련 회사를 운영 또는 준비하는 경우 자금 유치, 금리 우대 등의 지원을 받을 수 있다. 아울러 각 금융사들이 운영하는 스타트업 육성 프로그램을 활용하면 투자 지원은 물론 ESG 관련 컨설팅과 마케팅 등 지원도 가능하다.

소비자들이 가입할 수 있는 투자상품 또한 최근 증권사들이 ESG 종목의 비중을 확대하여 상장지수펀드(ETF) 등 상품을 연이어 출시하고 있다. 이 상품들은 상대적으로 낮은 주가 변동성과 리스크로 투자 대안처로 떠오르고 있으며, 실제 코로나19 이후 글로벌 ESG ETF에는 약 55조원의 자금이 유입되었다. 시중 은행에서 판매 중인 적금상품도 ESG와 연계된 경우 친환경 우대금리를 받을 수가 있다. 다회용 용기 사용 등 ESG 실천을 인증하면 우대금리를 주는 방식의 상품이 대표적이다. 아울러 친환경 특화카드를 사용할 경우 대중교통이나 공유 모빌리티, 전기차 등 탄소배출을 절감하는 이동수단 이용대금에 대해서 할인을 받을 수도 있다. 친환경과 연계된 금융상품 역시 더욱 다양해질 것으로 전망된다.[4]

3 ESG와 투자 패러다임의 변화

전 세계적으로 환경, 사회 및 지배구조(ESG)는 기업의 가치, 합병, 인수 및 매각과 관련된 부문에서 점점 더 중요한 역할을 하고 있다. 특히 코로나19 팬데믹을 거치면서 탄소 배출, 에너지 고갈, 물 부족 및 폐기물 관리와 재활용, 건강 및 안전, 다양성 및 포용, 인권 등 광범위한 문제가 ESG에 포함되면서 비즈니스 리더뿐만 아니라 이사회와 경영진도 ESG부문에 각별한 신경을 쓰고 있다. 여기에 ESG 중 사회영역 이슈는 더욱 광범위해 향후 기업의 대응이 갈수록 복잡하고 어려워질 것으로 예상된다.

(1) ESG 성과와 투자전략

ESG가 기업의 지속가능성 및 장기적인 가치 창출을 평가하는 중요한 기준이 된다는 것은 다양한 연구를 통해 밝혀졌다. EY가 2021년 말 전 세계 19개국 투자기관 임원 320명을 대상으로 진행한 '2021 EY 글로벌 기관투자자(Global Institutional Investor Survey, GIIS) 6차 설문조사'[5] 결과, 글로벌 투자자의 90%가 코로나19 팬데믹 이후 투자 결정 시 기존 재무성과와 더불어, ESG 성과를 더욱

---

4) 한국경제TV, ESG가 금융소비자에 미치는 영향 [슬기로운 금융생활], 2022−03−04
5) Mathew Nelson(2021), Is your ESG data unlocking long−term value?, The 2021 EY Global Institutional Investor Survey, Sixth global institutional investor survey November 2021, EY한영

중요하게 여기고 있는 것으로 나타났다.

또한 응답자의 92%는 지난 12개월 동안 보다 친환경적인 사업계획과 사업운영과정에 발생하는 부정적 영향(Negative consequences)을 최소화하는 이른바 '녹색회복(green recovery)'이 가져올 편익을 적극 고려한 투자의사결정을 한다고 답했다. 이런 성향은 대규모 자본을 운영 중인 글로벌 투자자에게서 두드러졌다. 이들은 향후 투자 포트폴리오 및 투자 대상 전반에 걸쳐 ESG 리스크를 보다 면밀히 살펴보고 있는 것으로 나타났다. 응답자 77%는 향후 2년 동안 기후 변화가 기업의 제품 및 서비스 제공 능력에 영향을 미치는 '물리적' 리스크에 대한 분석을 강화할 계획이라고 했으며, 이는 2020년 조사 결과(73%) 대비 4% 증가한 수치이다. 또한 응답한 투자자 중 80%가 저탄소 경제로 나아가는데 영향력을 끼치는 '이행' 리스크를 더욱 철저하게 검토할 것이라고 답했는데 이는 2020년 대비 9% 상승한 수치이다.

(2) ESG 정보의 품질과 투명성

이에 따라 투자자들은 높아진 관심에 비해 정작 ESG 관련 기업의 정보 공개에 불만을 가지고 있는 것으로 나타났다. 조사에서 ESG 측면의 이해와 해석을 기반으로 한 평가방법론에 따른 중요한 재무영향의 보고가 충분히 이루어지지 않고 있다고 생각한 투자자는 응답자의 절반(50%)을 차지해 2020년 조사(37%)에 비해 13%나 증가했다. 그리고 투자자들은 기업들의 ESG 성적표에 대한 독립적이고 객관적인 평가가 필요하다는 인식이 강한 것으로 나타났다. 투자자 중 89%는 글로벌 표준이 의무화되기를 바란다고 응답했다. 이렇게 투자자들이 바라보는 ESG 등 비재무 분야의 중요도는 증가한 반면, 투자 결정을 내리는데 중요한 잣대가 되는 표준화된 비재무 데이터의 접근성은 여전히 부족한 상황이다.

과거의 기업은 재무제표에 기반한 보고와 특정 전략 수립, 홍보 성격의 외부 발표를 통해 특정한 이해관계자들에 한정해서 정보를 제공했다. 하지만 이제는 실질적이며, 구체적인 활동성과를 중심으로 투자 성과를 자세히 공개하는 것이 기업의 신뢰도 향상으로 이어진다. 하지만 대부분의 투자자들은 투자를 고려하는 기업의 ESG 정보의 품질과 투명성에 대해 우려를 보이고 있다. 조사에 따르면 ESG를 고려한 평가방법론에 따른 중요한 재무영향의 보고가 충분히 이루어지지 않고 있다고 답한 투자자는 응답자의 절반(50%)을 차지해 2020년 조사(37%)에 비해 13%나 높았다. ESG부문에 대한 투자자들의 인식 변화는 다른 이해관계자로 빠르게 확산하고 있다.

이런 변화는 글로벌 규제 환경, 기업 ESG 공시 시장의 표준화, 기업의 장기적 성과 창출 능력, 지속 가능한 공급망 관리 그리고 새로운 소비 주체로 떠오르는 MZ세대의 소비패턴과 맞물려 기업에 불확실한 경영환경을 조성할 것으로 예측된다. 이런 문제를 해결하기 위해서 기업은 투명성을 통해 신뢰를 구축하고 다양한 재무 및 비재무 부문의 성과를 공개하고 다양한 이해관계자들과 의사소통할 수 있는 체계를 수립해야 한다.

글로벌 지속가능성 투자 보고서(Global Sustainable Investment Review)에 따르면6) 2020년 기준 전 세계 ESG 투자규모는 35.3조 달러에 달하며, 2030년까지 130조 달러 이상으로 성장할 것으로 전망된다. 이러한 투자규모의 양적 팽창은 다양한 이해관계자의 참여를 전제로 하고 있다. 즉 규제당국, 투자자, 소비자, 기업, 미디어, ESG 평가기관, ESG 공시기관 등 다양한 주체들이 저마다의 이해관계를 피력하고 이러한 열띤 논의 속에서 보다 효과적이고 효율적인 균형점을 찾아가게 될 것이다.

특히 다양한 이해관계자들은 ESG 중 지배구조에 대한 평가에 집중할 것이다. 글로벌 ESG 평가기관인 DJSI(DowJones Sustainability Indices), CDP(Carbon

---

6) Global Sustainable Investment Alliance(2020), Global Sustainable Investment Review.

Disclosure Project), MSCI(Morgan Stanley Capital International)는 기업 평가 시 친환경 경영 및 사회 건전성 활동 평가를 통제할 수 있는 지배구조 부문의 의사결정 프로세스 구축에 높은 평가 비중을 두는 것으로 나타났다. 실제 ESG 성과를 높이기 위해서는 기업의 최고 의사결정 기구에서 지속적으로 ESG 이슈를 검토하고, 적극적으로 기업 경영 계획에 반영해 나가야 ESG 성과를 높일 수 있다.

4 글로벌 지속가능 투자전략

지속가능 금융은 과거 온실가스 감축과 기후변화 적응 등과 관련하여 논의된 녹색금융이나 기후금융보다 광의의 개념으로 환경적 요소(E)뿐만 아니라 사회(S), 지배구조(G) 등을 아울러 금융 활동에 포함시키는 개념이다. 또한 임팩트 금융이나 사회책임투자와 같이 사회 문제 해결이나 사회적 후생 증진에 초점을 두는 금융 활동도 포괄할 수 있다.

(1) ESG 통합

지속가능금융의 포괄적 개념을 반영하여 글로벌 지속가능투자연합(Global Sustainable Investment Alliance, GSIA)은 지속가능투자 전략을 7가지 유형으로 구분한다.[7]

스크리닝(Screening) 방식으로는 (1) 네거티브스크리닝(Negative/Exclusionary Screening), (2) 포지티브 스크리닝(Positive/Best-in-class Screening), (3) 규범 기반 스크리닝(Norms-based Screening)으로 유형화할 수 있는데, 이는 각각 특정 ESG 기준을 적용하여 기준 미달인 기업을 투자 대상에서 배제하거나 기준을 넘는 우수한 기업을 골라 투자 대상에 편입하거나 또는 인권이나 노동 등에 대

---

7) 이태우(2022), 지속 가능 투자의 증가와 금융회사의 ESG 전략, 코스콤리포트, 2022.07.

그림 7-2 GSIA의 7가지 ESG 투자 방식

자료: GSIA

한 국제 권고 가이드라인을 기준으로 투자 대상을 선정한다.

ESG 통합(ESG Integration)은 재무적 성과와 함께 비재무적 성과를 체계적으로 명시하고 있는 기업이나 사업을 중심으로 포트폴리오를 구성하는 방식이다. 투자 방식으로서 (5) 지속가능테마투자(Sustainability Themed Investing)는 청정에너지와 지속가능농업 등 ESG로 인해 수혜가 예상되는 사업이나 기업을 중심으로 포트폴리오를 구성하는 방식이다. (6) 임팩트투자(Impact/Community Investing)는 재무적 성과와 함께 긍정적이고 측정 가능한 영향력을 추구하는 투자로서 사회성과연계채권(Social Impact Bond)이나 지역사회에 대한 투자 등이 대표적이다. (7) 주주권을 활용한 기업관여(Corporate Engagement and Shareholder Action)는 주주로서 피투자대상의 경영에 직/간접적으로 참여하는 활동으로 경영진과의 대화, 의결권 행사 등을 통해 이루어질 수 있다.

이러한 투자 전략은 투자자별 ESG 우선순위 및 재무적 성과 등을 고려하여 다양한 투자 대상에 대해 다각적으로 조합하여 활용할 수 있다. 기업 관여

(Corporate Engagement)를 통한 타사의 ESG 수준 제고와 각종 투자자의 ESG 수요에 부합하는 금융 상품 및 서비스 개발도 금융회사의 ESG 경영 활동에 포함된다. 투자자 관점에서 기업의 지속가능성은 ESG 평가, 투자, 규제, 리스크 등 단기적 관점의 대응이며, 등급 상향 환경과 시장이 어려워도 기업 성장은 얼마든지 가능하다. 기업은 이윤을 추구하는 것이 가장 중요한 존재 이유이며 CSR과 지속가능 경영은 이윤추구를 보조하는 수단이다.

(2) ESG 투자 확산

ESG 투자란 기업의 재무적 성과뿐만 아니라 환경보호(Environmental, E), 사회적 책임(Social, S) 적정한 지배구조(Governance, G)와 같은 비재무적인 요소를 고려하는 투자방식을 말한다. ESG 투자는 비재무적 지표 이유로 간과되었던 ESG 정보의 재무적 속성을 재평가하는 데서 시작한다. 그 결과 테일 리스크(tail risk)를 투자 과정에 적극적으로 반영하여 위험 대비 수익을 높이는 계기로 삼는 동시에 ESG를 포트폴리오 선정 및 운용과정에 통합시켜서 추가로 수익 기회를 발굴하는 것을 궁극적인 목적으로 삼는다. 투자자 관점에서 볼 때 기업의 ESG를 강조하는 접근이 새로운 것은 아니다. 그러나 세계 최대 자산운용사인 블랙록(BLK)을 필두 글로벌 자산운용사가 일제히 ESG를 자본시장의 새로운 표준으로 내세우면서 ESG는 기업경영에 직접적인 영향을 끼치게 되었다.

ESG 투자를 확산시키기 위해 해결해야 할 과제로는 우선 ESG에 대한 논의를 기업과 투자자, 그리고 투자자들 사이에서 획일적으로 적용하는 것이 바람직한지가 문제된다. 그동안 ESG에 관한 논의는 기업에게 좋은 것은 당연히 투자자에게도 좋을 것이라는 사고에서 경영자와 투자자가 처한 실질적인 입장 차이를 간과하는 경향이 있었다. 하지만 시장의 가격 괴리(mispricing)를 이용하여 수익을 꾀하는 투자자와 지속가능성을 추구하는 기업이 추구하는 이익의 내용이 항상 일치한다고 보긴 어렵고, 투자자의 이해관계 역시 자본의 속성에 따라 다르기 마련이다. 이러한 차이는 ESG 투자에 있어 포트폴리오의 리스크 관리와 수익기회 발굴 중 어디에 더 비중을 두는지가 투자자에 따라 다를 수 있다는 점을 시사한다.

투자자가 이해관계자의 이익을 고려하는 방법은 꾸준히 변모해왔다. 초기의 ESG 투자가 투자자의 윤리적, 정치적 가치를 투자수익과는 무관하게 포트폴리오에 반영하는 것이었다면 최근에는 비재무적 요소인 ESG의 재무적 가치를 발굴해 투자성과의 지속가능성을 높이는 것을 목적으로 삼는다. 윤리적 투자는 종교적 가치나 인종차별 금지 같은 인류 보편적인 사회규범 실천을 목표로 하므로 주로 선별적 배제(negative screen) 방식을 사용하되 포트폴리오의 다양성을 높이기 위해 특정한 윤리적 기준을 충족하는 기업을 선별하여 투자를 하는 선별적 선택(positive screen) 방식을 병행한다.

최근에는 전통적인 재무분석에 ESG 요소를 체계적으로 반영하는 ESG 통합전략(ESG integration strategy)과 적극적인 주주 관여 전략(corporate engagement strategy)의 중요성이 부각되고 있다. 선별적 배제전략은 여전히 다른 ESG 투자전략의 기초가 되지만, 선별 배제 혹은 투자 전략만으로는 시장 전체의 ESG 수준을 높이거나 시장의 체계적 위험을 낮추는 데 미치는 영향이 크지 않다. 따라서 선별된 ESG요소를 투자목적 설계나 포트폴리오 비중 선정 등 투자전략에 통합하여 반영하면 선별적 투자방식이 갖는 분산투자 제약의 위험성을 보완할 수 있고, 주주관여를 통해 변화하는 ESG 가치의 구체적인 내용을 기업 경영에 효과적으로 내재화할 수 있어서 투자자의 이익을 극대화할 수 있다고 보는 것이다.[8]

---

8) 미래에셋증권(2023), GLOBAL ESG WAY, ESG Report, 2023.5.17.

(3) 금융업과 ESG 경영 추진 현황

가속화되고 있는 금융권의 '페이퍼리스(Paperless)'도 ESG 경영의 대표적 사례이다. 또한 최근에는 ESG 열풍에 힘입어 페이퍼리스에서 '제로페이퍼'로 확대되어 금융권에서 종이가 사라지고 있다. 이미 우리는 디지털 전환 시대에 살고 있지만, 금융업무에서 흔히 발생하는 종이 문서를 없애 탄소배출을 억제하는 환경 책임 경영과 맞물리며 그 속도는 더욱 빨라지고 있는 모습이다. 실제 국내 은행들은 ESG경영을 선포한 이후 종이통장 발행을 줄이고 내부 문소는 물론 고객에게 전달하는 문서까지 디지털로 전환하는 움직임을 보이고 있다.

은행뿐만 아니라 보험사 등 2금융권도 대열에 합류해 스마트 창구와 전자 서류로의 전환을 시작했다. 카드 이용명세서를 이메일로 받고, 보험청약서를 온라인상에서 확인하는 것도 모두 ESG 경영의 일환이다. 이러한 움직임이 지속되면 소비자들은 금융사에서 더 이상 '종이와 펜'을 볼 수 없게 된다. 금융사 입장에서는 비용을 절감하는 동시에 탄소 발생을 줄이며 기후변화에 대응하고, 소비자들의 편의성을 더욱 높이는 효과와 더불어 금융소비자들로부터 신뢰감을 얻게 된다.

참고문헌

김진솔(2021), '신한은행, 제로페이퍼 확산 캠페인 시행', 굿모닝경제.

박영석·이효섭(2021), '기업의 ESG 촉진을 위한 금융의 역할', 자본시장연구원

삼일회계법인 PWC '유럽 ESG 공시 및 인증 규제에 대한 대응 준비'

삼정회계법인 KPMG, '금융과 ESG의 공존: 지속가능한 금융회사의 경영 전략'.

삼정KPMG 경제연구원, 〈금융과 ESG의 공존: 지속가능한 금융회사의 경영 전략〉

손지연. (2018). ESG 등급이 기업의 장, 단기 경영성과에 미치는 영향. 세명대학교 대학원, 제천. (국내석사학위논문)

신경희·임효숙·조공장. (2012). 사회환경분야 환경영향평가 개선방안. 환경영향평가, 21(1), 15−24.

신헌태. (2016). 소득재분배정책과 노동정책이 노동소득분배율에 미치는 효과에 관한 연구: OECD 국가를 중심으로. 서울대학교 행정대학원,

심영범(2023), 〈[ESG돋보기] 사회공헌의 정석 실현하는 스타벅스〉, 《파이낸셜투데이》.

이정기·이재혁. (2020). "지속가능경영" 연구의 현황 및 발전방향: ESG 평가지표를 중심으로. 전략경영연구, 23(2), 65−92.

이준희, 한국기업들의 ESG 경영을 위한 변화, ESG 경영의 개념과 접근 방법, Sustainability Transformation & ESG Strategy, 딜로이트 안진회계법인

이진백(2021), 〈[똑똑!ESG ①] ESG, 선택이 아닌 필수적인 생존전략〉, 《라이프인》.

이명서(2022), 〈ESG 경영, 선택이 아닌 필수!〉, 《사례뉴스》, Click ESG ESG 경영관리 플랫폼.

이현복. (2014). 기업의 사회적 책임활동과 소비자 만족에 관한 연구: 금융기관을 중심으로. 고객만족경영연구, 16(2), 1−16.

임욱빈. (2019). 비재무적 정보가 기업성과에 미치는 영향: ESG 점수를 중심으로. 국제회계연구, 86, 119－144.

임현일. (2020). 기업지배구조와 기업위험의 관계에 관한 연구. KCGS 정책연구, 2020－03.

임현일·최경진. (2018). 기업의 사회적 책임과 기업 위험에 대한 실증연구.산업경제연구, 31(3), 791－815.

장우영(2021), 기관투자자의 ESG투자와 지속가능성, 기업법연구, 35(3), 39－73.

전국경제인연합회. (2021). 국내외 ESG 평가 동향과 시사점.

지상현. (2019). 지속가능경영 기업의 회계이익의 질. 국제회계연구, 86, 235－258.

최기호·박청규·최보람. (2015). 한국기업의 사회적 책임활동: 국제적 등급비교를 중심으로. 대한경영학회지, 28(3), 961－980.

최순영(2021), "해외 금융회사의 ESG 경영 현황 및 시사점."

한국경제연구원KDI 경제정보센터, 〈지속가능한 성장을 위한 기업의 노력, ESG경영〉

한상범·권세훈·임상균(2021), 글로벌 ESG 동향 및 국가의 전략적 역할, 대외경제정책연구원

한지혜 외(2022), "ESG 동향, Global News."

Bae, G. and S. Choi, 2012, Do industry Specialist Auditors Improve Investment Efficiency?

working paper Korea University. SSRN.

Benlemlih, M. and M. Bitar, 2015, Corporate Social Responsibility and Investment Efficiency. Academy of Management Proceedings.

Bolton, P. and M. Kacperczyk, 2021, Global Pricing of Carbon－transition Risk, National

Bureau of Economic Research working paper No.28510.

Chahal, J. and W. Ahmad, 2020, Political Connections, Investment Inefficiency, and the

Indian Banking Crisis, Quarterly Review of Economics and Finance, In press.

Chen, R., S. El Ghoul, O. Guedhami, and H. Wang, 2014, Do State and Foreign Ownership

Affect Investment Efficiency? Evidence from Privatizations. Journal of Corporate

Finance 42, 408－421.

Chen, F., O. Hope, Q. Li, and X. Wang, 2011, Financial Reporting Quality and Investment

Efficiency of Private Firms in Emerging Markets. Accounting Review 86,

1255－1288.

Christensen, D.M., G. Serafeim, and S. Sikochi, 2021, Why is Corporate Virtue in the Eye

of the Beholder? The Case of ESG ratings, Accounting Review, Forthcoming.

Cook, K., A. Romi, D. Sanchez, and J.M. Sanchez, 2018, The Influence of Corporate Social

Responsibility on Investment Efficiency and Innovation. Journal of Business

Finance and Accounting 46, 494－537.

Cutillas Gomariz, M. and J. Sánchez Ballesta, 2014, Financial Reporting Quality, Debt

Maturity and Investment Efficiency. Journal of Banking and Finance 40, 494－506.

Fazzari, S.M., R.G. Hubbard, B. Petersen, A. Blinder, and M. James, 1998, Financing

Corporate Constraints Investment. Brookings Papers on Economic Activity, 1(1), 141－206.

Hayashi, F., 1982, Tobin's Marginal q and Average q: A Neoclassical Interpretation. Econometrica, 50, 213－224.

Heckman, J., 1978, Dummy Endogenous Variables in a Simultaneous Equation System, Econometrica 46, 931－959.

Hillman, A.J. and G.D. Keim, 2001, Shareholder Value, Stakeholder Management, and Social Issues: What's the Bottom Line? Strategic Management Journal, 22, 125－139.

제8장

ESG 경영과 글로벌 공급망 관리

1 ESG 경영과 글로벌 물류 공급망

ESG는 환경(Environment), 사회(Social), 지배구조(Governance)의 약자로 기업의 비재무적 성과를 나타내는 요소이며, 기업이 경영 전략을 실행하고 리스크를 관리하여 기업 가치를 높이는 데 영향을 미치는 환경, 사회, 지배구조에 관한 요인을 말한다. ESG 경영이란 기업이 비재무적 성과를 창출하기 위한 비즈니스 모델을 구축하여 운영하는 것을 말하며, 이는 새로운 개념이 아니라 지속가능경영의 발전 패러다임상에서 가장 최근까지 발전된 개념이다. ESG 경영은 기업의 목적이 '주주'에서 '모든 이해관계자'의 이익 창출로 재정의되면서 확산되었고, 기업이 장기적으로 리스크를 줄이고 가치를 창출함으로써 '지속가능성'이라는 궁극적인 목표를 달성하는 데 필요한 경영전략이다.

먼저, E(환경)에서 가장 중요한 개념은 탄소중립입니다. 탄소중립이란 대기중 이산화탄소 농도 증가를 막기 위해 인간 활동에 의한 배출량은 최대한 감소시키고, 흡수량은 증대하여 순 배출량이 '0'이 된 상태를 의미한다(출처: 탄소중립녹색성장위원회). 세계 각국은 재생에너지 100% 사용(RE100), 녹색분류체계(Taxonomy), 탄소배출권거래제(ETS), 탄소국경조정제도(CBAM) 등 탄소중립 달성을 위해 정책과 법안 등을 추진하고 있다.

S(사회) 영역의 주요 화두는 DEI(Diversity, Equity and Inclusion, 다양성, 형평성, 포용성)이다. 이는 성별, 인종, 연령, 배경, 성적 지향, 장애, 종교 등에 관계없이 공정한 기회를 제공하고 포용적인 조직 문화를 조성하는 것은 의미한다. DEI는 기업의 생존에 중요한 영향을 미치는 요소이다. 다양성은 혁신을 촉발하며, 기업의 회복력을 강화시킨다(출처: 다양성, 비즈니스 의무사항, BCG). 글로벌 기업들은 DEI를 적극적으로 추구하는 추세이다. 트레일리언트(Traliant)의 2021년 조사에 따르면 기업의 79%가 2022년에 DEI에 대해 더 많은 예산을 할당할 것이라고 응답했다.

G(지배 구조)의 핵심 쟁점은 건강한 의사결정체계를 통해 투자자와 주주를 포함한 주요 이해관계자를 보호하는 장치를 갖추는 것이다(출처: ESG 경영과 지배구조: 이사회 및 위원회 운영 방안, 법률신문). 투명한 지배구조는 뇌물 수수, 사기 및 부패를 방지하여 자본 비용이 낮아지고 변동성이 낮아지는 등 긍정적인 영향을 미친다. 러셀 인베스트먼트의 조사에 따르면 투자 의사 결정시 영향을 미치는 ESG 요소를 묻는 질문에 지배구조가 82%로 가장 많이 응답되었다(2020 Annual ESG Manager Survey, Russell).

한편, 수출 중소기업들은 공급망 실사 등의 이슈만을 해결해야 하는 것이 아니라 다양한 리스크에 노출되어 있는 것이 사실이다. 현재 중소기업이 자체적으로 ESG를 추진하는 것은 매우 어렵다. 인력의 경우 중소기업들 중 100인 미만이 87%를 차지하며 중기업의 경우 평균 인력이 62명, 소기업의 경우 12명, 이 중 60% 이상이 생산인력이며 나머지 40%가 관리인력이며 이러한 환경에서 ESG를 관리할 여력이 없음을 알 수 있다. 이러한 인력규모를 가지고 ESG 대응 방안을 추진하기에는 매우 어려운 현실이다. ESG 컨설팅시에 비용부담이 가능한 대상이 되는 중소기업은 주로 500인 이상 사업장 규모이며 매출은 1,500억 원 정도, 당기순이익 약 2.2% 정도의 수준이라고 판단된다. 따라서 대부분의 중소기업들은 ESG 컨설팅을 받을 만한 비용 여력이 없고 대응 여력도 없다. 따라서 기업의 경영전략을 펼치는 데 현실적인 한계가 있다.

또한 수출 중소기업들의 생각의 가장 기본에는 ESG를 우리 회사가 꼭 해야 하는가에 대한 질문이다. 아직도 확신이 없는 듯하다. 중소기업 제품의 납품에 실질적인 문제가 생길 것인가? 제품 판매 시에 문제가 생기는가? 고객이 ESG를 추진하지 않으면 제품을 구매하지 않을 것인가? ESG 여부에 따른 실질적인 금리상의 차등 정책이 있을 것인가? ESG를 해야 한다는 확실한 인식 전환이 필요할 것으로 보인다.

2 수출기업의 ESG 관련 공급망 실사

공급망 관리(Supply Chain Management)가 글로벌 기업 전략의 핵심이 되고 있는 가운데 최근의 글로벌 공급망의 변화에 따라서 대기업뿐만 아니라 중소기업들에게도 회복탄력성(resilience), 민첩성(agility) 그리고 ESG 대응력 등을 갖춘 위기 대응 능력이 뛰어난 안정적 공급망을 만들기 위한 변화 요구에 직면하고 있다. 특히 수출의존도와 제조업 비중이 높은 우리나라 제조기업들은 산업 현장에서 매우 심각한 인력난을 겪고 있으며 수출기업에 대한 '공급망 ESG실사'에 대한 이슈 등이 발생하여 수출중소기업들의 경영 현실은 일반적으로 생각하는 현실보다 매우 심각한 상황에 처해 있다고 판단된다.

최근 딜로이트 글로벌 공급망 리질리언스(2022) 분석자료에 의하면[1] 한국의 높은 제조업 비중, 특히 탄소 다배출 업종(철강, 석유화학, 반도체, 디스플레이 등)이 주력산업인 구조는 탄소중립 조기 실현의 제약요인으로 작용하고 있다. 또한 무역 의존도가 높은 한국 경제 및 산업 구조의 특수성을 고려할 때 글로

---

1) 딜로이트, 글로벌 공급망 리질리언스, Deloitte Insights (No.22).

벌 공급망 재편에 따른 변화도 불가피한 것으로 분석된다. 한국의 국가 온실가스 총배출량은 제조업이 에너지산업 다음으로 온실가스 배출이 많으며, 다음으로는 철강, 화학 등이 가장 많은 온실가스를 배출하고 있는 것으로 나타났다.

특히, 대부분 기업이 직면한 문제는 탄소 배출량 대부분이 '기타 간접배출(Scope 3 emission)'에 속한다는 점이다. 즉 탄소배출이 당사의 직접적인 사업 운영보다는 공급망에서 발생한다는 것이다. 오늘날 많은 기업이 탄소배출권을 적절한 비용으로 구매함으로써 탄소 중립적인 위치에 도달할 수 있으며 이에 따라 탄소배출권 비용은 앞으로 증가할 것으로 예상된다.

3 수출 중소기업의 ESG 공급망관리 실사 준비현황

유럽의 탄소국경조정제도(CBAM)는 2023년부터 시범적용, 2026년부터 전면 적용이 예정되어 있다. 이에 따라 2023년에서 2025년까지 전환기를 거쳐 2026년부터 EU로 수입되는 '철강', '시멘트', '비료', '알루미늄', '전기'의 대한 직접배출(direct emission)에 대한 비용이 부과될 예정이다. 탄소국경조정제도(CBAM)와 RE100, 탄소 정보공개 프로젝트(CDP) 등의 규제들이 원청업체인 대기업을 넘어 협력 중소기업 및 수출중소기업에도 환경·안전 데이터를 요구하고 있다는 것이다. 또한, 글로벌 이니셔티브인 CDP(탄소정보공개프로젝트, Carbon Disclosure Project)의 참여기업은 2018년 115개사에서 2020년 200개사로 약 73% 증가하였다. 또한 SBTi(Science based targets initiative)의 경우 목표 설정기업의 73%인 480개사가 협력사와 함께 온실가스 배출량을 공개하고 감축목표를 선언하기에 이르렀다. 이제 기업의 탄소중립 달성 과정에 협력사가 포함될 수밖에 없는 것이 현실이므로 특히 온실가스 다배출 업종의 경우에는 더욱 능동적인 대응이 필요하다.

실제로 CDP Supply Chain의 정보공개 요구에 따라 탄소 정보를 공개한 1만 1천 457개사 중 중소기업이 5천 285개사에 달했다. 국내 CDP Supply Chain 멤버인 삼성전자, 삼성디스플레이, SK하이닉스도 공급사에 각각 ESG 평가 보고를 요청하고 있다. 2025년까지 다국적기업 78%가 탄소중립 목표에 반하는 공급업체와는 거래를 중단할 계획을 갖고 있으며 평가가 미흡하면 거래량이 감소하고 있고, ESG 요구 수준을 충족하기 어려운 중소기업이 많음에도 관련 지원은 없는 상황이라고 볼 수 있다.

ESG 대응 이슈 중에서 중소·중견기업이 먼저 관심을 가져야 할 것은 글로벌 공급망에 대한 ESG 리스크 관리가 강화되고 있다는 점이다. EU는 2022년 2월 공급망 실사 지침을 발표하고, 미국은 핵심·필수 품목에 대해 기후변화, 불법노동을 포함한 ESG 요소를 주목할 것을 언급하였다. 미국과 EU를 중심으로 반도체, 배터리 등 핵심 산업의 공급망을 재편하려는 움직임이 강하게 나타나고 있다. 유럽 내 기업은 자회사는 물론 거래하는 모든 공급망에 있는 협력사의 ESG 정보 공개 요구 및 환경, 노동 및 인권, 지배구조 실사를 의무화(직원 500인 이상, 매출 1.5억 유로 기업)하고 있다.

국내 수출기업 300개 사를 대상으로 실시한 '수출기업의 공급망 ESG 대응 현황 과제' 조사를 살펴보면, 응답 기업의 52.2%가 "향후 공급망 내 ESG 경영 수준 미흡으로 고객사(원청기업)로부터 계약·수주 파기될 가능성이 높다"고 답하였다. 즉, 국내 수출기업의 대부분이 위기감을 느끼고 있는 상황인 것은 분명하다. 또한 수출기업들은 'ESG 실사 대비수준'을 묻는 질문에 '낮다'는 응답이 77.2%(매우 낮음 41.3%, 다소 낮음 35.9%)로 나왔지만, '높다'는 응답은 22.8%(매우 높음 1.2%, 다소 높음 21.6%)에 그쳤다. 구체적으로 살펴보면 '실사 단계별 대응수준'을 묻는 질문에는 '대응체계 없음'이라는 응답이 절반 이상인 58.1%로 전혀 준비가 안 된 상태도 많았고 '사전준비 단계'라는 응답은 27.5%로 기본적인 수준에 머물고 있어 협력업체 공급망 실사에 대한 지원방안 마련이 필요한 것으로 판단된다.

　원청업체가 공급망 내 협력업체를 대상으로 실시하는 'ESG 실사, 진단·평가, 컨설팅 경험 유무'를 조사해본 결과, '경험이 있다'고 답한 경우는 ESG 실사(8.8%), 진단·평가(11.8%), 컨설팅(7.3%) 등 분야별로 10% 내외에 그친 것으로 나타났다. 또한 현재와 향후에도 시행계획도 없다고 답한 경우는 ESG 실사(59.6%), 진단·평가(58.1%), 컨설팅(64.0%) 등으로 나타나 앞으로도 ESG 관련 추진계획이 없음을 볼 수 있다. 즉, 중소기업 스스로 수립할 관련 계획이 부족한 경영환경이므로 정부 및 공공기관 그리고 대기업 등의 정책지원이 필요하다고 판단된다.[2]

　또한, 응답업체들은 '공급망 ESG 실사 관련 가장 큰 애로사항'으로 '내부 전문인력 부족'(48.1%)을 꼽았고, 이는 현재 중소기업 제조인력 수급에 대한 문제와도 밀접하게 연결이 된다. 이 밖에 '진단 및 컨설팅·교육 비용부담'(22.3%), '공급망 ESG 실사 정보 부족'(12.3%) 등이 뒤를 이었다. 또한, '공급망 ESG 실사의 원활한 시행을 위해 필요한 정책과제' 관련 응답기업들은 '업종별 ESG 가이드라인 제공'(35.5%)을 가장 먼저 꼽았으며, 'ESG 실사 소요 비용 지원'(23.9%), '협력사 ESG교육 및 컨설팅 비용 지원'(19.3%), 'ESG 인프라 및 시스템 구축 금융지원'(16.3%) 등이 뒤를 이었다. ESG 인증 서비스 제공 3.3%, 우수협력사 인센티브 확대 1.7% 등을 꼽았다.

　한편, 중소기업중앙회의 '공급망 ESG 대응현황 조사 보고서'의 분석 결과를 살펴보면, ESG 경영에 직접 영향을 받는 공급망(대기업 협력사 및 수출 중소기업) 내 중소기업 621개를 대상으로 조사한 결과 응답한 기업의 20.0% 만이 'ESG 평가 요구 경험이 있다'고 응답했고, 요구한 거래처로는 대기업이 80.6%,

---

2) 이종오(2023), '수출중소기업 ESG 생존전략과 지원방안', 국회토론회, 한국사회책임투자포럼, 2023.2

해외거래처가 28.2%로 조사됐다. 또한, ESG 요구 수준(요구 정보량·평가기준) 추이는 '점차 강화되고 있음'이 50.8%으로 나타났다.

ESG 평가 요구 경험을 보유한 기업을 대상으로 조사한 ESG 요구 형태는 '국내외 관련 인증 제출'이 46.8%로 가장 높게 나타났으며, ESG 평가 요구 경험을 보유한 기업을 대상으로 조사한 ESG 요구 수준은 '어려움'이 16.9%로 나타났다. 또한 보통이라고 응답한 경우가 62.1로 높게 나타났다. ESG 평가 요구 경험을 보유한 기업을 대상으로 조사한 해외 거래처 지원 수준은 '지원 사항 전혀 없음'이 64.5%로 가장 높게 나타났다. 다음으로 '약간의 지원은 하고 있으나 거의 도움이 되지 않음'(16.9%), '약간 도움 되는 수준의 지원을 하고 있음'(14.5%) 순으로 나타났다.

ESG 평가 요구 경험을 보유한 기업을 대상으로 조사한 거래처 지원 사항은 '교육'이 61.4%로 가장 높게 나타났다. 다음, '컨설팅'은 47.7%, '외부 평가비용 지원' 11.4%, '시설교체/지원' 9.1% 순이다. 또한, ESG 경영지원 필요사항은 'ESG 경영을 위한 시설(신재생에너지 설비, 안전장비, 폐수/폐기물/대기오염 처리시설 등) 개보수 비용 지원'이 28.8%로 가장 높게 나타났다.

4 주요 시사점

앞서 언급한 다양한 문제들에 직면한 수출중소기업들의 ESG 관련 현안들을 해결하기 위해서는 다양한 영역과 부문에서의 유기적인 협력관계가 구축되어야 할 것이다. 먼저, 정부의 경우 수출 중소·중견기업의 ESG 경영지원 강화를 위한 맞춤형 지원을 제공하고 있다고 하지만 인력난을 겪고 있는 중소기업들에게는 다소 부족한 수준이라고 판단된다. 또한 정부는 K-ESG 가이드라인 및 체크리스트의 이용편의성 및 실용성 제공 등을 위해 상호 연계 강화 및 홍보 방안을 검토하여야 한다.

한편, 교육 및 컨설팅을 효율적으로 추진하기 위해서 정부와 대기업은 AI 기술, 빅데이터 그리고 ESG를 지원할 수 있는 기업 정보시스템과 기술 등을 활용하여 ESG를 효율적으로 관리하고 대응할 수 있도록 추진해 나가야 한다. 그리고 중앙정부, 각 지방자치단체, 공공기관 및 금융기관, 대기업 및 중소기업 그리고 학계에 이르기까지 유기적이며 체계적인 ESG 대응 방안이 신속하게 요구된다.

또한 정부, 금융기관 그리고 중소기업의 경우에는 대부분의 외부 자금조달을 은행에서 하는 중소기업의 특성상 금융지원 시 지속가능성 연계 대출(Sustainability-Linked Loan)을 고려해야 한다. 이는 중소기업이 1개 혹은 2개 정도의 ESG 이슈 등 지속가능성 목표 달성을 합의하고 대출 동안 사전에 정한 지속가능성 목표 달성 여부에 따라 차등적인 금리를 연동하는 등 대출 여건을 ESG와 연계하는 전략을 강화해야 할 것으로 판단된다.

ESG 지원 생태계 구축으로는 정부 조직상에 있는 다양한 정부기관이 효율적인 지원 생태계를 구축하여 한다. 일반적으로 관련 정부기관으로 중소벤처기업부, 산업통상자원부, 환경부, 금융위원회 등의 다양한 연관 부서가 ESG 지원 생태계로 연계되어 있다. 이러한 총체적인 리스크를 단번에 해결하는 방법은 매우 어렵겠지만, 정부의 수출중소기업 지원을 위한 정부의 총괄 타워가 필요하다고 판단된다.

또한, 다른 수출 중소기업들의 ESG 이슈들을 지원해 줄 수 있는 주요 관련기관은 다음과 같다. 즉, 납품 대기업 그리고 법률적인 문제가 발생했을 경우에는 법무법인 등의 도움을 받아야 하고, 향후 발생할 공시 문제나 회계처리 등의 문제에 있어서는 회계법인 등의 도움을 받아야 하며, Net Zero 등의 문제나 탄소저감 등의 문제를 해결하기 위해서는 환경과 에너지 분야에서도 전문가의 도움을 받아야 할 상황에 놓여 있다.

또한, 중장기적으로도 탄소 발자국 측정과 감시에 필요한 소프트웨어 솔루션의 설치, 환경 및 탄소관련 데이터 축적 및 관리 그리고 활용에 이르기까지 매우 다양한 글로벌 공급망 ESG 리스크 관리를 위한 법률, 회계, 공시, 인권, 인력관리 그리고 새로운 ERP와 같은 정보기술의 도움을 받아야 하는 등 총체적인 리스크에 노출되어 있는 것이 현실이다. 앞서 말씀드린 정부기관 및 대중소 ESG 협력 생태계 구축을 위한 다양한 Key Player들의 통합적인 노력이 필요하다.

참고문헌

김승욱(2023), 수출중소기업의 ESG 경영전략, 2023년 한국통상정보학회 춘계학술대
　회, 한국통상정보학회.

대한상공회의소(2018), 「수출기업의 CSR리스크 실태조사」.

박지현, 김양민(2014), 「기업의 사회적 책임 성과와 기업 성과의 관계에 대한 연구」,
　『인사조직연구』, 한국인사조직학회, 22, pp. 1-33.

배경훈·장가영(2020), 「빅데이터 기반 ESG지수를 활용한 중소기업들의 신용등급 평
　가」, 사회적가치연구원.

윤용희(2021), 「ESG의 법적 쟁점 및 소송 사례」, 법무법인 율촌.

심수연(2020), 「EU의 ESG 공시 규제 및 시사점」, 『자본시장포커스』, 자본시장연구원.

Deutsche Bank Research(2019), Climate change and corporates: past the tipping
　point with customers and stock markets.

Global Sustainable Investment Alliance(2018), 2018 Global Sustainable Investment
　Review.

Global Sustainable Investment Alliance(2020), 2020 Global Sustainable Investment
　Review.

International Finance Corporation(2005), Who Cares Wins 2005 Conference Report:
　Investing for Long-Term Value.

MSCI(2020), MSCI ESG Ratings Methodology.

Wang H and Qian C(2011), "Corporate philanthropy and corporate financial
　performance: The roles of stakeholder response and political access.", Academy
　of Management journal, 54(6), pp. 1159-1181.

제9장

ESG 경영과 정보기술

1 ESG 경영과 정보기술 전략

　지금으로부터 2~3년 전 코로나19가 본격적으로 시작될 즈음 국내외 다양한 대학들의 강의방식을 비교해 볼 수 있었는데, 대부분 대학들의 이론 강의방식은 초기 코로나19가 시작될 때에는 유튜브 다른 교수의 특정 강의를 링크하여 학습하라는 아주 원시적인 강의방식에서부터 파워포인트 슬라이드에 강의자의 목소리만 녹음한 방식(Voice Over PowerPoint), 강의자의 얼굴과 목소리가 포함된 방식(Upload Edited Lecture Video), 그리고 실시간 라이브 강의방식(Synchronous Live Stream) 등 아주 다양한 형태의 강의가 이루어졌다. 이러한 다양한 대응 방안 중에서 기업들은 어떠한 수준의 경영방식이 실행되었는가에 관한 질문과 자체 평가가 필요한 시기인 것 같다. 기업뿐만 아니라 코로나19의 팬데믹 상황에서 우리 사회 각 영역에서는 어떠한 대응과 어떠한 준비가 되어 있었으며, 어떠한 형태의 언택트 경영을 수행했는가에 관한 질문에 대해서 일상으로의 복귀만을 강조할 것이 아니라 과거로 부터의 의미있는 학습과 경영이 이루어져야 한다.

(1) ESG 경영, 정보기술이 앞당기고 있다

최근 코로나19의 감염자 수가 다소 줄어들고 있는 요즘의 엔데믹 상황에서 나타나는 현상으로는 미국 거대 IT기업들인 FAANG(Facebook, Apple, Amazon, Netflix, Google)이나 한국에서 소위 잘나가는 네카라쿠페(네이버, 카카오, 라인, 쿠팡, 배달의 민족) 같은 IT기업들의 경우 비대면 기간 동안의 재택근무가 끝나고 사무실로 출근이 시작되면서 적지 않은 젊은 인력들이 사표를 내고 있다는 소식이 들려온다. 비대면 환경에서도 상당한 수익성을 확보하고 성과를 계속해서 내고 있는데 구태여 과거와 같은 일상적인 대면 근무 환경이 꼭 필요한가?라는 물음을 던지고 있다.

이러한 현상은 더 나아가서 MZ세대들이 내가 어떤 환경에서 어떠한 일을 할 때 가장 효율적인 사람인가 그리고 자신이 몸담은 조직이 나의 발전에 어떠한 도움이 되는가에 대해서 민감한 판단을 한다. 최근의 트렌드를 보면 첫 입사 3년 내 이직률이 사상 최대 수준으로 올랐고, 공무원 시험 합격 후 사직률이 일반 회사보다 높은 현시점에서 일과 직업에 대한 재정의가 필요한 시점이다. 따라서 이러한 이직과 퇴직이 빈번한 환경에서의 시간과 공간을 초월하고 현실과 가상이 혼합된 블랜디드 업무와 경영방식은 진지하게 고려해 볼 만하다.

(2) 메타버스와 ESG 경영

이를 위한 블랜디드 경영방식의 주요 내용으로 메타버스 경영방식을 제안하고 싶다. 메타버스의 개념적 정의는 아직 학계에서 뚜렷하게 정립되지 않은 상태이지만 '초월'을 뜻하는 'meta'와 우주를 뜻하는 'universe'의 합성어로서 디지털 공간과 물리적 공간이 공존하는 가상현실 또는 증강현실을 활용한 확장세계를 의미한다고 볼 수 있다. 특히, 코로나19가 초래한 비대면 패러다임으로의 전환 과정에서, 메타버스는 현실 세계에서 불가능한 다양한 사회·경제·문화적

활동을 실현하는 공간으로 변모하는 중이다. 메타버스는 기존의 시간과 공간의 한계를 뛰어넘는 새로운 세계로의 모험과 도전이다. 일반적으로 메타버스의 유형은 크게 '증강현실(augmented reality)', '라이프로깅(life-logging)', '거울세계(mirror worlds)', '가상세계(virtual worlds)'의 네 가지 유형이 있다. 또한 디지털 트윈 기반의 메타버스는 디지털 환경에 현실 속 사물의 쌍둥이를 만들고, 현실에서 발생할 수 있는 상황을 시뮬레이션함으로써 물리적 현상의 결과를 미리 예측하는 기술이다. 제조업뿐 아니라 다양한 재난상황 및 산업·사회 문제를 해결할 수 있는 기술로 주목 받고 있다.

(3) 메타버스와 디지털 메이플라워호

인간은 기본적으로 신세계를 갈망하고 탐험하며 살아가고 있다. 이러한 모험의 보상으로 신대륙을 발견하고 이를 기회의 땅으로 삼고 무수히 많은 잠재적 기회들을 현실화하여 자신들의 꿈을 실현하며 살아가고 있다. 디지털 세계에서도 마찬가지이다. 많은 모험가와 탐험가들은 현재 자신이 살고 있는 현실 세계에서 더 이상의 꿈과 기회가 주어지지 않는다고 판단하면 새로운 땅 또는 신대륙을 찾아서 떠나거나 아니면 새로운 땅이나 디지털 신대륙을 아예 만들어 버린다. 이러한 환경에서 메타버스 환경에서의 경영은 게임과 엔터테인먼트를 넘어 융합의 영역으로 확장되고 있다. BTS의 다이너마이트도, 블랙핑크의 팬사인회도 메타버스 플랫폼에서 개최되었으며 SK와 롯데홈쇼핑은 채용설명회를 메타버스 플랫폼으로 진행하고 있다. 또한 유통업계에서는 '신대륙' 메타버스를 활용하여 미래 잠재고객인 Z세대를 대상으로 브랜드와 신제품을 홍보하여 바이럴 마케팅 효과를 극대화하고 현실 세계에서 실제 구매활동으로 연결하겠다는 전략을 수립하고 있다.

한편, 코로나19 환경 초기 단계에서 미국대학에서 이미 게더타운(Gather Town) 등을 이용해서 간단한 모임이나 소규모 엑스포 등을 개최하는 것을 실제로 경험하였으며 2022년 올해에는 경기도에 있는 지방자치단체인 P행정도시를 대상으로 메타버스의 시정도입 및 활용방안에 대한 연구들이 수행되었다. 즉, 공공부문과 지방행정 서비스에서도 적극적으로 메타버스를 활용하여 시정 홍보 및 각종 경진대회 및 전시회 등은 가장 강력한 메타버스의 효과를 기대할 수 있는 수단이라고 할 수 있다.

2 ESG 경영과 디지털 트랜스포메이션

많은 기업들이 디지털 전환(DX)을 통한 ESG 전략은 필수가 되었다. 궁극적으로 ESG DX 중요한 이유는 디지털 기술 활용을 통해 탄소를 줄이고, 불필요한 종이 및 플라스틱을 줄이는 실질적 방법을 제시하기 때문이다. 무엇보다도 '기업의 데이터 확보'를 통해 기업이 생산하는 데이터를 구조화 및 효율적으로 분류하는 등 기업 비즈니스 전략에 효과적으로 사용된다. 따라서 ESG와 디지털 전환(DX)은 복합적으로 다루어 지속가능성과 디지털 혁신이라는 두 개의 과제를 기업이 장기적 성과의 중요 요소를 생각해야 한다.

(1) SKT 인공지능 돌봄

SKT는 초고령 사회라는 사회적 문제에 발생하는 건강, 안전, 그리고 심리적 문제를 AI 기술을 활용하여 해결하는 '트윈 트랜스포메이션' 전략을 선보였다. 그 예로, '누구 돌봄 케어콜'은 AI인 '누구(NUGU)'가 어르신들의 음성을 인식하여, 긴급 상황에 119로 연결을 할 수 있는 SOS 서비스를 제공한다. 더불어, 어르신들의 심리적 문제 해결을 위해 음악 재생, 대화하기 등 다양한 놀이 기능도 함께 제공하고 있다.

(2) 농협 디지털 감사

농협은 지배구조의 투명성과 정확성을 높이기 위해 디지털 감사를 도입하였다. 물리적인 한계로 인해 샘플링 조사로 이루어지던 감사를 전수 조사 분석으로 전환하여 투명한 재무 정보와 특이사항 관련 정보를 효과적으로 얻게 되었다. 그 외에도, 농/축협에 직접 가지 않고도 전산 시스템을 활용하여 감사를 수행하며 ESG 디지털 전환을 이루었다. 이처럼 농협은 디지털 플랫폼을 통한 표준화된 감사 자료 공유와 데이터베이스 축적 등으로 시간과 공간의 제약을 받지 않으면서 이전보다 정확하고 효율적인 지배구조를 만들었다.

(3) ESG 경영과 메타버스 본격 연동을 통한 탄소중립 실현

디지털 전환은 ESG 경영과 메타버스의 융합으로도 볼 수 있다. ESG 경영과 메타버스는 유기적 상관관계가 있다. 가장 화두로 떠오르는 ESG에 메타버스가 비즈니스에 적용되면서, 시너지 효과를 내며 지속 가능한 성장 실현에도 긍정적 역할을 할 것이다. 또한 전 세계기후 위기와 지속 가능한 개발, 생물 다양성 보전과 같이 지구를 지키는 환경문제도 메타버스가 해결책이 될 것이다. 가상 자산 업계는 비트코인, 이더리움 등 코인 채굴을 위해 막대한 전력을 소모한다는 점에서 환경오염 주범으로 인식되어 왔다. 하지만 두나무는 사명에서 착안해 나무를 심는 등 삼림을 가꿔 탄소중립에 기여하는 데 힘을 쏟고 있다. 두나무 메타버스 플랫폼 세컨드 블록(2nd block) 안에 조성된 가상의 숲에 나무를 심으면 실제 나무를 심어주는 등 첨단 기술을 환경보호에 접목시켰다. 이는 가상세계와 현실세계가 하나로 융합돼 기술 및 탄소중립 실현의 시너지 효과를 가져왔다. 나무 심기에 그치지 않고 메타버스, 대체불가 토큰(NFT) 등 신기술을 적극 활용한 환경 프로젝트를 가동하고 있다. 이렇게 정보기술과 자원을 활용해 환경에 기여하는 두나무의 전략은 경쟁력을 가질 수밖에 없다.

3 웹 3.0과 NFT 마케팅

(1) 디지털 경영과 NFT 마케팅

최근 뜨겁게 펼쳐진 메타버스(Metaverse)와 NFT(대체불가토큰) 랠리에 대해 적지 않은 전문가들이 전 세계에 걸쳐 발생할 광범위한 사회적·경제적 변화의 서막으로 보고 있다. 메타버스와 NFT는 이제 막 성장 궤도에 진입했고, 이전에는 가치가 없었던 여러 가지 다양한 디지털 아이템에 가치를 더함으로써 디지털 생태계의 혁신과 변화를 주도하고 있다.

2022 카타르 월드컵이 열리고 있는 가운데 NFT(Non-Fungible Token: 대체불가능 토큰)가 월드컵 특수를 노린 마케팅 수단으로 다양하게 활용되고 있다. NFT는 블록체인 기술을 이용해서 디지털 자산의 소유주를 증명하는 가상의 토큰(token)이다. 그림·영상 등의 디지털 파일을 가리키는 주소를 토큰 안에 저장함으로써 그 고유한 원본성 및 소유권을 나타내는 용도로 사용된다. 즉, 일종의 디지털 진품 증명서와도 같은 성격이다. 대체불가능한 토큰은 고유성을 지니며, 동일품이 존재할 수 없는 주민등록증과 비슷하다. NFT는 거래 내역을 블록체인에 영구적으로 남김으로써 그 고유성을 보장받는다.

FIFA(국제축구연맹)에서는 2022년 카타르 월드컵을 맞아 메타버스 공간으로의 확장과 NFT 생태계 구축을 시도하고 있다. 즉, 'FIFA월드'라는 메타버스 공간에서는 스트리밍(FIFA+)을 시청하고, 게임 및 상거래를 할 수 있다. 로그인을 하면 주요 월드컵 경기 영상을 볼 수 있는 스크린이 있는 방으로 들어갈 수 있고, 다른 공간으로 이동해 축구를 주제로 한 게임들도 해 볼 수 있다. 또한, 월드컵 경기 하이라이트를 담은 이미지와 예술작품 등을 선보일 NFT 플랫폼을 내놨다.

2022 카타르 월드컵이 열리고 있는 가운데 월드컵 관련 NFT 프로젝트가 쏟아지고 있다. 가상자산 시장 침체로 크립토 겨울이 이어지는 와중에도,

NFT(Non-Fungible Token: 대체 불가능 토큰)가 월드컵 특수를 노린 마케팅 수단으로 다양하게 활용되고 있다.

한편, 해외 블록체인 전문 매체 코인텔레그래프(Cointelegraph)에 따르면 최근 FIFA(국제축구연맹)는 현실 세계에 매핑된 메타버스를 위한 웹 3.0 플랫폼 업랜드(Upland) 커뮤니티와 전 세계 축구팬이 FIFA의 디지털 자산과 게임 비디오 하이라이트를 수집, 거래, 소유가 가능케 하는 파트너십을 체결하였다고 한다. 이를 위해 업랜드는 2022 FIFA 카타르 월드컵에서 팬들이 메타버스 공간에서 가상으로 방문할 수 있는 브랜드 마을, 쇼룸, 상점이 완비된 루사일(Lusail) 스타디움의 사실적인 복제품을 제작하고 있는 것으로 알려졌다. 또한 필수품, 패스, 기념품과 스포트라이트와 같은 FIFA 브랜드 NFT의 수집이 가능토록 해 사용자가 진정으로 '자신만의 컬러를 소유'할 수 있도록 제공할 예정이다.

(2) 메타버스와 NFT

또한, 월드컵 후원사 브랜드들 역시 월드컵 팬들을 대상으로 한 프로모션 기회를 놓치지 않기 위해 가상의 공간과 디지털 자산들을 창출하고 있다. 카타르의 월드컵 경기장이 메타버스 플랫폼의 공간들로 확장되면서 월드컵 팬들은 꿈의 공간으로 이동 중이다. 메타버스와 NFT는 이제 막 성장 궤도에 진입했고, 이전에는 가치가 없었던 여러 가지 다양한 디지털 품목에 가치를 부여함으로써 웹 3.0시대 디지털 생태계의 혁신과 변화를 주도하고 있다. 이렇듯 메타버스와 NFT는 온라인 콘텐츠 제작, 배급 및 공유 방식을 변화시켜 브랜드와 개인에게 새로운 노출과 경험 기회를 제공한다. 메타버스와 NFT는 창의적인 비즈니스 모델 개발을 선호하기 때문에 경제를 혁신하며 브랜드는 이제 물리적 경계를 넘어 디지털 개발 영역으로 제품 생태계를 확장할 수 있다.

또한, 메타버스와 NFT는 디지털 생태계 참여자들이 제3자 개입 없이 저작물을 교환할 수 있도록 한다. 이를 통해 저작권 보호를 강화하고 메타버스에서

보다 혁신적인 비즈니스 아이디어를 창출하도록 장려하고 있다. 이는 관련 기업들의 경제 성장의 원동력으로 작용할 것이며 메타버스와 NFT가 브랜딩과 마케팅 분야에서 엄청난 돌파구가 될 것으로 보인다. 앞으로 소비자들이 메타버스와 NFT 공간으로 이동할 것이기 때문에 기업의 브랜드와 마케팅 담당자들은 메타버스와 NFT가 어떻게 작동하는지, 메타버스 세상에 들어가기 위해서 기존에 사용하던 마우스 또는 터치 그리고 몸에 착용하는 어떤 도구들이 가능한지에 대한 실질적인 고민이 필요하다.

FIFA·Adidas·VISA 등 NFT 관련 프로젝트들이 다양한 출시를 이루고 있어 NFT는 새로운 마케팅 수단으로 부상하는 시험장이 될 것으로 보인다. FIFA는 지난달 월드컵 경기 하이라이트를 담은 이미지와 예술작품 등을 선보일 NFT 플랫폼을 내놨다. NFT 브랜드명은 '피파 플러스 콜렉트' 프로젝트이다. 좋아하는 선수와 게임과 새로운 방식(NFT)으로 소통하고 싶어 하는 팬들에게 좋은 기회가 될 것으로 보고 있다.

또한, 글로벌 스포츠 브랜드 Adidas가 보유한 원숭이 NFT인 인디고 헤르츠(Indigo Herz)라는 'BAYC #8774 캐릭터'가 슈퍼스타 메시, 벤제마와 같은 세계적 슈퍼스타와 월드컵을 알리는 홍보 도우미로 등장해 눈길을 끌고 있다. 또한 월드컵 파트너사인 VISA는 축구 레전드인 하레드 보르헤티(멕시코), 팀 케이힐(호주), 마이클 오언(영국), 막시 로드리게스(아르헨티나)에 영감을 받은 NFT 작품을 경매에 부쳤다. 이렇듯 이번 카타르 월드컵은 NFT가 새로운 마케팅 수단으로 부상하는 시험대가 될 것으로 보인다.

한편, 30년 넘게 FIFA와 파트너십을 맺고 있는 버드와이저는 지난달 'Budverse x FIFA World Cup™' NFT를 출시했다. 버드버스는 브랜드명 버드와이저와 메타버스의 합성어이다. 버드와이저는 지난해 브랜드의 역사와 디자인을 담은 NFT를 발행하는 등 꾸준히 NFT를 마케팅에 활용하고 있다.

(3) 국내 기업들의 NFT 마케팅

식품업계가 메타버스와 대체불가토큰(NFT)을 활용한 가상 환경 마케팅에 나서고 있다. 메타버스 플랫폼과 협업해 신제품을 만들거나 제품을 테마로 게임을 즐기고 실제 매장에서 사용하는 쿠폰을 얻도록 하는 방식이다. 기업 내 사내 메타버스를 활용해 교육을 진행하고 고객상담센터 등으로 실무 사업에도 적용하는 사례가 늘고 있다.

농심은 메타버스 플랫폼 '제페토' 내 신라면 분식점을 개설했다. 해당 공간에선 소비자 취향대로 옵션을 선택해 라면을 끓여먹는 가상 체험을 제공한다. 완성한 라면을 들고 식당으로 이동해 다른 소비자가 만든 라면과 함께 비교해 볼 수 있다. 신라면 분식점은 월드 개설 후 3주간(10월 12일~11월 2일) 14만명이 방문했다고 한다. 지난달 31일까지 신라면 분식점에서 열린 '천하제일 라면 끓이기 대회' 이벤트는 5만 4,000명이 참석하며 호응을 받았다.

이마트24는 편의점 최초로 자체 캐릭터인 '원둥이' NFT를 활용한 멤버십 서비스를 내놓는다. 카카오 블록체인 계열사 '그라운드X'에서 운영하는 NFT 유통 서비스 '클립 드롭스'를 통해 '원둥이 컬렉터블스'를 오는 24일 공개할 예정이다. 원둥이 NFT를 구매하면 할인쿠폰과 일부 카테고리 상품 한정 1,000원 할인쿠폰 3장을 1년간 매달 제공한다. 또 이마트24 애플리케이션(앱)에 연동되는 원둥이 코스튬도 제공한다. 당초 이마트24는 원둥이 NFT를 오는 11일부터 판매할 예정이었지만 국가 애도기간 선포에 따라 출시 일정을 늦췄다.

이렇듯 메타버스와 NFT는 온라인 콘텐츠 제작, 배급 및 공유 방식을 변화시켜 브랜드와 개인에게 새로운 노출과 경험 기회를 제공한다. 메타버스와 NFT는 창의적인 비즈니스 모델 개발을 장려하기 때문에 경제를 혁신한다. 브랜드는 이제 물리적 경계를 넘어 디지털 개발 영역으로 제품 생태계를 확장할 수 있다.

메타버스와 NFT는 생태계 참여자들이 제3자 개입 없이 저작물을 교환할 수 있도록 한다. 이를 통해 저작권 보호를 강화하고 메타버스에서 보다 혁신적인 비즈니스 아이디어를 창출하도록 장려한다. 이는 경제 성장의 원동력으로 작용할 것이다.

기업들에게는 메타버스와 NFT가 브랜딩과 마케팅 분야에서 엄청난 돌파구가 될 것으로 보인다. 앞으로 소비자들이 메타버스와 NFT 공간으로 이동할 것이기 때문에 기업의 브랜드와 마케팅 담당자들은 메타버스와 NFT가 어떻게 작동하는지, 어떤 애플리케이션이 가능하고 그로 인해 어떤 결과가 발생할 수 있는지를 잘 파악해야 한다.

그러나, 급성장하고 있는 메타버스와 NFT 산업은 전세계 해커들의 공격 목표가 될 수 있다. 생체 인식, 위치 및 은행 정보 등 개인 정보도 노릴 수 있다. 메타버스, NFT 및 블록체인의 인기가 급상승한 반면 개인 키 보호나 콜드 스토리지 대안에 대한 지식이 부족하거나 부주의해서 해커가 NFT에 접근할 수 있는 경우가 여전히 존재한다.

(4) 메타버스 세계로의 확장과 ESG

FIFA(국제축구연맹)에서는 2022년 카타르 월드컵을 맞아 메타버스 공간으로의 확장과 NFT 생태계 구축을 시도하고 있다. 월드컵 후원사 브랜드들 역시 월드컵 팬들을 대상으로 한 프로모션 기회를 놓치지 않기 위해 가상의 공간과 디지털 자산들을 창출하고 있다. 카타르의 월드컵 경기장이 메타버스 플랫폼 상의 공간들로 확장되면서 월드컵 팬들은 공간 이동 중이다. 우선 FIFA는 '로블록스(Roblox)', '업랜드(Upland)', 'AI리드(AI League)', '솔라나(Solana)' 등의 메타버스 게임 회사들과의 제휴를 통해 가상의 월드컵 공간을 구축했다. FIFA는 '로블록스'와 제휴해 지난 10월 19일 'FIFA월드'를 개설했다. 'FIFA월드'에서는 스트리밍(FIFA+)을 시청하고, 게임 및 상거래를 할 수 있다. 로그인을 하면 주요 월드컵 경기 영상을 볼 수 있는 스크린이 있는 방으로 들어갈 수 있고, 다른 공간으로 이동해 축구를 주제로 한 게임들도 해 볼 수 있다. 게임 임무(quest)를 수행해 획득한 코인으로 'FIFA 월드' 내 아이템을 구매할 수도 있다. 스페인 축구 선수인 '페드리(Pedri)'와 독일 축구 아이콘인 '레나 오베르도르프(Lena Oberdorf)'의 아바타가 'FIFA월드' 공간을 지키고 있다.

이번 카타르 월드컵이 폐막된 이후에도 올해 대회를 통해 얻어진 다양한 디지털 콘텐츠는 커뮤니티와 그들이 획득한 디지털 자산을 통해 업랜드 메타버스에 영원히 보존될 것으로 기대되고 있다. 이번 메타버스 프로젝트 진행은 메타버스와 스포츠 마케팅의 성공적인 협업의 문을 열었다는 점에서 시사하는 바가 크지만 지금껏 많은 사례에서 볼 수 있듯이 단기적인 인센티브를 통해 사용자들을 커뮤니티로 유입시킨 것과 달리 장기간 커뮤니티를 유지할 방안을 마련했다는 사실에서 의미가 있다.

4 웹 3.0과 ESG

(1) 웹 3.0 시대

웹 3.0의 장점으로는 먼저 중앙 통제가 없다는 점이다. 중개인이 사라지고 이더리움 같은 블록체인이 규칙을 위반할 수 없으며 데이터는 완벽하게 암호화되는, 제3자가 필요 없이 콘텐츠 크리에이터와 구매자가 믿고 거래할 환경을 제공한다. 그동안 다양한 빅데이터 소유 거대기업들은 수많은 거래정보 및 개인정보를 활용하여 수많은 광고 수익을 올리고 있으며 무료의 플랫폼 서비스를 통하여 일단 고객들이 플랫폼에 모이게 한 후 방대한 가입자 수를 무기 삼아서 일상생활 구석구석 골목상권까지 침투하여 사업을 끊임없이 확장하는 데에 사업능력을 집중하고 있다. 하지만 고객을 제대로 알고 '우리'라는 다양한 이해관계 속으로 끌어들이기 위한 노력은 부족하였다고 볼 수 있다.

　따라서 현재와 같은 디지털 시대에 ESG 경영을 잘하기 위해서는 다양한 빅데이터를 분석하되 다양한 이해관계자들의 마음과 그 데이터 속에 감춰진 고객의 마음을 이해하고, 고객의 더 깊숙한 비즈니스를 예측하기 위해서 기업은 학습하고 노력해야 한다. 다른 차원의 이야기이긴 하지만 우리가 일상적으로 사용하는 콜 센터를 이용하는 경우 아무런 감정이 없는 쳇팅 로봇을 통해 문제 해결이나 서비스를 예약하는 방식이 향후 더욱 보편화되겠지만 아직까지는 상담원과의 대화를 통하여 문제를 풀어나가는 음성 서비스 방식에 더 익숙한 세대들을 위해서 기업으로서는 디지털 방식이면서 인간의 감성도 어느 정도는 작동되는 제대로 된 인공지능 로봇의 서비스 제공을 제공할 수 있어야 한다.

　메타버스 서비스 환경에서 기존의 '고객과 기업' 또는 '사람과 사람' 간의 관계 맺기라는 자연스러운 행위들이 디지털적인 관계가 어떻게 표현되며 이어나갈지에 대한 궁금증이 생긴다. 메타버스 환경에서는 과거의 아날로그적인 관계를 이어가기가 어렵기 때문에 디지털 관계관리가 사라질 것이라고 생각하는 사람들도 많다. 하지만, 메타버스 기술이 가상세계에서 몰입할 수 있는 보다 현실감 있는 기술로 발전하면 디지털 광고나 마케팅 등에서 사람들이 메타버스 사용성을 더욱 높일 수 있으며 일상생활에서 하는 일들이 머지않아 메타버스에서 가능할 것으로 예측되기 때문에 메타버스는 훨씬 디지털적으로 고객들과 좋은 관계 맺기에 매우 유용한 서비스 환경을 제공해 줄 수 있다고 생각한다.

(2) 디지털 아바타의 실용화

　또한, 메타버스 가상세계에서는 사용자가 몰입할 수 있는 아바타 구현 기술이 중요한데 기존의 웹과 달리 아바타를 통해서 가상세계에서의 공간 체험을 다른 아바타와 실시간으로 공유하고, 이를 넘어서서 사용자 생성 콘텐츠를 실시간으로 생성 및 유통하는 것까지 가능하다. 기존에는 2차원 이미지 단위였던 아바타가 향후 실제 나와 똑같은 나를 구현할 수 있을 만큼 사용자의 실제 생활을 충분히 표현할 수 있을 것으로 전망된다. 향후에는 인공지능을 활용하여 사람의 표정과 행동까지 모방한 정교한 아바타로 가상세계에서도 감정적 연결에 기반한 섬세한 의사소통 및 상호작용이 가능한 나의 정체성이 반영된 아바타로 현실과 동일하게 움직이는 가상의 일상을 경험할 수 있는 세상이 구현될 것으로 보인다.

(3) 두바이와 웹 3.0 산업

'바이낸스 블록체인 위크 2022' 행사가 지난 3월 아랍에미리트연합(UAE) 두바이(Dubai)에서 열렸다. 게임파이(GameFi), 대체불가능토큰(NFT), 메타버스(Metaverse) 웹3(Web3) 등의 분야에 관심 있는 업계 관계자와 규제 기관 등이 모이는 행사이다.

특히, NFT는 블록체인 기술을 이용해서 디지털 자산의 소유주를 증명하는 가상의 토큰(token)이다. 그림·영상 등의 디지털 파일을 가리키는 주소를 토큰 안에 저장함으로써 그 고유한 원본성 및 소유권을 나타내는 용도로 사용된다. 즉, 일종의 가상 진품 증명서와도 같은 성격이다. 대체불가능한 토큰은 고유성을 지니며, 동일품이 존재할 수 없는 주민등록증과 비슷하다. NFT는 거래내역을 블록체인에 영구적으로 남김으로써 그 고유성을 보장받는다.

이번 행사의 가장 주요한 의제는 게임파이였다. 게임파이란 기존 게임에 디파이(DeFi, 탈중앙화금융)와 NFT를 결합한 개념에 가깝다. 지난 2020년부터 이어진 액시 인피니티의 기록적인 성공은 크립토 산업에 '게임을 하면서 돈을 번다(Play to Earn, P2E)'는 새 카테고리를 만들어버렸고, 이제 게임파이를 통해 새로운 후발주자들이 제2의 액시 인피니티를 꿈꾸고 있다.

한편, '블록체인 정부'를 표방한 아랍에미리트는 이미 지난 2018년부터 블록체인을 실제 산업에 적용하기 위해 상당한 노력을 기울여 왔다. 실험 수준에서 벗어난 과감한 선택과 결정이 이어졌다. 이 때문이었을까. 의료정보 및 부동산 등의 문서를 블록체인에 기록하는 행정 시스템의 변화는 매년 1조 6,000억 원에 달하는 비용을 절감시켰다. 두바이 도로교통공단과 보건당국, 경찰 등 27개 정부기관 및 비정부기관 40개 단체가 참여한 '두바이 페이'는 그 효용성을 그대로 입증해 보이기도 했다.

두바이는 블록체인을 비롯해 자체 ICT 기술이 거의 없다고 봐도 틀리지 않다. 대부분의 기술을 외국에서 도입하고 있으며, 특히 이스라엘에 대한 의존도가 높다. 미국이나 일본, 중국 등은 정치적 이유로 협력 대상국에서 배제돼 있는 상태다.

그러나 이스라엘이 두바이에서 폭리를 취하고 있다는 사실이 공론화되면서 관계가 삐걱거리기 시작했고, 그 대안으로 대한민국 등이 거론되기 시작했다. 국내 블록체인 업계가 다가오는 10월에 열리는 두바이정보통신박람회(GITEX)에 블록체인관을 개설, 운영키로 결정한 것도 이같은 현지 분위기를 감안한 전략적 선택의 일환으로 볼 수 있다 할 것이다.

두바이는 2021년까지 블록체인을 사용해 모든 거래를 실행하고자 하며 이미 8개 산업에 24가지 블록체인 사용 방식이 적용되고 있으며 현재 100개 이상의 블록체인 기업이 있으며 2019 월드 스마트 시티 엑스포(World Smart City Expo)에서 '세계블록체인 수도(World Capital of Blockchain)' 상을 받기도 하였다.

앞으로 두바이는 새로운 유행을 선도하는 크립토 메카(Mecca)의 지위를 얻을 수 있을까. 아직은 알 수 없지만, 가능성은 충분해 보인다. 글로벌 거래소인 바이낸스(Binance)를 비롯해 다양한 블록체인 기업들을 데려와서 도시의 부흥을 꿈꾸는 두바이의 노력이 계속되고 있다.

참고문헌

김성애·박정호·전수진·최정원(2022), 예비교사를 위한 인공지능 교육 전문성 신장을 위한 내용체계 개발. 대한공업교육학회지. 47(1): 22 – 44.

김승욱 (2023), 시·공간 초월, 현실·가상 융합된 '블렌디드 경영' 시대 [김승욱 메타버스·웹3.0 경영], 전문가칼럼, 이코노미스트.

김승욱 (2023), 두바이·카타르, 서비스 산업과 디지털 혁신으로 급성장 중 [김승욱 메타버스·웹3.0 경영], 전문가칼럼, 이코노미스트.

김진홍(2021), 창업교육자와 자기주도성이 창업교육만족도를 매개로 창업의지에 미치는 영향: 자기효능감의 조절효과. 경영교육연구. 36(1): 383 – 402.

서용구·이현이·정연승(2022, 유통산업의 ESG 전략과 사례: 월마트, 아마존, 이마트, 쿠팡을 중심으로. 유통연구. 27(2): 77 – 99.

서정태·이승용·김현홍·배정호·공 혜정(2022), 중소기업의 ESG 경영이 소비자의 구매의도에 미치는 영향. 문화산업연구. 22(1): 141 – 149.

최서연·표경민(2019), 온라인 회계교육의 학습자 특성이 학업성취도에 미치는 영향. 경영교육연구. 34(3): 405 – 423.

최원재(2022), ESG 개념을 활용한 디지털 데이터 내러티브 교육. 한국디지털콘텐츠학회논문지. 23(2): 227 – 235.

Achenbach, J., Waltemate, T., Latoschik, M. E., & Botsch, M.(2017), Fast generation of realistic virtual humans. In Proceedings of the 23rd ACM Symposium on Virtual Reality Software and Technology. 1 – 10.,
https://doi.org/10.1145/3139131.3139154

Agarwal, S., & Singh, P.(2022), Authenticity in tourism experiences: Determinants and dimensions. In Planning and Managing the Experience Economy in Tourism. IGI Global. 302 – 317.

https://doi.org/10.4018/978−1−7998−8775−1.ch016

Al−Adwan, A., Al−Adwan, A., & Smedley, J.(2013), Exploring students acceptance of e−learning using Technology Acceptance Model in Jordanian universities. International Journal of Education and Development using Information and Communication Technology. 9(2): 4−18.

Atzeni, M., Del Chiappa, G., & Mei Pung, J.(2021), Enhancing visit intention in heritage tourism: The role of object based and existential authenticity in non immersive virtual reality heritage experiences. The International Journal of Tourism Research.. 24(2): 240−255.,

https://doi.org/10.1002/jtr.2497

Annie, J.(2021). Is This the Real Deal?: Authenticity for a True Heritage Experience. Department of Organisation and Entrepreneurship. 1−65.

Bandura, A.(1986). The explanatory and predictive scope of self−efficacy theory. Journal of Social and Clinical Psychology. 4(3): 359−373.

https://doi.org/10.1521/jscp.1986.4.3.359

Falcone, R., & Castelfranchi, C.(2001). Social trust: A cognitive approach. In Trust and Deception in Virtual Societies. 55−90. Springer, Dordrecht.

https://doi.org/10.1007/978−94−017−3614−5_3

Gao, J., Lin, S. S., & Zhang, C.(2020). Authenticity, involvement, and nostalgia: understanding visitor satisfaction with an adaptive reuse heritage site in urban China. Journal of Destination

Marketing & Management. 15, 100404: 1−10.

https://doi.org/10.1016/j.jdmm.2019.100404

Gervais, D. J.(2019), The machine as author. Iowa L. Rev. 105: 2053.

Goh, C., Leong, C., Kasmin, K., Hii, P., & Tan, O.(2017), Students' experiences, learning outcomes and satisfaction in e−learning. Journal of E−learning and Knowledge Society. 13(2): 118−128.

https://doi.org/10.5040/9781474212267.ch−004

Golomb, J.(1995), In search of authenticity: From Kierkegaard to Camus. London: Routledge.

Gorla, N., Somers, T. M., & Wong, B.(2010), Organizational impact of system quality, Information quality, and service quality. The Journal of Strategic Information Systems. 19(3): 207−228.
https://doi.org/10.1016/j.jsis.2010.05.001

Grayson, K., & Martinec, R.(2004), Consumer perceptions of iconicity and indexicality and their influence on assessments of authentic market offerings. Journal of Consumer Research. 31(2): 296−312., https://doi.org/10.1086/422109

Graziano, W. G., & Tobin, R. M.(2002), Agreeableness: Dimension of personality or social desirability artifact? Journal of Personality. 70(5): 695−728.
https://doi.org/10.1111/1467−6494.05021

Goel, A. K., & Polepeddi, L.(2016), Jill Watson: A virtual teaching assistant for online education. Georgia Institute of Technology. 1−21.
https://doi.org/10.4324/9781351186193−7

Horton, W. K.(2001), Leading e−learning. American Society for Training and Development.

Howell, H., & Mikeska, J. N.(2021), Approximations of practice as a framework for understanding authenticity in simulations of teaching. Journal of Research on Technology in Education. 53(1): 8−20
https://doi.org/10.1080/15391523.2020.1809033

이호, 「LG화학, 최대 1조 2,000억 회사채 발행」, 『헤럴드경제』, (2021.1.26.).

제**4**부

ESG 경영의 활용과 전략

제10장 🌐

ESG와 내부회계관리제도

1 ESG와 내부회계관리제도

(1) ESG와 내부회계관리제도

ESG(Environmental, Social, and Governance)는 기업이 환경, 사회, 거버넌스 측면에서 지속가능성에 대한 책임을 충실히 수행하도록 하는 개념입니다. 내부회계관리제도는 기업 내부에서 재무정보의 정확성, 신뢰성, 투명성을 보장하기 위한 체계와 절차를 의미한다. ESG와 내부회계관리제도는 다음과 같은 연관성을 가지고 있다.

환경 측면 (E): ESG는 기업이 환경적 요건을 충족하고 환경적 영향을 관리하도록 장려한다. 내부회계관리제도는 환경적 영향을 회계정보로 추적하고 보고함으로써 기업이 환경적 요건을 준수하고 관리할 수 있도록 지원한다. 예를 들어, 내부회계제도는 기업이 환경 비용, 에너지 사용량, 탄소 배출량 등과 같은 환경 지표를 추적하고 이를 재무제표에 반영할 수 있도록 한다. 이러한 관점에서 기업은 자체회계감사활동을 통해 환경에 관련된 재무정보의 정확성과 신뢰성을 확보할 수 있다. 예를 들어, 기업이 환경적 비용, 에너지 사용량, 탄소 배출량 등을 추적하고 이에 대한 내부회계감사

활동을 수행함으로써 환경적 요건을 준수하고 관리할 수 있다.

사회 측면 (S): ESG는 기업이 사회적 책임을 다하고 사회적 이슈를 고려하도록 장려한다. 내부회계관리제도는 기업의 사회적 활동과 사회적 영향을 회계정보로 기록하고 보고함으로써 기업의 사회적 활동을 투명하게 관리할 수 있도록 도와줄 수 있다. 예를 들어, 내부회계제도는 기업의 사회적 기부, 사회프로그램 지출, 사회적 이슈에 대한 투자 등을 추적하고 재무제표에 반영할 수 있다.

거버넌스 측면 (G): ESG는 기업의 거버넌스 구조와 투명성을 강화하고 이사회의 역할과 책임을 강조한다. 내부회계관리제도는 기업의 거버넌스 체계를 강화하고 재무정보의 정확성과 투명성을 보장하는 역할을 한다. 내부회계제도는 재무감사, 내부통제, 재무보고 절차 등을 통해 기업의 거버넌스 구조를 강화하고 이를 재무제표에 반영함으로써 투자자와 이해관계자들에게 신뢰를 제공한다. 따라서 ESG 경영활동은 기업의 거버넌스 구조와 투명성을 강화하고 이사회의 역할과 책임을 강조할 수 있다. 자체회계감사 활동은 기업의 거버넌스 구조를 평가하고 관련된 재무정보의 정확성과 투명성을 검증함으로써 거버넌스 품질을 향상시킬 수 있다.

한편, 미국의 금융 비영리 단체인 세리스(CERES)는 보고서(Running the Risk)는 기업이 ESG 리스크를 관리, 감독할 수 있는 조직과 기구를 둬야 한다고 밝히고 있다. 단순한 지속가능성 보고서 검토에서 나아가 감사위원회, 지배구조위원회, 보상 위원회, ESG 전문 위원회 및 이사회까지 정확한 ESG 리스크를 찾아내고 관리하는 것이 중요하다고 밝혔다. 이런 과정은 기존 재무관점의 내부통제 프로세스 프레임워크를 ESG 성과 관점으로 확대 적용하는 것이다. 기업은 중장기적 ESG 성과 정의 및 목표를 설정하고, 지속적인 모니터링이 가능한 일련의 프로세스 체계를 구축해 견고한 ESG 경쟁우위를 확보할 수 있다.[1]

또한, COSO(Committee of Sponsoring Organizations of the Treadway Commission)는 기업의 내부통제를 강화하기 위한 프레임워크를 개발하고 제공하는 비영리 조직이며 ESG는 기업이 환경, 사회, 거버넌스 측면에서 지속가능성에 대한 책임을 수행하도록 하는 개념이다. COSO와 ESG는 다음과 같은 관련성을 가지고 있다.

내부통제와 ESG: COSO는 기업이 내부통제를 효과적으로 설계, 구현 및 운영하는 데 도움이 되는 프레임워크를 제공한다. 내부통제는 기업이 지속가능성 목표를 달성하고 이를 외부에 보고할 수 있도록 지원하며 내부통제는 ESG 요소를 식별하고 관리하기 위한 체계와 절차를 구축하고, 관련된 재무 및 비재무 정보의 정확성과 신뢰성을 보장하는 역할을 한다.

COSO 프레임워크: 기업의 내부통제를 평가하기 위한 종합적인 접근 방식을 제공하며 이 프레임워크는 기업의 환경적, 사회적 및 거버넌스적 측면을 고려하여 내부통제를 평가할 수 있도록 도와준다. ESG는 이와 유사하게 기업의 환경, 사회 및 거버넌스 성과를 종합적으로 평가하는 개념이다. 따라서 COSO 프레임워크는 ESG 요소를 평가하는 데 활용될 수 있으며, 기업이 ESG 목표를 달성하기 위한 내부통제 체계를 구축하는 데 도움을 줄 수 있다.

보고와 투자자 신뢰 측면에서는 COSO 프레임워크는 기업의 재무 및 비재무 정보의 정확성과 신뢰성을 보장하는 데 중요한 역할을 한다. ESG는 기업의 환경, 사회, 거버넌스 성과를 외부에 보고함으로써 투자자와 이해관계자들에게

---

1) 박재흠(2022), ESG가 기업 가치 평가의 새로운 지표로 떠오르고 있습니다. 여러분은 ESG 경영을 준비하고 계십니까?, 언스트앤영, 2022년 7월 18일

신뢰를 제공하며 따라서 COSO 프레임워크를 활용하여 ESG 요소의 보고와 투자자 신뢰를 강화할 수 있다.

　요약하면, COSO는 기업의 내부통제를 강화하기 위한 프레임워크를 제공하며, ESG는 기업의 환경, 사회, 거버넌스 측면에서의 지속가능성에 대한 책임을 강조한다. COSO 프레임워크는 ESG 요소를 식별하고 관리하기 위한 체계와 절차를 구축하는 데 도움을 줄 수 있으며, 기업의 ESG 보고와 투자자 신뢰를 강화하는 데 기여할 수 있다.

(2) ESG와 이사회의 역할[2]

　기업의 장기 가치 창출 면에서 ESG를 중요한 요소로 평가하는 기관투자자들이 늘어나고 고객 및 임직원, 그리고 정부 규제 기관에 이르기까지 다양한 이해관계자들이 기업이 제공하는 ESG 정보에 본격적인 관심을 갖기 시작하였다. 이사회의 중요한 역할이 단기적 성과와 지속가능한 장기 전략에 균형을 맞추고 다양한 이해집단간의 이해관계를 조율하는 것으로, 이사회는 ESG 사안에 주목하고 최고 경영진이 기업의 전략에 ESG 전략을 반영하는 한편, 이로 인한 기회 및 리스크를 확인하고 대응하도록 감시하는 역할을 담당해야 한다.

　이사회는 ESG 경영을 위하여 최고 경영진에게 다음을 조언하고 감시하는 역할을 수행해야 한다.

　Strategy: ESG 전략이 기업의 전사 전략을 포함하여 기업의 목적(Purpose) 및 활동, 그리고 이해관계자들과의 소통에 반영되어야 한다.
　Risk Assessment: ESG와 관련된 중대한 리스크를 파악하고 리스크의 발생가능성과 이로 인한 영향이 기업의 위험관리 프로세스에 제대로 반영되

---

2) 삼일회계법인, ESG 경영을 위한 이사회의 역할.

어 체계화되어야 한다.

Messaging: ESG에 대한 적절한 내부통제를 갖추어서 정성적 정량적 정보의 정확성과 완전성을 확보해야 한다. 또한, 경쟁사들의 ESG 관련 공시와 보고를 확인, 비교가능성을 검토하고 독립적인 평가기관에 의한 인증 보고서 발행 여부도 체크해야 할 것이다.

Reporting: 기관별로 제시하는 다양한 기준과 프레임워크의 차이를 확인하고 회사의 표준과 프레임워크가 산업 내 일반적으로 적용되는 기준인지도 확인할 필요가 있다. 다양한 이해집단과의 적절한 소통을 위한 정보 공시 채널을 결정하고 공시 정보의 일관성을 확보하도록 한다.

이사회의 ESG 거버넌스 구조는 1) 이사회가 직접 주도하거나, 2) 개별 사안 별로 특정 위원회에 위임하거나 3) 별도의 위원회를 구성하는 방법이 있다.

각 사의 ESG 전략과 거버넌스 구조에 따라 운영되어야 하겠지만, 중요한 것은, 조직 구성에 있어서 1) 해당 위원회가 기업의 ESG 활동을 감시하고 감독할 수 있는 충분한 역량과 지식을 가지고 있는지, 그리고 2) 해당 위원회가 지속적으로 ESG에 대한 책임과 역할을 다할 수 있는 조직인지를 고려할 필요가 있다.

(3) ESG와 내부통제제도[3]

금융당국이 횡령과 불완전 펀드 판매 등 중대 금융사고 예방과 처벌을 위한 규제를 준비하는 등 2023년에도 내부통제 관리가 금융사 주요 ESG(환경·사

---

3) 박민석(2022), 내부통제 관리, 내년 금융업계 ESG 중대이슈 예고, 인터넷경제신문 데일리 임팩트, (2022.12)

회·지배구조) 이슈로 부각될 전망이다. 제도 개편에 따라 중대 금융사고로 최고경영자(CEO)가 처벌받게 되면 ESG평가에서도 큰 감점 요인으로 작용할 것으로 예상된다. 금융업계에 따르면 금융위원회와 금융감독원은 금융사 내부통제 강화를 위해 불완전판매 분석 정보를 제공하고 중대 금융사고 발생 시 CEO에게도 책임을 지게 하는 법안을 마련 중이다.

금융당국의 이러한 움직임은 그간 라임 사모펀드 사태와 거액의 횡령사고 등 잇따른 금융사고에 금융사 내부통제를 강화해야 한다는 여론이 커진 영향이다. 당국은 금융사 고가 소비자와 주주들에게 미치는 피해를 넘어 금융권 신뢰훼손 등 경제에 미치는 파장이 크다고 판단해 제도 개선에 나서고 있다. 금융감독원은 금융사들의 자발적 내부통제 강화를 위해 불완전판매 리스크 분석 정보를 반기별로 제공하겠다고 했다. 과거 금감원이 현장점검 시 감독 업무에 활용해오던 청약철회비율 등 불완전판매 리스크 분석 정보와 불완전판매 민원 정보 등 분석 자료를 금융사에 제공한다. 또한 금융사들이 내부통제 체계를 자율적으로 개선할 경우 인센티브도 준다.

당국은 자율적인 내부통제 관리를 강조함과 동시에 중대 금융사고 발생 시 금융사 최고경영자(CEO)를 처벌하는 금융판 중대재해처벌법도 마련 중이다. 최근 태스크포스팀을 통해 발표된 내부통제 개선 방안은 금융사 CEO에게 내부통제 관리와 예방 의무를 부과하고 관리 의무가 미흡한 상황에서 중대 금융사고가 발생하면 해당 CEO를 제재하는 내용이다. 이 같은 금융당국의 내부통제 강화 움직임은 금융사 ESG 경영에도 영향을 미칠 것으로 보인다. 향후 법안 개정 후 중대 금융사고 발생해 CEO가 처벌받게 되면 해당 금융사의 지배구조 리스크로 적용되기 때문이다.

현재도 중대 금융사고는 금융사 ESG 경영에 있어 큰 감점 요인이다. 한국ESG기준원에 따르면 올해 하반기 평가에서 횡령 및 사모펀드 판매로 금융감독원 제재를 받은 하나은행·우리은행·신한은행·기업은행·우리금융지주·한국

투자증권 등의 ESG 등급이 하락하기도 했다. 부정 이슈를 ESG 평가에 반영하는 비율도 높아지고 있다. 한국ESG기준원은 최근 평가 모형 개편 후 실시한 하반기 ESG 평가에서 부정적인 ESG 이슈를 반영하는 심화평가 비중을 늘렸다.

2 내부통제와 COSO 프레임워크

일반기업의 경우 내부통제라는 개념은 1992년 9월에 미국 COSO 위원회 (Committee of Sponsoring Organization of Treadway Committee)[4]가 발표한 1992년 COSO 보고서의 정의를 받아들인 것이다. 내부통제의 개념은 시대와 필요성에 따라 다양하게 변화되었기 때문에 혼란이 발생하였으며 COSO(The Committee of Sponsoring Organizations of the Treadway Commission)는 이러한 문제의 해결을 위해 내부통제개념의 통일화를 시도하였다. COSO는 내부통제란 "업무의 효율성과 유효성제고, 재무보고의 신뢰성확보 및 관련 법규의 준수라는 3개의 목적에 관해서 합리적인 보증을 제공하는 것을 의도한 조직의 이사회, 경영자 및 그 외 구성원에 의해서 수행되는 하나의 프로세스"라고 정의할 수 있다.[5]

우리나라에서도 내부통제제도는 1992년 COSO 보고서의 정의와 마찬가지로 회사업무의 효과성과 효율성, 재무보고의 신뢰성, 관련법규의 준수라는 3가지 목적을 달성하기 위한 절차로 정의되고 있다.[6] 즉, 1) 회사업무의 효과성과 효율성 확보를 위한 회사의 운영 목적을 정하고 기업이 업무를 수행함에 있어

---

4) COSO는 The Committee of Sponsoring Organizations of Treadway Commission을 줄여 쓴다. 비영리 연구전문기구이며 미국공인회계사회, 미국회계학회, 미국내부감사회, 재무이사회, 그리고 관리회계사회 등 5개 기관이 공동으로 1985년에 설립하였다.
5) 김재성(2013), 내부통제제도와 공공기관의 감사운영 분석, KIPE, FOCUS 12월호.
6) 박노일(2012), "주식회사의 내부통제제도에 관한 연구", 건국대학교 박사학위논문, pp. 6-10.

자원을 효과적으로 사용할 수 있는 내부통제 기준을 가지며, 2) 신뢰성 있는 재무보고의 확보를 목적으로 기업이 대외에 공표하는 재무 정보에 대해 정확하고 신뢰성 있는 보고서를 작성하고 보고체계를 유지하도록 하는 것이며, 3) 관련 법규의 준수를 목적으로 회사의 모든 활동이 감독규정, 내부정책 등 관련법규를 준수하도록 하는 절차이다.

기업내부통제 개념의 구성요소로 1992년 COSO 보고서에서는 통제환경, 위험평가, 통제활동, 정보 및 의사소통, 감시의 다섯 요소를 들었다. 이와 관련된 것은 다음과 같다.

먼저, 통제환경(Control Environment)은 기업내부통제가 활발하게 운영될 수 있는 환경을 마련하는 것이다. 이때의 환경에는 기업구조와 조직체계, 상벌체계, 인력운용과 교육정책, 경영자의 지도력과 기업윤리와 철학 등이 포함된다. 위험평가(Risk Assessment)는 기업경영상 발생할 수 있는 위험에 대한 평가이다. 통제활동(Control Activities)은 업무수행상 적정·적법한 절차를 추구하는 활동을 의미한다. 이때의 활동에는 기업의 경영방침이나 지침에 따라 정해진 정책·절차 그리고 동 정책·절차의 준수를 위한 여러 활동, 업무분장·문서화·승인결제·감독·자산보호 등이 포함된다. 정보 및 의사소통(Information and Communication)은 기업경영정보의 적절한 통제와 업무수행에 필요한 기업운영이나 재무 및 관련법규 등 정보의 제공과 교환이 적절하게 이루어지도록 하는 것이다. 이때의 정보의 제공과 교환에는 적절한 정보확인 및 수집의 지원, 정보의 생성·수집·보고·의사소통 등 포함된다. 감시(Monitoring)는 내부통제제도의 작동을 상시적·독립적으로 감시하는 활동을 말한다.[7]

---

7) 노준화(2015), 「NEW ISA 회계감사」, 탐진, pp. 222-223.

그림 10-1 COSO의 내부통제 프레임워크

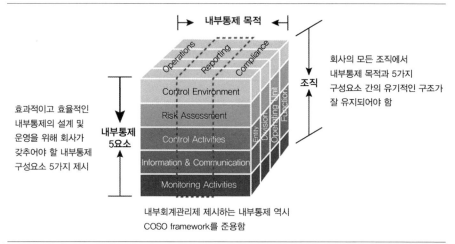

　　2004년 COSO 보고서는 내부통제의 개념 구성요소에 있어 통제환경을 내부환경(Internal Environment)과 목표수립(Objective Setting)으로 나누고, 위험평가에는 사건식별(Event Identification)과 위험대응(Risk Response)을 추가하였다. 이는 기업목적의 달성과 영업성과에 영향을 미칠 수 있는 기업 내외의 관련 위험을 식별하고 평가, 분석하는 활동을 의미하며, 위험의 분석과 대응방안 수렴, 위험에 대한 지속적 관리 등을 포함한다. 또한 조직구조를 Entity Level, Division, Operation Unit, Function 등으로 구체적으로 기술하여 조직의 계층구조를 고려하였다(서완석, 2015, p. 45; 김영삼, 2014).

　　2017년 COSO 보고서는 기업의 위험관리(Enterprise Risk Management)에 있어서 전략(Strategy)과 이행(Performance)을 포함시켜 전략수립과 그에 대한 수행과정을 위험을 고려하는 주요한 요소로 강조하여 현재 발전하고 있는 기업의 위험관리의 개념과 적용에 대한 새로운 관점을 제공한다. 결국 전략을 통한 기업의 대응력과 의사결정력을 증대시키는 데 도움을 주기 위함이다. 2017년 보고서 논의의 배경은 다음과 같다. 기업의 선택은 아무리 객관적이라고 하더라

그림 10-2 COSO의 변화사항

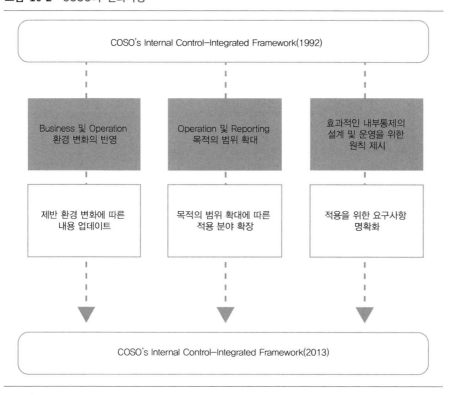

도 위험을 가지므로 위험의 본질에 대한 새로운 이해가 필요하다. 결국 위험이
라는 것은 피할 수 없는 사항이므로 기술과 과학으로서 가능한 결과를 최적화
시킬 필요가 있다고 한다.

3 내부통제제도의 개념과 구성요소

(1) 내부통제제도

기업에서 내부통제제도란? 기업의 조직목적 달성에 대한 합리적 확신을 제
공하기 위하여 조직의 이사회, 경영진 및 여타 구성원에 의해 지속적으로 실행

되는 일련의 과정으로 일반적으로 ① 운영목적, ② 재무보고 목적, ③ 법규준수 목적의 3가지 통제로 구분된다.

◆ 기업운영의 효율성 및 효과성 확보(운영목적)
– 회사가 업무를 수행함에 있어 자원을 효과적이고 효율적으로 사용하고 있다.

◆ 재무정보의 신뢰성 확보(재무보고목적)
– 회사가 정확하고 신뢰할 수 있는 재무정보의 작성 및 보고체계를 유지하고 있다.

◆ 관련 법규 및 정책의 준수(법규준수목적)
– 회사의 모든 활동은 관련법규, 감독규정, 내부정책 및 절차를 준수하고 있다.

즉, 내부통제의 일부분으로서 내부회계감사활동을 위해서 이러한 COSO의 프레임워크를 잘 활용할 수 있다면, 회계통제기준에 따라 작성·공시되고, 기업의 모든 조직 구성원들에 의해 지속적으로 설계·운영되는 과정을 말한다. 2013년 updated COSO는 약 20년 간의 변화사항을 반영하고 기존의 여러 개념을 명확하게 규정하기 위해 17개 원칙을 제시하였다.

이와 같이 국내외 공식통제절차의 구축목적을 살펴보면 다음과 같다. 첫째, 회사는 내부회계관리제도 및 공시통제절차의 구축을 통해 궁극적으로 윤리경영을 실현하여 주주이익을 극대화하고 기업 가치를 증대시킬 수 있다. 둘째, 기업이 산출하는 회계정보에 대한 지속적인 점검을 통해 회계 및 공시내용의 투명성을 확보할 수 있다. 셋째, 내부통제와 업무체계에 대한 체계적인 문서화로 교육 및 실무지침 제공이 용이해지고 조직 내 재무보고 관련 리스크 관리의식 및 통제 문화의 확산과 내부통제 전문인력의 양성이 이루어지게 된다. 넷째, 회계 및 공시내용의 투명성 확보를 통하여 정보 불균형을 해소시켜 대리인 비용을 줄이는 동시에 경영자의 기회주의적인 이익조정이 감소되어 더욱 신뢰성 있는 재무제표 공시효과를 가져올 수 있는 제도로 볼 수 있다.

이러한 공식통제절차의 구축을 통해 회계정보 산출과정의 지속적인 점검과 재무제표의 투명성 및 신뢰성을 제고하고 공시자료의 신뢰성을 확보하는 것은 재무제표 및 공시정보의 왜곡방지를 통해 궁극적으로 회사와 경영진을 보호하는 역할을 할 것으로 기대된다. 또한, 내부회계관리제도의 구축 및 운영은 회사의 재무제표 작성 프로세스에 전반적인 영향을 미치는 전사적 수준통제 및 전산일반통제를 우선 식별하고 재무제표상 일정금액 이상의 계정과목에 상당한 영향을 미치는 업무프로세스하에서의 재무제표 왜곡표시위험을 감소시키는 통제를 구축하여 업무수행 과정에서 운영하는 것을 의미한다(Hitz, 2007).

(2) 내부통제제도의 구성요소

앞서 설명한 바와 같이 조직에서 내부통제란 회사가 자율적으로 위험을 평가하고 이를 통제할 수 있는 의사결정 과정을 통하여 '업무의 효과성 또는 효율성(effectiveness and efficiency of operations)', '신뢰할 만한 재무정보의 보고(reliability of financial reporting)', '관련법규의 준수(compliance with applicable laws and regulations)'를 목적으로 하는 회사내부의 통제절차를 의미한다.[8] 즉 회사가 내부의사결정과 업무집행에 대해 적절한 통제가 이루어지도록 하여 회사의 경영활동과 업무수행이 효과적이고 효율적으로 이루어지며 신뢰할 수 있는 재무보고체계를 유지하며 관련법규를 적법하게 준수하도록 구축한 일련의 경영활동의 통제 프로세스라고 할 수 있다.[9]

---

8) 이효익·김한수(2015), 「회계감사」(제2판), 신영사, p.340.

내부통제제도의 구성요소는 통제환경, 위험평가, 통제활동, 정보 및 의사소통, 모니터링으로 구분할 수 있다.

먼저, 통제환경이란 내부통제제도의 기초를 이루는 포괄적인 개념이다. 조직체계·구조, 상벌 체계, 인력운용 체계, 교육정책, 경영자의 윤리·철학·리더십 등이 통제환경에 포함된다. 공공부문에 있어서 주요 내용은 내부통제제도 전체의 기초로서 기관장의 스타일, 조직구조와 조직 내부의 권한 배분, 기관 감사능력, 구성원의 성실성·윤리의식·능력 등을 포함하며 기관장 비전, 중점사항, 위임전결규정 등이 평가지표로 활용될 수 있다.

위험평가란 기업의 영업성과와 목적달성에 영향을 미칠 수 있는 내·외부적 위험을 발견하여 분석하는 활동을 의미한다. 전사적 수준 및 업무 프로세스 수준의 위험 발견, 위험에 대한 분석 및 대응방안 마련, 위험에 대한 지속적인 관리 등이 위험평가에 포함된다. 특히 2017년 COSO 보고서에서는 위험평가 중 위험관리에 대한 요소가 부각되고 있는바, 내부감사도 단순히 경영진의 업무에 대하여 적법성 감사에만 머물 것이 아니라 타당성에 대하여도 감사하는 것이 옳을 것이다. 특히 공공부문에서는 사업활동의 효율성·효과성, 재무보고의 신뢰성, 관련 법규의 준부를 위협하는 위험요인을 파악하고 그 대처방안을 확인하는 절차 등이 그 예라고 할 수 있다.

통제활동이란 경영진이나 이사회에서 제시한 경영방침에 따라 조직구성원이 업무를 수행할 수 있도록 마련된 정책 및 절차 그리고 이에 따르는 제반활동을 의미한다. 업무의 분장이나 문서화, 업무의 승인방식과 결재방식, 감독체계나 자산의 보호체계등이 통제활동에 포함된다. 공공부문에서는 조직구성원이 목표달성과 위험대처 등을 목적으로 기관장 등이 제시한 방침이나 지침에 따라

---

9) 성희활(2009), "상장법인에 대한 내부통제와 준법지원인제도의 도입타당성 고찰", 인하대 법학연구 제12집 제2호, p.184.

업무를 수행하도록 고안한 제반 정책이나 절차로서 이를 준수하기 위한 제반 활동을 의미한다. 업무분장, 정보 및 자산에 대한 접근 통제, 조직의 분립과 상호견제, 상급자의 승인 및 결재 등이 평가지표로 활용될 수 있다.

정보 및 의사소통이란 조직 구성원들 사이에서 정보를 시의적절하게 확인 및 수집할 수 있도록 하는 것으로, 조직 구성원이 그들의 업무를 원활하게 수행하도록 도와주는 것을 의미한다. 정보의 생성 및 집계, 정보의 보고체계 및 의사소통의 체계 등이 정보 및 의사소통에 포함된다.

마지막으로 모니터링이란 내부통제의 효과성과 효율성을 지속적으로 평가하는 과정을 의미한다. 기업전체나 사업단위에 대한 자체평가, 내부감사활동이나 기업에 대한 사후관리 등이 모니터링에 포함된다(내부회계관리제도 모범규준, 금융감독원 2012).

이러한 내부통제의 구성요소들이 적절한 조화를 이룬다면 효과적인 내부통제를 기대할 수 있을 것이다. 효과적인 내부통제의 일환으로 해당기업에 대해 적절하게 내부회계관리제도를 설계하고 운영한다면, 경영진이 업무성과를 측정하고 의사결정을 수행하거나 위험을 관리하는 데 기여하게 되므로 결과적으로 기업이 조직목표를 효율적으로 달성할 수 있도록 도와줄 것이다.

(3) 내부통제제도의 활용

내부통제제도는 목표 달성의 효과성을 높이기 위한 정책과 절차, 업무 프로세스 등 관리체계를 의미한다. 민간기업 및 공공기관에서 중요하게 다루어야 하는 시스템으로서 내부통제제도가 부각되고 있다. 특히 내부통제의 개념은 법률준수 관점, 재무제표의 신뢰성과 관련한 회계적 관점, 조직 목표 달성과 업무 프로세스 개선 등의 운영 및 관리 관점, 조직전반에 대한 위험관리 관점 등으로 확대되고 있다(신민철, 조태준, 2013).

COSO가 제시한 정의에 따르면 내부통제는 법과 계약의 준수, 보고의 정확성과 신뢰성 확보, 능률적이고 효과적인 운영업무 수행이라는 조직의 목적 달성에 합리적인 확신을 제공하기 위하여 거버넌스가 설계한 공식적인 절차를 의미한다. COSO는 이와 같은 통제활동을 위해서 조직의 이사회, 경영진, 그리고 모든 조직 구성원이 참여하여 각자의 역할을 실행해야 한다고 보았다. 따라서 COSO가 제시한 내부통제는 조직의 목표 자체가 아닌 목표 달성을 위한 절차, 또는 프로세스이며, 공식화된 단순규범이 아니라 조직 구성원이 실행하는 활동을 말한다(변중석 외, 2015).

일반적으로 내부통제는 조직이 정책목표를 추구하고 모든 관련 법, 규칙, 규정을 준수하고 그 자산을 보호하기 위한 수단들이다. 특히 회계비리를 예방 탐지하기 위한 내부(회계)통제는 조직의 자산을 보호하는 데 1차적 목적이 있으며 회계자료의 신뢰성과 정확성을 검증하고 재정관리의 효율성을 촉진하기 위한 수단들로 구성된 통제시스템으로 그 구성요소는 앞서 언급하였던 통제환경, 위험측정, 통제활동, 정보와 의사소통, 그리고 모니터링 등 다섯 가지 요소로 분류할 수 있다.

이러한 내부통제 구성요소들은 회계비리의 예방 및 탐지를 위해 지속적으로 상호작용하게 되는데 특히, 통제환경은 다른 구성요소들을 둘러싸고 이를 강화시켜주는 역할을 한다. 따라서 본 연구에서는 앞서 설명한 선행연구의 결과들을 활용하여 내부통제의 다섯 가지 구성요소 측면에서 내부회계감사활동의 개선을 위한 시사점을 도출해 보고자 한다.

다음의 〈표 10-1〉은 본 연구의 분석 기준으로서 AMF(2007)와 GAO(2001)을 참조하여 내부통제 구성요소별 착안사항을 정리한 것이다. 특히 AMF는 270여개 내부통제 점검사항을 제시하고 있는데 이를 참조하여 수정 보완하였다.

〈표 10-1〉은 회계비리 관련 내부통제의 분석틀을 기초로 하여 다양한 평가지표를 활용할 수 있다. 먼저 '통제환경'의 평가를 위해서는 윤리, 경영진 철학, 조직, 책임과 권한, 인적자원관리, 정책 절차 수단 등에 대해 평가할 수 있

표 10-1 (회계)비리 관련 내부회계감사활동(내부통제)의 평가요소(분석틀)

내부통제 구성요소			착안사항
통제환경	윤리		윤리강령 채택 및 준수, 위반 시 적절한 교육 및 처벌, 공정하고 적절한 보상
	경영진의 의지		전문성에 대한 의지, 독립적 내부감사, 경영진 철학 및 업무스타일
	조직		규모와 업무성격에 적합한 조직구조, 업무영역별 권한과 책임의 명확화, 적절하고 명확한 내부보고관계, 적정수의 (감사)임직원
	책임과 권한		권한과 책임의 위임, 보고체계 및 위임규정
	인적자원관리		교직원 고용 및 해임, 평가, 보상 등 관련 정책 및 절차, 교직원에 대한 관리·지도(교육훈련 등)
	부정방지 규정 및 조치		부정방지정책 및 시책, 부정의심사례에 대한 명확한 보고통로, 부정을 저지른 직원에 대한 적절한 조치 등
위험평가	위험 확인		감사·평가 및 기타 점검 등을 통한 위험 탐색, 회계비리를 증가시키는 요인 측정
	위험 분석		회계비리 위험이 미치는 영향 분석, 조직이 해당 위험을 감당할 능력에 따른 위험접근방법 결정 등
	위험 관리		회계과정별 위험요인 파악 및 대응체계 구축, 급격한 변화로 인해 발생할 수 있는 위험에 특별한 관심 등
통제활동	승인		(지시통제) 특정 거래에 대한 사전승인, 이중서명 절차 등
	업무분장		(예방통제) 핵심임무 및 책임의 분산
	대사		(적발통제) 독립적 제3자 검증, 조기경보시스템 등
	자산안전		(물리적 통제) 핵심적 기초자산의 목록 확보 및 특별관리, 자원 및 기록에 대한 접근 제한 등
	정보 시스템	일반 통제	접근 보안, 데이터 및 프로그램 보안, 물리적 보안, 소프트웨어 개발 통제, 응급복구계획 등
		응용 통제	입력통제, 처리통제, 출력통제
정보 및 의사소통	정보		재정·회계 관련 대내외 정보수집 및 분석, 유용한 분석정보의 파악·정리·보고
	의사소통		관리층과 직원간 및 관리층과 외부관련단체 간 의사소통, 구성원 간 의사소통의 형식 및 수단 활용, 정보시스템 활용·관리 등
모니터링	적정성 평가		내부통제의 적정성 검증, 내부통제의 평가

출처: 박희정·문호승·김주희(2013), 회계비리 근절을 위한 내부통제 개선 연구, 지방행정연구 제27권 제3호(통권 94호), pp. 65~96. 관련 논문을 수정·보완하여 재구성함.

다. 그리고 '위험측정'의 실태를 분석하기 위해서는 위험의 확인 분석 관리에 대한 사항들을 평가할 수 있으며, '통제활동'과 관련해서는 업무분장, 승인 확인, 대사(reconciliation), 점검, 자산 안전, 정보시스템통제 등에 대한 사항을 평가할 수 있다. 또한 '정보 및 의사소통'의 검토를 위해서는 정보수집, 의사소통 측면에서 현 실태를 살펴보고, 끝으로 '모니터링'의 검토를 위해서는 이러한 내부통제활동에 대한 평가 및 모니터링 실태를 평가할 수 있다.

한국기업지배구조원(KCGS)은 11년 만에 2022년부터 국내기업 ESG 평가에 반영할 ESG 모범규준 개정안을 발표했다. 새 규준안은 ESG를 전사적인 위험 관리 체계에 통합하도록, 또한 사회적 책임경영과 기존의 경영전략의 통합을 권장하고 있다. 이를 위해 이사회 및 경영진으로 대표되는 리더십의 역할을 강화하였다. 국내 코스피 100대 기업 가운데 24곳이 경영진 급여에 ESG요소를 반영하고 있으며 24곳 중 18곳은 S영역지표를 도입했다. 기업의 지속가능성을 높이기 위한 ESG 경영의 'S'(Social) 영역에는 '구성원의 다양성 보장'이 포함되어 있다. 다양성 관리를 위해 내부, 외부 통제와 규율이 강화되는 추세이다.

중대재해처벌법이 2022년 1월 27일부터 시행되었다. 기업이 안전보건조치 의무를 위반해 인명피해가 발생하면, 해당 기업의 사업주, 경영책임자 등이 처벌받게 된다. 직장내 괴롭힘 금지에 대한 벌칙규정을 강화한 근로기준법 개정안이 시행된다. 언뜻보면 다양성이란 개인의 자유를 확대하는 것으로 보인다. 그러나 오히려 기업의 내·외부통제시스템은 강화되고 있다.

그렇다면 통제시스템은 과연 경영 성과에 도움이 될까? 효과적인 내부통제 제도는 경영진이 경영성과를 측정하고, 의사결정을 수행하며, 업무프로세스를 평가하고, 위험을 관리하는 데 기여한다. 기업은 사회적 영향력이 확대될수록 환경, 노동, 소비자, 지역사회 등 다양한 이해관계자의 이익을 반영한다. 기업에 대한 내부·외부 통제 시스템은 주주총회, 이사회, 감사 등의 내부통제시스템과 자본, 채권시장 및 법률, 행정의 규정이나 규제 등의 외부통제시스템으로 구분할 수 있다. 기업의 사회적 책임의 긍정적인 효과는 기업의 이미지를 향상시키고 이를 통해 소비자의 구매를 촉진할 수 있다는 점이다. 그렇다면, 내부·외부통제시스템은 기업의 경영 혁신과 변화추구를 제한하지는 않을까? 기업의 생존과 성장을 위해 혁신과 사업기회 발굴을 핵심으로 하는 기업가 정신에 대한 관심이 높아지고 있다. 기업의 리더들은 조직 내에서 기업가 정신의 발현에 중추적 역할을 하게 된다.

혁신과 변화 추구는 내부·외부통제시스템이 잘 작동할 때 더 효과적이라는 것이다. 애덤그랜트의 책 '싱크 어게인'에는 '더닝-크루거 효과'가 소개되고 있다. 이 효과에 의하면 많은 상황에서 무언가를 할 수 없는 사람은 자기가 그 무언가를 할 수 없다는 사실을 모른다고 한다. 또한 사람이 가장 큰 자신감으로 충만해 있을 때는 그 해당 분야에 숙련도가 부족할 때라고 하면서, 경영자의 오만과 편견을 경고하고 있다. 다양성 관리와 혁신 추구의 과정은 통제와 자율의 이중적 구조를 함께 가져간다. ESG 경영에서도 여전히 리더 역할은 중요하다. 경영진의 보다 깊은 자기 인식과 경영에 대한 통찰이 성숙하고 통합적인 ESG경영을 이루어 갈 수 있을 것이라 기대한다.[10]

---

10) 박민희(2022.3), 내부통제시스템은 혁신에 도움이 될까?, 글로벌 이코노믹스.

참고문헌

감사원 감사연구원, 자체감사기구 운영컨설팅 방안 (조형석·방동희, 2010.9)

감사원 감사연구원, 자체감사기구 운영컨설팅 시범 적용 (조형석 외 3인, 2011.4).

공병천·박재성·김형성(2018). 자체감사활동 심사모형 체계 개선 논의. 한국정책분석 평가학회 학술대회 발표논문집, pp. 34－52

공병천·박희정(2017), 자체감사활동 심사제도 개선에 관한 연구: 서면심사모형을 중심으로, 정책개발연구, 제17권 제2호. pp. 55~93.

대학교육연구소(2021), 부정·비리 못 잡는 대학 자체감사, 대학교육연구소, 보도자료.

박희정·문호승·김주희(2013), 회계비리 근절을 위한 내부통제 개선 연구, 지방행정연구, 제27권 제3호(통권 94호), pp. 65~96.

신민철·박성문(2020), 공공부문 자체감사기구 평가제도를 통한 역량진단에 관한 연구: 서울시 투자·출연기관을 중심으로, 한국부패학회보, 제26권, 제1호.

신민철·김성수(2018), 자치분권을 위한 자체감사의 역할: 서울시 사례를 중심으로, 감사논집 31, pp. 125－150

전규안(2018). 비영리조직의 회계제도 현황과 개선방안. Korea Business Review, 22(2), 71－98.

진상기·오철호(2012), 공공기관 자체감사 역량 진단 및 개선에 관한 연구: 상임감사 직무수행 실적 평가 대상 기관을 중심으로, 정책분석평가학회보, Vol. 22(1), pp. 91－125.

제11장

ESG와 메타버스 그리고 인공지능

1 CES(Consumer Electronics Show) 2023과 인공지능

CES(Consumer Electronics Show)는 그동안 글로벌 빅테크 기업들의 신제품·신기술을 선보이는 전시장으로 활용되고 있으며 앞으로 실용화될 기술과 디지털 혁신 제품들의 경연장으로 활용되고 있다.

(1) 웹3과 메타버스의 비전과 혜택

이번 세계 최대 가전 전시회 CES 2023을 개최하는 CTA(Consumer Technology Association)는 CES의 핵심 키워드로 웹3와 메타버스(Web3·Metaverse), 디지털 헬스, 모빌리티(mobility), 지속 가능성(sustainability), 휴먼 시큐리티(human security) 등 총 5가지를 선정하였으며 기술이 어떻게 인류가 직면한 다양한 문제들을 해결하고 어떻게 현실 세계와 디지털 세계를 연결하여 소비자에게 최적의 몰입감과 경험을 제공할 것인지에 대해서 보여주려고 노력하고 있다.

새로운 인터넷인 웹3의 비전은 많은 사람에게 안전하고 분산된 온라인 세계에서 생활하고 새로운 비즈니스를 개발하는 데에 필요한 대안을 제시해주고 있으며 우리가 얻는 혜택은 플랫폼 서비스 제공업체의 약관에 구애받지 않는 새로운 인터넷 환경이라고 할 수 있다.

웹3은 가상세계의 새로운 3D 네트워크인 메타버스를 위한 플랫폼으로 비전을 설정하고 있다. 즉 기존의 플랫폼 사업 빅테크 기업들 위주의 생태계에서 사용자 중심의 인터넷 생태계라고 할 수 있다. 쉽게 말해 3세대 인터넷이라는 의미로, 현재 사용하는 유튜브와 페이스북, 인스타그램 등과 같은 소셜 네트워크 서비스(SNS) 등이 2세대 인터넷이라면 웹3는 탈중앙화를 통해 플랫폼 사업자들의 이익을 최소화하면서 크리에이터들과 참여자들 간의 자유로운 활용을 추구하는 웹이다.

또한, 블록체인은 웹3 사이트 및 상거래의 채택을 촉진하는 건전한 기술 기반을 제공한다. 블록체인 기술이 트랜잭션으로 확장되는 익명성과 보안을 중요하게 여기는 분산 금융 또는 디파이(DeFi)의 꽃이 만발한 부문에 의해 활용사례들이 늘어나고 있다.

또한, NFT는 블록체인 기술을 이용해서 디지털 자산의 소유주를 증명하는 가상의 토큰(token)이다. 그림·영상 등의 디지털 파일을 가리키는 주소를 토큰 안에 저장함으로써 그 고유한 원본성 및 소유권을 나타내는 용도로 사용된다. 즉, 일종의 가상 진품 증명서와도 같은 성격이다. 대체불가능한 토큰은 고유성을 지니며, 동일품이 존재할 수 없는 주민등록증과 비슷하다. NFT는 거래 내역을 블록체인에 영구적으로 남김으로써 그 고유성을 보장받는다.

(2) 웹3은 '방법', 메타버스는 '어디'

이번 CES 2023의 CTA의 생각을 간단히 정리해보면 새로운 온라인 세계에서 웹3은 "방법"이고 메타버스는 인터넷 재구성의 "어디"라고 정의할 수 있겠다. 웹3을 통해 사용자는 여러 개의 블록체인 기술 활용하여 자신의 ID와 콘텐츠를 생성하고 제어할 수 있으며 가상의 메타버스 공간을 해당 비즈니스의 구성으로 채울 수 있으며 NFT는 신원과 소유권을 확인하는 핵심 도구가 될 것이다.

웹3 적용은 아직까지는 초기 단계에 있지만 금융, 소매, 예술 및 엔터테인먼트 분야의 무수한 응용 프로그램에 대한 개발자, 기업가 및 창업자들에 의해 그 출현이 가속화되고 있다. 이번 CES 2023에서 볼 수 있듯이 앞으로 펼쳐질 디지털 세상은 기존 법률과 법규의 틀에서 벗어나기가 매우 어렵다는 변명으로 결코 혁신의 방향으로 전환하지 못하는 세상이 아니라 현실 세계에 기반을 두되 더 많은 디지털 기술과 서비스를 이용해서 더 편리하고 더 합리적인 세상을 만들 수 있다는 것이다.

(3) 모빌리티의 혁신과 미래

모빌리티에서는 전동화 및 자율주행 기술의 지속적인 고도화와 더불어 해양까지 모빌리티 영역이 확장, 신시장 발굴 및 선점 가속화가 이뤄지는 기술 트렌드를 전시하고 있다. 특히, 전기 자동차(EV) 혁명은 EV 경제가 우리 눈앞에 실질적으로 형성되면서 우리 일상 속에 더욱 다가오고 있다. CTA의 2021년 전기 자동차 환경 및 소비자 감정 연구 보고서에 따르면 소비자는 점점 더 EV 경험을 수용하고 있으며 현재 소유자의 100%는 자신의 EV가 운전하는 재미에 대한 기대치를 충족하거나 초과했다고 말했으며 92%는 자신의 목적을 위해 EV를 구매할 가능성 측면에서 가능성이 있거나 매우 높다고 말하고 있다.

한편, BMW는 물리적 공간을 넘어 현실과 가상 간에 구분이 없는 메타버스 세상 속에서 미래 자동차의 역할에 대한 고민과 해답으로 '가상과 연결되는 공간'과 '함께 하는 감성을 가진 친구'라는 메시지를 전달하였다. 즉, 자동차 실내 공간의 새로운 공간으로서 스마트 폰처럼 스크린으로 인해 단절된 공간이 아니라 자동차 공간을 통해서 현실과 연결되면 증강세계로 빠져들고 가상 속으로 들어가면 자동차 자체가 확장현실 공간이 됨으로써 물리적 이동이라는 기능을 넘어 현실 그리고 새로운 디지털 가상 공간을 함께하는 가장 친한 친구로서의 역할을 부여하였다.

(4) 단순한 가전 박람회를 넘어 '인간'에 대한 관심과 비즈니스

인간 안보/안전(human security)는 질병·범죄 등 다양한 문제에서 인간을 안전하게 지키는 것을 의미한다. 특히 농업기계 부문의 테슬라라고 불리는 존 디어(John Deere)는 기술이 어떻게 인류의 먹거리와 환경에 긍정적 영향을 미치는가에 대한 질문과 답을 찾아가는 과정들을 설명하고 있다. 즉 글로벌 인구는 증가하는데, 경작지는 한정되어 있기 때문에 더 큰 기계와 더 큰 동력 그리고 더 많은 종자와 비료가 필요한 것이 사실이지만 이 회사는 CVML(Computer Vision & Machin Learning)을 통해 정확도를 높여 효율성과 지속가능성을 향상시켰다. 즉 농업, 건설, 기기 제조사를 넘어 로봇, AI 기업으로 거듭나고 있다는 것을 보여 주었다.

또한, 디지털 헬스는 비용을 낮추고, 건강 형평성을 개선하고, 환자가 스스로 권한을 부여하고 자신의 치료와 웰빙을 관리할 수 있는 관련 도구와 기술에 대해서 정보를 제공한다. 글로벌 헬스케어 기업 애보트(Abbott)의 로버트 포드(Robert B. Ford) 애보트 회장 겸 CEO는 헬스케어 혁신이 인간의 능력을 완전히 새로운 수준으로 끌어올릴 수 있을 것으로 내다봤다. 건강상의 문제를 조기에 발견하고 심지어 그것이 일어나지 않도록 예방할 수 있다. 보건과 기술의 융합은 의료의 디지털화와 민주화를 만들어낼 것이라고 예상하였다.

이밖에도 지속 가능성은 글로벌 기업과 스타트업이 기술 혁신을 통해 어떻게 에너지를 절약하고 발전량을 늘릴 수 있는지 등을 살펴보기 위한 주제이다. 이 밖에 식량 부족, 지속 가능한 농업 환경, 자연재해 복구, 스마트 도시 전력 공급, 수질 개선 등 다양한 문제에 어떻게 기술이 적용돼 더 나은 세상을 만들 수 있는지를 보여주기 위한 내용이다.

2 초거대 AI 시대, Dall·E 2와 ChatGPT

인간은 초거대 AI를 학습시켜주는 단순 학습조력자가 될 것인가? 이후 AI
에 의해서 토사구팽 당하는 운명이 될 것인가? 인간의 본연에 대한 심층 연구
가 필요하다. 필자는 인공지능이 왜 필요한가에 대해서 스스로 질문하고 있다.
인간 본연의 지능이 있는데 왜 인간적이지 않은 인공지능에 대해서 연구하고
열광하는 것일까? 의과학 분야와 같은 인간을 돕고 치료하는 데에 사용되면 의
미가 있다.

(1) 초거대 AI의 탄생

초거대 AI는 2020년께부터 주목받기 시작했다. 일론 머스크 테슬라 최고
경영자(CEO) 등이 설립한 AI 연구업체 오픈AI가 초거대 AI 언어모델 GPT-3
를 공개하면서다. 파라미터는 인간 뇌의 뉴런 사이를 연결해 정보를 학습하고
기억하는 시냅스와 유사하다.

이론상 파라미터가 많을수록 AI가 더 정교한 학습을 할 수 있는 것으로 알
려져 있다. 인간의 뇌 속 시냅스는 약 1,000조 개다. GPT-3는 1,750억 개의
파라미터를 갖췄다. 파라미터 수만 단순 비교해도 기존 GPT-1의 1,000배이자
GPT-2의 117배에 달한다.

초거대 AI는 대용량 연산이 가능한 컴퓨팅 인프라스트럭처를 기반으로 대
규모 데이터를 스스로 학습하는 기술이다. AI의 성능을 가늠할 수 있는 파라미
터(변수)가 기존 AI보다 최소 수백 배 이상 많다. 파라미터는 뇌에서 뉴런 간 정
보 전달 통로 역할을 하는 시냅스와 비슷한 역할을 한다. 파라미터의 규모가
커서 AI 지능이 높은 초거대 AI는 기존 AI와 달리 특정 역할에 국한되지 않고
스스로 생각하고 학습하며 판단한다. 초거대 AI의 원형으로 거론되는 GPT-3
는 몇 개의 키워드만 넣으면 대화의 문맥을 파악해 사람처럼 대화하거나 창의

적인 답변을 내놓는다. 인간이 작성한 뉴스 기사와 구분하기 어려운 정도의 기사나 수필, 소설을 창작하기도 한다.

(2) 초거대 AI 개발 경쟁 불붙인 GPT-3

초거대 AI는 일론 머스크 테슬라 최고경영자(CEO) 등이 주도해 설립한 AI 연구기관 미국 오픈AI가 작년 초거대 AI 언어모델인 'GPT-3'를 공개하면서 주목받고 있다. GPT-3는 1750억 개의 파라미터를 갖췄다. 이전 버전(GPT-2·15억 개)보다 117배나 많다.

GPT-3는 모델의 크기가 비약적으로 커진 만큼 과거에 못했던 고난도 일을 해내고 있다. 기존 AI는 특정 주제나 키워드에 대해 정해진 답을 주로 했다면 GPT-3는 여러 분야에 걸쳐 어떤 말이든 잘 알아듣고 문장을 직접 생성해 질문에 맞는 답변을 내놓는다. 소설·에세이를 쓰거나 장문의 글을 요약하는 능력도 탁월하다. 일상 언어를 컴퓨터 프로그래밍 언어로 번역해서 애플리케이션(앱) 개발에 필요한 코딩까지 해준다.

네이버에 따르면 하이퍼클로바의 활용 분야는 무궁무진하다. 하이퍼클로바 기반의 AI는 수천, 수만 건의 쇼핑 리뷰(후기)를 한 문장으로 요약할 수 있다. AI가 상품에 대한 수많은 리뷰들을 주제별로 묶고(Clustering·클러스터링), 각 리뷰 묶음에서 대표 문장들을 추출한 뒤 하나의 문장으로 완성하는 방식이다.

(3) 시와 칼럼을 써주는 AI

직접 ChatGPT에 가서 가을과 관련 시를 하나 써 달라고 했더니 큰 감흥은 없지만 일반적인 시를 창작해 내었다. 그리고 또 필자가 수소경제에 대한 칼럼을 하나 쓰라고 하였더니 일목요연한 간단한 칼럼을 써 주었다. 인간에 의한 창작인지 인공지능에 의한 창작인가가 필요한 시대를 직감할 수 있다. 인공지능에 의한 창작물에 이미 복제방지(waterproof)가 필요한 시대를 살아가고 있다.

3 경영학과 인공지능(AI)

최근의 경영학이나 비즈니스 매니지먼트 관련 학문의 주요한 키워드로서 인공지능이 중요한 주제로 다루어져 가고 있고 이와 관련된 기계학습(machine learning)이나 딥 러닝(deep learning) 분야의 지식 및 알고리즘에 대한 중요성이 더욱 높아져 가고 있다. 그렇다면 인공지능의 학문적 배경의 핵심에는 무엇이 있을까?

(1) 계량적 의사결정 과학 분야가 더욱 중요해져

최근의 경영학 분야에서는 응용수학이나 응용통계학 분야의 지식들이 더욱 중요해져 가고 있어 이러한 분야의 기초 지식이 더욱 필요한 상황이다. 경영학 분야는 실무 분야이고 비즈니스 분야이기 때문에 앞서 언급한 응용수학과 통계학 같은 계량적 지식이 필요한 분야의 기초적인 지식이 그 다시 중요하지 않을 것 같지만 최근의 경영학 분야 연구 결과들을 깊이 살펴보면 빅데이터 및 의사결정과학 같은 분야의 학문적 토대와 지식이 강력해야만 바람직한 인공지능 비즈니스도 가능할 것으로 본다.

앞으로 미래에 전개될 인공지능의 활용이 다양한 분야에서 건전하게 활용되는 것을 희망하며 다양한 분야에서 인공지능이 안전하게 활용되고 비즈니스 영역으로 파생되는 것을 기대한다. 특히 헬스케어, 건강 그리고 뇌학과 등의 분야에서 인공지능을 활용한 활발한 연구와 실질적인 결과가 나타나길 기대한다. 특히 현재 다양한 중독 분야, 즉 알코올 중독, 도박 중독, 니코틴 중독 등과 같은 중독과 관련된 사회적 비용이 너무 많이 늘어나고 있으며 알츠하이머 치매 등을 치료하는 데에도 인공지능이 활용되어서 그동안 잘 알지 못했던 미지의 과학 분야에도 인공지능이 건전하게 활용되고 연구되어서 실질적인 치료와 예방의 길이 빨리 열려야 할 것이다.

(2) 사회적(social) 중독 문제 해결을 위한 인공지능 활용

도박 중독이나 게임 중독 등에 대해서도 실제로 깊이 연구해 보면 왜 사람들이 도박이나 게임에 몰두하고 빠져들어서 개인의 삶을 망치고 파탄의 길로 접어드는지 사람들이 걱정만 할 뿐 실질적인 방법들을 제시하지 못하고 있다. 왜 인간이 도박이나 게임과 같은 분야에 쾌락을 느끼고 빠져드는지 더욱 많은 연구가 실제적으로 이루어지지 못하는 것이 사실이다. 또한, 우리가 많은 맛집을 찾아다니고 혀가 즐거워하는 다양한 음식과 커피 전문점들을 찾아다니면서 행복한 시간을 나누고 있지만 궁극적으로 입맛이라는 것을 자세히 살펴보면 실질적인 쾌락의 원인은 인간의 혀가 아닌 인간의 뇌가 대부분을 차지하고 있다.

한편, 극단적인 사례일 수 있지만 우리 사회의 규범이나 사회적 상식으로 보았을 때 도벽과 같은 범죄에 대해서도 어떤 이가 범죄를 저지르게 되면 사회적 규범에 따른 법에 따라서 인간 신체에 대한 자유를 박탈하고 구속시키는 것이 현재까지의 규범이었다면 인간 뇌에 대한 연구를 통해서 어떻게 하면 부정적인 쾌락을 멈추게 할 수 있는지에 대한 뇌의 작용과 현상에 대한 연구를 통하여 중독과 관련된 범죄의 비율을 낮추는 시도가 필요할 것으로 판단된다.

물론 현재에도 인간의 부정적인 뇌의 활동과 쾌락에 대한 다양한 심리치료, 미술치료, 상담치료 등의 내용으로 다양한 치료가 실시되고 이는 것으로 알고 있지만, 먹지고 마시지도 않는 인공지능의 도움으로 이러한 분야가 더욱 발전될 수 있다고 생각된다. 결론만 따지자면 인간의 뇌를 즐겁게 하기 위해서 우리는 마시고 먹고 게임하고 흡연을 하게 되는 것이다. 하지만 우리들은 인간이 가진 뇌(brain)에 대해서는 많은 연구와 신경을 쓰지 못하며 살고 있다. 물론 전 세계의 다양한 관련 학자들이 밤을 새워 가면서 깊이 있는 연구를 진행하고 연구논문으로서 남기고 있지만, 앞서 언급한 것과 같이 인간의 우수한 연구 학자들과 인공지능의 결합으로 인간은 더욱 발전된 기술적 진보를 이룩할 것으로 보고 있다.

4 ESG와 메타버스 그리고 인공지능

(1) AI를 활용한 지속가능성 증대 전략[1]

IT 업계에선 기업의 지속가능성과 사회적 노력의 중요성이 강조되고 IT를 접목한 ESG 경영을 그 이행 방안으로 제안한다. 특히 디지털 트렌드의 최전선에 있는 AI 기술을 활용한 지속가능성 증대 전략에 주목해야 한다는 목소리가 있다. 국내 거리두기가 사실상 종료된 지난 4월, IT기업 오라클이 올해 2~3월 영국과 미국에 본부를 둔 글로벌 마케팅 리서치기업 사반타(Savanta Inc.)가 진행한 "지속가능성 및 사회적 공헌에서 ESG 활동으로 살펴본 AI의 가능성과 역할'이라는 주제의 설문조사 결과를 분석해 발표했다. 사반타는 소비자와 기업 경영진이 갖고 있는 ESG관련 태도와 활동 현황을 지난 2월 25일부터 3월 14일까지 북미, 남미, 유럽, 중동, 아프리카, 아시아 지역 15개국 1만 1,005명을 대상으로 조사했다.

오라클은 설문조사 결과를 분석해 발표한 '제2의 지구는 없다(No Planet B)' 보고서를 발표했다. 당시 위르겐 린드너 오라클 SaaS 글로벌 마케팅 부문 최고 마케팅책임자(CMO) 겸 수석부사장은 "지속가능성과 ESG 활동을 위한 기업의 투자가 그 어느 때보다 중요해졌다"며 "ESG 활동의 모든 장애 요인을 제거할 수 있는 기술이 이미 마련돼 있다"고 강조했다.

오라클이 발표한 보고서 내용을 보면 기업 경영인들은 이미 지속가능성을 위한 사회적 노력이 기업에 필수이자 의미 있는 투자라고 인식한다. 우선 조사

---

[1] 임민철(2022), 디지털 인사이트 AI, 지속가능성에 눈뜬 기업들의 ESG경영 엔진으로, 아주경제. 사이트 참조: CHIEF EXECUTIVE.

응답자 92%는 지속가능성과 ESG 프로그램이 기업의 성공에 매우 중요하다고 생각했다. 응답자 가운데 경영인은 ESG프로그램의 이점 세 가지로 브랜드 강화(40%), 생산성 향상(39%), 신규 고객 유치(38%)를 꼽았다.

하지만 동시에 경영인 상당수(91%)가 지속가능성과 ESG 계획을 실현하는 과정에서 큰 난관에 봉착한다고 고백한다. 이때 가장 큰 어려움으로 제휴사·관계사의 ESG 관련 지표 확보(35%), 데이터 부족(33%), 수작업 기반의 보고 절차로 인한 시간 소모(32%)를 짚고 있다.

디지털화를 통한 문제 해결 시나리오가 소환된다. 경영인들 사이에선 기업이 지속가능성과 사회적 노력을 증대하는 과정에서 '사람'이 걸림돌로 작용할 수 있다는 인식이 지배적이었다. 이 조사에서 96%의 경영인은 '사람들의 편견과 감정이 목표 달성에 방해가 된다'고 응답한 것이다. 89%의 경영인은 따라서 '지속가능성을 위한 기업 활동에 기술을 이용하는 조직이 장기적으로 성공을 거둘 것'이라고 본다. 평상시에는 일정한 기준을 적용해 수집된 데이터를 가공·분석하고 판단을 수행하는 AI나 '봇(Bots)' 등의 자동화 기술을 더 믿을 만한 의사결정 근거라고 인정하는 경향도 나타났다.

한편 93%의 경영인은 '지속가능성과 사회적 활동'을 위한 앞으로의 의사결정에 사람보다 AI를 더 신뢰할 것'이라 밝혔다. 이들은 오류 없는 다양한 데이터 수집(43%), 합리적이고 편견 없는 의사결정(42%), 측정지표와 과거 성과 기반의 미래 성과 예측(41%) 등을 AI의 강점으로 꼽았다. 하지만 지속가능성 증대와 사회적 노력의 성공을 위해 사람의 역할을 배제해야 한다는 것은 아니었다. 경영인들은 사람이 AI보다 이해관계자의 피드백에 맞춰 변화를 더 잘 수용(48%)하고, 의사결정에 필요한 정보를 타인에게 교육(46%)할 수 있고, 당면 상황에 맞는 전략적 의사결정(42%)을 할 수 있다고 봤다. 일종의 '비상사태'에 사람의 힘이 필요할 것이란 생각이다.

결국 사람과 기술은 한 팀으로 움직여야 한다. 이 관점을 받아들인 기업이 지속가능성을 증대하는 이행 전략에서 앞설 수 있다. 오라클 린드너 수석부사장은 "사람들은 허울이 아닌 과감한 행동과 투명하고 실질적인 성과를 기업에 바라고 있다"라며 "경영인들은 이러한 사안의 중요성을 이해하면서도 때때로 지속가능성과 기업의 이윤이 양자택일의 문제라고 생각하고 있지만, 사실은 그렇지 않다"고 지적했다. 그는 또 "기업에서 ESG 활동의 모든 장애 요인을 제거할 수 있는 기술을 효과적으로 활용한다면 지역사회와 환경보호 활동에 공헌할 수 있을 뿐만 아니라 상당한 수익 증대와 비용 절감 및 기타 실질적인 효과를 확인할 수 있다"고 주장했다.

그가 이렇게 자신하는 이유는 다음과 같다. 조사에서 전체 응답자의 94%는 지속가능성과 사회적 이슈에 대한 실천을 바라고 있으며, 그 이유로 더 건강한 삶의 방식을 정립하고(50%), 다음 세대에 물려줄 환경을 보호하고(49%), 더 평등한 세상을 만들기 위해서(46%)라고 답했다. 70%는 지속가능성과 사회적 활동을 진지하게 고려하지 않는 브랜드를 외면하겠다고 했다. 69%는 사회적 활동에 더욱 매진하는 기업에서 일하기 위해 현재 직장을 떠날 수 있다고 한다. 87%는 환경과 사회 문제 해결을 위한 노력을 명확히 입증하는 기업의 제품과 서비스에 비용을 더 지불하겠다고 했고, 거기에 투자·취업하겠다는 응답자도 각각 83%에 달했다.

앞으로는 기업 스스로 기술을 ESG 활동 관점에서 어떻게 사용하는지 돌아볼 때다. 조사에서 응답자 94%는 기업의 사회적 노력이 불충분하다고 봤고 주된 이유로 다른 현안에 따라 ESG가 우선순위를 벗어났거나(42%), 단기 이익에 치중했거나(39%), 환경보호에 대한 나태하고 이기적인 인식 때문(37%)이라고 지적했다. 89%는 기업들이 ESG에 우선순위를 두고 있다는 말만으로는 불충분하고, 입증할 행동이 필요하다고 응답했다. 84%는 기업들이 AI를 이용할 경우 지속가능성과 사회적 목표 달성에 더 큰 진전이 있을 것이라고 답했다. 61%는 사람들이 해내지 못한 영역에 AI를 활용하면 달성 수준을 높일 수 있을 것이라고 기대했다.

　　주요 기업의 경영인들도 지속가능성과 사회적 이니셔티브에 대한 위급성과 중요성을 이해한다. 94%의 경영인은 전통적인 비즈니스 지표에 지속가능성 및 사회적 활동 관련 지표가 함께 포함되어야 한다고 답했다. 91%의 경영인은 지속가능성에 투자를 늘리길 원한다고 답했다. 미국 하버드대학교의 전문성 개발 과정 강사이자 북미·유럽에서 기업 최고정보책임자(CIO) 자문가로 활동하고 있는 지속가능성 연구자 파멜라 루커는 "사람들은 취업이든 사업 투자든 환경과 사회에 책임감을 갖고 행동하는 기업과 일하려 한다"면서 "사람들의 생각만큼 발전한 새로운 기술은 그동안 실천을 가로막았던 난관을 해결하는 데 중요한 역할을 할 수 있다"고 말했다.

(2) 메타버스와 인공지능

　　메타버스는 다양한 디지털 기술들을 주민들이 편하게 접속하고 이용하고 함께 참여하여 생활 속에서 자연스러운 참여와 공유가 실현되는 가상과 현실을 이어주는 새로운 경험의 시작이다. 하지만, 메타버스의 활성화와 더불어서 긍정적인 효과만 나타나는 것은 아니라고 한다. 예를 들어 메타버스 기업들은 아바타를 '더 나은 나(Better Me)'로 홍보한다. 제페토·호라이즌 월드 같은 주류 서비스들이 외모·인종 다양성을 존중하는 '아바타 커스텀' 기능을 열어뒀다지만, 이용자들은 큰 눈과 마른 체형 등 획일화된 아름다움의 기준에 아바타를 맞추는 편이다. 미국 스탠퍼드 연구진이 2007년 예견한 프로테우스 효과에 따르면 아바타 외모에 따라 가상공간에서 개인의 성격도 변화한다는 주장도 눈여겨볼 필요가 있다. 또한, 메타버스와 같은 가상세계 비중이 커질수록 디지털 격차는 벌어질 수밖에 없으므로 이를 해결하는 방안도 함께 고민해야 할 것으로 보인다.

　　한편, 메타버스를 활용한 기술의 대표적인 예는 '디지털 트윈'과 '디지털 휴먼'이다. 디지털 트윈은 현실의 도시와 공장지대 등을 가상 세계에 그대로 재연하는 기술이다. 데이터를 활용해 물리적 세계와 디지털 세계의 오차를 감소시켜 현실과 동일한 세계를 구현한다.[2]

디지털 휴먼은 실제 인간과 흡사한 가상의 디지털 인간을 만들어내는 기술이다. 가수나 배우가 필요한 엔터테인먼트 콘텐츠를 생산하거나 현실의 아티스트와 협업이 가능한 형태가 기대된다. 또한, 향후 메타버스 안에서는 쌍방향 의사소통이 가능한 NPC(Non-Player Character) 역할을 수행할 것으로 전망된다.

현재 우리에게 가장 친숙한 메타버스 플랫폼은 마인크래프트, 제페토 등이 있다. 특히 메타버스 게임 플랫폼으로 유명한 마인크래프트는 아바타를 만들어서 네모난 블록을 활용해 건물을 짓거나 물건을 생산하는 게임으로, 다른 사용자와 교류하면서 현실 세계와 흡사한 가상의 세계를 구축한다. 미국 UC 버클리 학생들은 코로나19로 졸업식을 열지 못하게 되자 마인크래프트 게임 안에 캠퍼스를 만들어 블록과 버클리를 합한 브로클리라는 공간에서 가상 졸업식을 개최하고, 인터넷 방송 플랫폼인 트위치로 중계하기도 했다.

이렇듯 메타버스는 코로나19로 단절된 관계망을 복구하고 확장하면서 새로운 패러다임을 만들어내고 있다. 글로벌 컨설팅 기업 프라이스워터하우스쿠퍼(PwC)는 메타버스의 시장 규모를 오는 2030년 1조 5,429억 달러(약 1,820조 원)로 예측했으며, 대기업부터 스타트업까지 메타버스 플랫폼 개발에 뛰어들고 있다.

(3) 지각된 품질

이용자가 메타버스를 신속하고 편리하게 사용할 수 있는 정도를 의미하며

---

2) 나지영, "창의적 메타버스 콘텐츠 개발을 위해 주목해야 할 이용자 특징은 무엇이 있을까?", 스타트업투데이. (2022.11.04.)

앞선 연구자의 연구 결과를 종합하면프레즌스, 지속적 이용 의도 정도가 높은 경향을 보였다. 또한, 주요 요인(개인 혁신성, 프레즌스, 지각된 품질)은 중 이용자의 지속적 이용 의도에 유의미한 영향을 미쳤다. 따라서 본 연구는 중 이용자를 구분할 수 있는 지표에 비용과 시간뿐만 아니라 개인혁신성, 프레즌스, 지각된 품질도 포함될 수 있다는 점을 밝혀냈으며, 메타버스 산업이 주목해야 할 이용자의 특징이 무엇인지 실증적으로 분석했다는 점에서 의미가 있다.

참고문헌

김재필(2021), 『ESG 혁명이 온다』, 한스미디어, 2021.

김승욱 (2023), 디지털 공간서도 사람들 간 관계 관리가 중요하다 [김승욱 메타버스·웹 3.0 경영], 전문가칼럼, 이코노미스트.

김승욱 (2023), CES 2023, 신규 키워드로 웹3.0과 메타버스 선정 [김승욱 메타버스·웹 3.0 경영], 전문가칼럼, 이코노미스트.

나석권(2021), 「ESG 경영의 과거, 현재, 미래」, 사회적가치연구원, 2021.

나영(2011), 「ESG 정보의 가치관련성에 관한 실증연구」, 『경영교육연구』, 제26권 제4 호, 2011, pp. 439~467.

대한상공회의소(2021), 『대한상의 ESG 뉴스레터』, 제3호, 2021.

대한상공회의소, 「ESG 경영과 기업의 역할에 대한 국민의식 조사」, 2021.5.3.

리베카 헨더슨(2021), 『자본주의 대전환: 하버드 ESG 경영수업』, 어크로스, 2021.

이소현, 필수가 된 ESG 경영, 우리가 알아야 할 포인트는?, 소비자평가 http://www.iconsumer.or.kr/news/articleView.html?idxno=24948, 2022.09.12.

김현주, [ESG 마케팅①] 브랜딩 전략, 기업은 무엇을 고민해야 하나?, 세계일보, https://m.segye.com/view/20210716504014, 2021.07.19.

김아현. ESG 경영 우수 사례로 알아보는 스타벅스 친환경 마케팅, ASCENT (어센트), https://www.ascentkorea.com/the-business-case-for-esg/, 2022.09.23.

김재필 KT 수석연구원, ESG와 IT의 상관관계, KDI 경제정보센터, 2022년 11월호

KRS ESG 포털[웹사이트]. (2023.04.10.) URL: https://esg.krx.co.kr/contents/01/01010100/ESG01010100.jsp

KDI, 지속가능한 성장을 위한 기업의 노력, ESG경영, KDI 경제정보센터,

KT Enterprise[웹사이트]. 디지털 기술 없이는 ESG 경영도 실천 불가능하다 https://enterprise.kt.com/bt/dxstory/761.do (2023.04.17.)

NOWexem[블로그]. 월간기술동향 IT 기술로 실현하는 ESG 경영.
https://blog.ex−em.com/1555. (2023.04.17.)

Isohanni, P.(2021), Copyright and human originality in artistic works made using artificial intelligence. Aalto University School of Business. 1−60.

Jacobson, M., Lindberg, J. E., Lindberg, R., Segerstad, C. H. A., Wallgren, P., Fellström, C., & Jensen −Waern, M.(2001), Intestinal cannulation: model for study of the midgut of the pig. Comparative Medicine. 51(2): 163−170.

Jensen, Ø., & Lindberg, F.(2000), The consumption of tourist attraction: A modern, post−modern and existential encounter perspective. In Interpretive Consumer Research: Paradigms, Methodologies & Applications. 213−238. Handelshøjskolens Forlag.

Kauffman, H.(2015), A review of predictive factors of student success in and satisfaction with online learning. Research in Learning Technology. 23: 1−13., https://doi.org/10.3402/rlt.v23.26507

Kim, D., & Jo, D.(2022), Effects on co−presence of a virtual human: A comparison of display and interaction types. Electronics. 11(3): 367., https://doi.org/10.3390/electronics11030367

Kolar, T., Zabkar, V., Brkic, N., & Omeragic, I.(2012), Exploring consumer reactions to the recession in Slovenia and Bosnia and Herzegovina. Managing Global Transitions. 10(2): 121.

Krösbacher, C., & Mazanec, J. A.(2010), Perceived authenticity and the museum experience. In Analysing International City Tourism. 227−241.
https://doi.org/10.1007/978−3−211−09416−7_13

Kalyuga, S., Chandler, P., & Sweller, J.(2001), Learner experience and efficiency of instructional guidance. Educational Psychology. 21(1): 5−23.
https://doi.org/10.1080/01443410124681

Lalicic, L., & Weismayer, C.(2017), The role of authenticity in Airbnb experiences. In Information and Communication Technologies in Tourism 2017. 781−794.,
https://doi.org/10.1007/978−3−319−51168−9_56

Le, T. H., Arcodia, C., Novais, M. A., & Kralj, A.(2019), What we know and do not know about authenticity in dining experiences: A systematic literature review. Tourism Management. 74: 258 −275. https://doi.org/10.1016/j.tourman.2019.02.012

Le, T. H., Arcodia, C., Novais, M. A., & Kralj, A.(2022), How consumers perceive authenticity in restaurants: A study of online reviews. International Journal of Hospitality Management. 100, 103102: 1−11. https://doi.org/10.1016/j.ijhm.2021.103102

Lee, S., Phau, I., Hughes, M., Li, Y. F., & Quintal, V.(2016), Heritage tourism in Singapore Chinatown: A perceived value approach to authenticity and satisfaction. Journal of Travel & Tourism Marketing. 33(7): 981−998. https://doi.org/10.1080/10548408.2015.1075459.

Park, E., Choi, B. K., & Lee, T. J.(2019), The role and dimensions of authenticity in heritage tourism. Tourism Management. 74: 99−109. https://doi.org/10.1016/j.tourman.2019.03.001

Pinner, R.(2019), Authenticity and teacher−student motivational synergy: A narrative of Language Teaching. Routledge.

Rebol, M., Gütl, C., & Pietroszek, K.(2021), Real−time gesture animation generation from speech for virtual human interaction. In Extended Abstracts of the 2021 CHI Conference on Human Factors in Computing Systems. 1−4., https://doi.org/10.1145/3411763.3451554

Reisinger, Y., & Steiner, C. J.(2006), Reconceptualizing object authenticity. Annals of Tourism Research. 33(1): 65−86. https://doi.org/10.1016/j.annals.2005.04.003

Richardson, J., & Swan, K.(2003), Examining social presence in online courses in relation to students' perceived learning and satisfaction. Journal of Asynchronous Learning Networks. 7(1): 1−21. https://doi.org/10.24059/olj.v7i1.1864

Shen, M. J.(2011), The effects of globalized authenticity on souvenir. International Journal of Innovative Management, Information & Production. 2(1): 68−76.

Seo, K., Tang, J., Roll, I., Fels, S., & Yoon, D.(2021), The impact of artificial intelligence on learner—instructor interaction in online learning. International Journal of Educational Technology in

Higher Education. 18(1): 1—23.

https://doi.org/10.1186/s41239—021—00292—9

Schoorman, F.D., Mayer, R.C., & Davis, J.H.(2007), An integrated model of organizational trust: Past, present, and future. The Academy of Management Review. 32: 334—354.

https://doi.org/10.5465/amr.2007.24348410

제12장

ESG 경영과 지속가능한 도시

1 ESG와 서비스 산업

약 20여 년 전 처음으로 대학에서 서비스 경영이라는 과목을 개설하고 강의하려고 했을 때 많은 주변 사람들은 '서비스'라는 단어를 낮추어 보거나 가벼운 외식 사업의 일부분 정도로만 생각하는 분위기였다. 하지만 국제회의, 관광여행산업, 의료관광산업, 외식산업, 호텔산업 그리고 전시 및 컨벤션산업과 같은 MICE 산업은 전 세계적으로 그동안 눈부시게 발전하여 우리의 일상과 더불어서 함께 하는 매우 중요한 산업으로 함께하고 있다.

여기에 한류열풍이 지속적으로 확산되면서 한국에 대한 호감도도 계속해서 확대되고 있는 가운데 오징어 게임 등으로 더욱 위상이 높아진 K-컬처의 활약은 2022년 카타르 월드컵 개막식에서 BTS의 정국의 공연은 K-POP 가수가 다른 나라에서 열리는 월드컵의 공식 주제곡을 부르는 것이 처음인 만큼 전세계의 다양한 국가들에게 K-컬처를 전달하고 함께 즐기는 또 다른 계기가되고 있다.

특히, 메타버스는 미래 신동력 산업 분야인 다양한 서비스 산업, 즉 외식산업, 문화관광산업, 여행 및 호텔항공산업, 의료관광산업, 전시컨벤션 산업 등과 관련된 산업들에게 있어서는 매우 중요한 경영방식이자 경영 도구가 될 수 있다. 이러한 MICE 산업 또는 서비스 기업들은 최근의 코로나19의 영향으로 상당한 어려움을 겪었으며 지금도 완전히 회복된 상태는 아니다. 따라서 메타버스의 특징인 가상현실, 증강현실, 그리고 확장현실 등의 기술을 이용하여 서비스 기업들에게 다양한 경영방식 및 신개념 마케팅 방식 등의 현실적인 대안을 제공해 줄 수 있다.

따라서 ESG 경영시대에 있어서 서비스 산업과 서비스 경영은 환경오염을 줄이면서도 사람들에게 행복감을 제공하고 즐길 수 있는 다양한 엔터테인먼트를 활용할 수 있는 미래 성장에 매우 주요한 분야라고 할 수 있다.

2 중동국가들의 지속가능한 도시를 위한 노력

카타르의 엄격한 이슬람 율법으로 자유로운 관광에도 제약이 있다고 알려지면서 카타르 월드컵 관람객들은 규제가 좀 덜한 인근 중동 국가로 눈을 돌리고 있다. 개최국이 아닌 두바이가 월드컵 특수를 누리는 이유는 경제·문화 인프라 때문이다. 외국에서 온 축구 팬을 수용할 숙박시설이 충분하지 않은 카타르와는 달리 중동에서 가장 유명한 관광도시로 꼽히는 두바이에는 다양한 가격대의 숙박시설이 준비돼 있다.

또한 외국 관광객의 음주를 허용하는 두바이의 자유로운 분위기도 축구 팬들을 끌어들이는 주요한 요인으로 꼽힌다. 카타르는 대회 기간에도 사실상 이전과 비슷한 수준의 엄격한 음주·복장 규정을 고수하고 있으며 당초 경기장 인근 지정구역에서 맥주 판매를 허용할 방침이었지만, 대회 직전 이를 번복하면서 맥주를 마시면서 월드컵 경기를 시청하고자 하는 팬들에게 아쉬움을 남겼다.

아무튼 카타르와 두바이는 새로운 아이디어를 수용하고, 현대도시의 발전적이고 지속가능한 개발전략을 지원하는 기술을 도입하는 데에 주저하지 않는 모습을 보이고 있다. 이미 두바이는 무역, 물류, 관광, 금융 분야에서 세계 5대 글로벌 중심지로 꾸준히 평가받고 있다. 이에 질세라 카타르는 다른 중동 보도 매체와 달리 각종 권력의 간섭에서 벗어난다는 점에 대한 자부심이 엄청난 알자지라 방송국을 보유하고 있으며 카타를 월드컵 개최와 같은 스포츠·엔터테인먼트 분야에서 아랍권에서 챔피온 국가가 되려는 역동적인 노력을 기울이고 있다.

(1) 미래도시로 알려진 두바이의 디지털 시티
: 두바이 디지털 커머시티(CommerCity)

동서양이 만나는 전략적 입지를 자랑하는 두바이는 중동지역의 물류의 허브이면서 다른 주요 금융 국가들과 경쟁하면서 지속적으로 발전해 왔다. 또한, 두바이는 첨단 산업에서 혁신적인 비즈니스 환경을 만들고 있다고 한다. 인공지능, 블록체인, 3D 프린팅, 사물인터넷(IoT) 분야의 장기적인 미래 계획과 함께 혁신을 강조하고 있다.

1) 두바이 커머시티

이를 위해서 두바이의 커머시티는 경제자유구역에서 구역의 운영 및 서비스의 디지털 트랜스포메이션을 강화하기 위해 다수의 새로운 디지털 전략 방향을 선보이고 있다. 커머시티의 기술 최우선 전략은 이 지역 기업들의 성장과 운영을 위한 거대한 플랫폼 역할을 함으로써 사업을 운영하는 기업들의 비즈니스 모델 전환을 촉진하겠다는 구상이다. 이를 가능하게 하도록 커머시티를 디지털 상거래의 중심지로 하면서 두바이와 함께 중동의 디지털 경제를 이끈다는 것이다.

또한, 커머시티는 혁신도시라는 목표 달성을 위해 블록체인, 스마트 전자 서비스 등 디지털 솔루션을 접목해 두바이 디지털 커뮤니티의 성장을 촉진하고 디지털 전환을 가속하는 인프라를 조성하고 있다. 커머시티는 새로운 전략을 통해 디지털 경제 혁신, 비즈니스 환경 및 디지털 인프라의 개선, 디지털 혁신을 수용한다는 방침이다.

2) 두바이와 디지털 도시 지수

이코노미스트(Economist)가 발표한 올해 디지털 도시 지수(Digital Cities Index)에 따르면 두바이는 중동 지역 1위, 세계 18위를 기록했다. 디지털 금융 분야에선 상위 10위 안에 포함되기도 했다. 특히, 두바이는 메타버스와 블록체인 산업과 관련해 실험적인 행보를 보이는 도시 중 한 곳이다. 현지 가상자산 규제기관(VARA)의 경우 지난 5월 이더리움 기반 게임 콘텐츠인 '더 샌드박스(The Sandbox)' 내 가상 부동산인 랜드(LAND)를 매입해 본부를 세우는 방식으로 공공기관 최초로 메타버스 생태계에 진출했다.

세이크 함단 빈 모하메드 빈 라시드 알 막툼(Sheikh Hamdan bin Mohammed bin Rashid Al Maktoum) 두바이 왕세자가 지난 7월 18일(현지시간) 트위터를 통해 향후 5년에 걸쳐 메타버스 산업을 육성하겠다고 발표했다. 2027년까지 블록체인과 메타버스 기업을 현재의 10배 규모로 키워 두바이를 전 세계 10대 도시로 성장시키겠다는 계획을 발표했다. 이미 두바이에 1,000여 개의 블록체인 및 메타버스 기업이 활동을 하고 있는 것을 감안하면 무모하다 싶은 야심 찬 계획이다.

'크립토 성지'로 불리는 두바이에 블록체인 바람이 일고 있다. 바이낸스를 비롯해 FTX, 바이비트, 크립토컴 등 대형 암호화폐 거래소 및 크립토 기업들이 경쟁적으로 진출하고 있다. 두바이는 이미 메타버스와 블록체인 분야에서 1,000개 이상의 기업을 유치했다. 이들 기업은 현재 5억 달러(약 6,554억 원) 규모의 경제 효과를 창출하고 있다.

(2) 카타르, 오일머니 국가에서 스포츠·엔터테인먼트 산업으로 발전

카타르는 기본적으로 아랍에미리트(UAE) 두바이를 비즈니스 모델로 삼고 글로벌 무역의 관문과 금융허브의 역할을 하고자 하였으나 더 자유로운 비즈니스 환경과 이미 두바이가 가지고 있는 금융 도시라는 기득권을 한 번에 뒤바꾸기에는 역부족이라는 것을 인식하였다. 이후 카타르는 프랑스 명문 축구 구단인 파리 생제르망(PSG)를 인수하는 등 스포트·엔터테인먼트 비즈니스에 역점을 두고 있으며 이번 카타를 월드컵 개최도 이러한 국가적 전략 방향에 일환이라고 볼 수 있다.

천연가스 부국인 카타르는 석유 및 가스 수출 외의 수입을 늘리기 위해 관광산업에 주목했다. 카타르 관광청은 '카타르 관광부문 전략 2030(Qatar National Tourism Sector Strategy 2030, QNTSS)'을 런칭했고, 관광 인프라 개발에 힘을 쏟고 있다. 한편, 카타르는 2010년 개최지 확정 이후 지난 12년간 월드컵 준비를 위해 2,200억 달러(약 297조원)라는 천문학적 비용을 쏟아 부었다.

7개 경기장을 비롯해 지하철과 호텔 등을 새로 건설하는 등 국가를 개조하는 수준의 프로젝트를 진행했다. 카타르는 월드컵 경제효과를 26조 원으로 예상하고 있어 투자 금액과 비교해 턱없이 부족하다고 느낄 수 있지만, 월드컵 개최로 인한 국가 홍보는 경제적 금액만으로 환산하기 어려운 게 현실이다. 카타르는 월드컵 개최를 통해 스포츠·엔터테인먼트 분야의 강국이라는 국가적 이미지를 통해 중동에서 두바이와 어깨를 나란히 하며 MICE 산업의 혁신 국가로 도약하겠다는 원대한 꿈을 꾸고 있다.

천연가스 부국인 카타르는 석유 및 가스 수출 외의 수입을 늘리기 위해 관광산업에 주목했다. 카타르 관광청은 2014년에 장기 프로젝트인 '카타르 관광부문 전략 2030(Qatar National Tourism Sector Strategy 2030, QNTSS)'을 런칭했고, 관광 인프라 개발에 힘을 쏟았다. 이와 관련하여 카타르 정부는 호텔 건설과 월드컵을 위한 인프라 건설은 물론이고 비즈니스 방문객을 유치하기 위해 국제 회의(Meeting), 인센티브 관광(Incentive Travel), 컨벤션(Convention), 전시회 (Exhibition) 등 MICE 산업에도 신경을 쓰고 있다.

카타르는 2010년 개최지 확정 이후 지난 12년간 월드컵 준비를 위해 2,200억 달러(약 297조원)라는 천문학적 비용을 쏟아 부었다. 7개 경기장을 비롯해 지하철과 호텔 등을 새로 건설하는 등 국가를 개조하는 수준의 프로젝트를 진행했다. 카타르는 월드컵 경제효과를 26조 원으로 예상하고 있다. 투자금액에 비해 턱없이 부족하다고 느낄 수 있다. 겉으로는 그럴 수 있다. 실제 내용은 아니다. 월드컵 개최로 인한 국가 홍보는 돈으로 환산하기 어려운 게 현실이다. 사회기반 시설 확충은 국가발전의 원동력이 된다. 또한, 월드컵 개최를 통해 이미지를 현대화하고 두바이와 어깨를 나란히 할 수 있는 MICE 산업의 선진 국가로 도약하겠다는 원대한 포부를 확인할 수 있다.

(3) 사우디아라비아와 네옴 시티

사우디가 이처럼 적극적으로 스마티 시티 개발과 사회·경제 개혁에 나선 것은 석유 패권의 종식이 가까워지고 있다는 판단에서다. 세계적으로 친환경 발전 수요가 늘며 석유 수요가 감소하는 가운데, 셰일 오일을 앞세운 미국이 세계 1위 원유 생산국 자리에 올랐다. 사우디는 러시아에 이은 3위다. 이에 앞으로 미국이 중동 문제에 개입할 가능성이 작아질 수 있다.

그린수소는 재생에너지에서 나오는 전기로 물을 분해하여 생산하는 친환경 수소로, 그린수소를 생산하기 위해서는 암모니아가 필요하다. 이에 39만 6,694㎥ 규모의 그린수소 암모니아 공장을 사우디 홍해 연안 얀부시에 지어 20년간 운영할 계획이다. 양해각서 체결로 연간 120만t 규모의 그린수소·암모니아가 생산될 전망이다. 친환경 도시를 건설할 계획인 빈 살만 왕세자와 전기 공급을 위해 여러 신재생에너지 관련 기술을 축적해온 한국전력 간의 이해관계가 맞아떨어진 결과다.

그린 수소 분야 사업은 한국전력의 주도로 진행 중이고 삼성물산을 비롯한 한국남부발전·한국석유공사·포스코 등이 컨소시엄으로 참가할 전망이다. 17일 오전 10시 5개 사는 PIF와 양해각서를 체결했다.

한편, 네옴철도 사업에 뛰어들 현대로템은 사우디 정부와 직접 소통한다. 네옴시티의 철도 인프라 구축을 위해 사우디 철도청과 철도차량 제조공장 설립, 철도 건설을 위한 고속철·전동차·전기기관차 구매 예약 등을 추진할 예정이다. 정의선 회장은 네옴시티 프로젝트를 적극적으로 활용해 현대차그룹을 '종합 모빌리티 솔루션 기업'으로 재탄생시킨다는 계획이다. 현대건설을 인프라 건설 주도업체로 참가시키는 동시에 자율주행, 스마트물류, 도시 내 항공운송 시스템(UAM) 사업에 전체 계열사를 진출시키려는 구상이다.

또한, 네이버의 '네옴시티' 사업 수주 핵심 전략은 '자연재해 방지'로 확인됐다. 5일 사우디아라비아(이하 사우디)가 추진 중인 네옴시티 사업수주에 도전하고 있는 정부·네이버 관계자 말을 종합하면 네이버는 '디지털트윈'을 무기로 도시 조성 계획 수립·수정 사업 부문 참여를 타진하고 있다. 재난·재해에도 도시가 정상적으로 운영될 수 있도록 기반 시설을 구축하는 데 밑그림을 그리는 프로젝트에 참여하는 것이다.

디지털 트윈은 실제 세계를 가상에 정밀하게 구현, 시뮬레이션 등 모의실험을 진행하는 개념을 말한다. 새로운 건축물·도시 따위를 현실에 구현하기 전 예상치 못한 문제점을 찾아내거나 구상한 취지에 맞게 시설물 운영이 가능한지를 살피는 데 사용되곤 한다. 스마트시티 실현을 위해 디지털트윈 기술을 적용하고 있다. 그동안 네이버는 네옴시티 프로젝트 중 로봇·클라우드 솔루션 분야 참여를 타진하는 것으로 알려졌다. 하지만 네이버가 그리는 그림은 이보다 더 방대하다. 건물 단위가 아닌 도시 조성 사업 참여에 도전하고 있기 때문이다.

3 글로벌 지속가능한 도시들[1]

캐나다 지속가능미디어 컨설팅기업인 코퍼레이트 나잇츠(Corporate Knights)가 16일(현지시간) 전 세계에서 '가장 지속가능한 도시 50곳'을 발표했다.

코퍼레이트 나잇츠의 지속가능도시 지수(Sustainable Cities Index)는 기후 변화, 대기질, 토지 이용, 교통, 물, 회복력 등 12개 정량 지표를 기반으로 도시의 지속가능성을 평가한다.

올해에는 스웨덴 스톡홀름, 노르웨이 오슬로, 덴마크 코펜하겐이 지속가능한 도시 상위 3곳으로 꼽혔다. 이어 핀란드 라티·헬싱키, 영국 런던, 일본 도쿄, 캐나다 벤쿠버가 전체 A등급을 받아 상위 8위에 포함됐다.

공공데이터를 활용해 지표별 1.0점 만점 기준으로 평가된다. 12개 지표별 5%나 10% 부여되며, 이 중 '대기질(Air Quality)' 지표의 가중치가 20%로 가장 높았다.

상위 8위에 속한 도시들 모두 대기질 지표는 A+ 등급을 받았으며, 기후 변화 회복력, 지속가능한 정책, 물 접근성 지표에서도 대부분 A−B 등급을 받았다. 하지만 '소비 기반 온실가스 배출' 지표에서는 상위 8개 도시 모두 C 등급을 받았다.

보고서는 이에 대해 "도시는 주거용 에너지 사용, 운송, 상품·서비스의 생산 및 소비 등을 통해 대부분 온실가스를 배출한다"며 "상위 도시라 해도 12개 지표 모두에서 최고 점수를 받은 곳은 단 한 곳도 없었다"고 설명했다.

한편 코퍼레이트 나잇츠는 지속가능한 도시 상위 10곳 중 절반은 여성 시장이 이끌고 있다는 흥미로운 분석 결과를 발표했다. 특히 상위 3위 도시는 모두 여성 시장이 임명됐다.

보고서는 전 세계 여성 시장들이 도시의 지속가능성에 얼마나 기여했는지,

---

1) 김환희(2022), 세계에서 가장 지속가능한 도시 3곳은 어디?, IMPACT ON(임팩트온).

기후행동의 리더로서 어떻게 두각을 나타내고 있는지에 대한 추세를 파악했다.

다음은 상위 3개 도시의 주요 지속가능성 성과와 여성 리더들이 도시를 어떻게 지속가능하게 만들고 있는지를 나타낸다.

(1) 스톡홀롬, 대중교통 이용도 및 대기질 청정도 최상

스톡홀롬은 2022년 지속 가능한 도시 지수에서 전체 1위를 차지했다. 유럽에서 1인당 직접배출량인 스코프(scope) 1이 가장 낮으며, 대기질의 청정도는 유럽에서 가장 높다. 도시 내 공원과 같은 개방 공간도 많이 보유하고 있고 자전거, 도보 등 주민들은 지속가능한 교통 방식을 선택해 가구당 차량 보유 수가 가장 낮은 것으로 나타났다.

스톨홀름은 대대로 여성 시장이 이끌며 기후변화 정책을 이끈 곳으로 알려져 있다.

2002년 스톡홀롬의 첫 여성 시장이었던 아니카 빌스트룀은 시내로 들어오는 모든 차량에 대해 혼잡통행료를 부과했다. 당시 시내 중심부에 있는 노동자의 3분의 2가 교외에서 통근했으며, 주로 교량을 이용해 교통 체증이 심각했다. 그는 7개월 동안 자동차들이 시내 중심부로 들어올 때마다 약 3달러(3,800원)의 요금을 부과했다. 이후 교통량은 5분의 1로 줄었고, 통근자의 4분의 1이 교통수단을 대중교통으로 전환했다.

이후 스톡홀롬은 3명의 여성 시장을 거쳤다. 현 스톡홀롬 시장 안나 쾨니히 예를미르가 2018년에 선출된 이후, 전기 자동차 인프라와 전기 용량을 확대하기 위한 '전기화(electrification) 협정'을 체결했다. 현재 그는 기후 행동을 촉진하는 전 세계 시장들의 네트워크인 'C40 운영위원회'의 공동 의장이다.

스톡홀롬은 2030년까지 도심 내 모든 주차 공간에 전기충전소를 설치하고 모든 교통수단의 무배출을 실현하는 것을 목표로 한다.

(2) 오슬로, 녹지 개조해 기후변화 복원력 높여

노르웨이의 오슬로는 지속 가능한 도시 2위를 차지했으며, 기후 변화 복원력 측면에서 오슬로가 가장 높은 점수를 받았다.

이 지표는 기후변화 영향력에 대한 취약성이 낮고, 기후변화 재난이 주민들에게 영향을 미칠 경우 도시의 적응력이 높다는 의미다.

최초의 여성 시장 마리안 보르겐 시장은 2015년부터 가장 효율적인 도로망을 건설했다. 도로 복잡성도 1㎢당 1㎞ 미만으로 도로 인프라 효율성 및 대중교통 이용도가 높다.

오슬로는 1인당 온실가스 배출량뿐 아니라 고형 폐기물 생산량 지표에 있어 그 수치가 유럽에서 가장 낮은 도시 중 하나에 속한다.

마리안 보르겐 시장은 시내에 있는 강을 둘러싼 고속도로를 4.5헥타르 규모의 보행자 전용 녹지로 개조하기도 했다. 그는 2024년까지 디젤차와 2030년까지 가솔린차를 전면 금지하겠다고 선언했으며, 앞으로 기존 주차장의 72%를 없애고 1천㎞의 자전거 전용 차로를 추가로 만들 예정이다.

(3) 코펜하겐, 온실가스 배출량 및 물 소비 최저

지속가능한 도시 3위인 코펜하겐의 1인당 온실가스 배출량은 0.9%로, 배출량 및 물 소비는 낮지만 유럽에서 가장 효율적인 도로망을 보유하고 있다.

코펜하겐 시장은 도로 요금을 인상한 이후 시민들은 전체 교통수단의 67%를 도보, 자전거, 대중교통으로 이용하고 있다. 스톡홀름의 대중교통 이용률이 53%인 것에 비해 높은 편이다.

기후 변화 복원력 측면에서도 A등급을 받았다. 코펜하겐 소피에 앤드슨 시장은 홍수, 산사태 등 기후 재해에 대한 준비성을 높이기 위해 코펜하겐 중심지 주변의 언덕에 100만 그루의 나무를 심었고 도시 이주를 막기 위해 시골

내 일자리를 창출하기도 했다.

4 주요 시사점

이렇듯 인간이 꿈꾸고 상상하는 것들이 현실이 되는 세상이 진정한 의미에서 광의의 메타버스 세상이 아닐까 생각해 본다. 즉, 세계적인 석유 산유국들의 모래사막에 친환경 첨단 스마트 도시 건설을 미리부터 준비하는 모습과 천연자원 빈국들이 에너지 패러다임을 바꾸어 친환경 에너지 자원을 개발하려고 노력하고 있다. 2023년을 맞이하는 우리 각자와 기업들에게 미래는 단순한 변화(change)를 요구하는 것이 아니라 미래 산업을 선점하기 위한 비즈니스의 대전환(big transformation)을 요구하고 있다.

특히, 오일에너지의 패권에 의해 세계를 지배하는 시대를 벗어났음을 보여준다. 이는 지적 산업이 경제와 사회를 이끌어가는 시대에는 혁신적인 아이디어를 얼마나 정책에 빨리 그리고 많이 접목하느냐로 판가름 난다는 것이다. 다른 북아프리카나 산유국들이 오일달러를 이용해 개인 재산 축적의 사례와는 달리, 두바이는 미래를 두고 이를 구현한다는 지도자의 혁신적인 점이 세계적 혁신지형을 변화시킨 것이다. 또한 민주국가들은 대부분 선거에 의해 지도자가 한시적으로 결정된다. 정책에 일관성이 없어지고 아무리 좋은 정책도 전임자가 추진했던 것들은 없던 일로 해버리는 일이 다반사이다.

그러나 두바이는 왕권을 중심으로 지속적으로 정책을 일관성으로 여성의 참여까지 다양하게 빅푸시(big push)전략 개발로 추진하여, 세계적인 영향력은 더욱 확대된다. 이는 경제 특구의 형태로 클러스터를 조성하여 친화적인 산업 정책과 세계적 수준의 인프라와 혁신개발을 제공했기 때문이다. 두바이는 사막에 거대한 혁신적인 도시를 건설하여 지금은세계의 관광산업, 도시의 기본 개념, 항공 산업, 미래 도시, 4차 혁명 시대의 도시와 삶 등을 실용화하고 하고 있다. 이를위해 혁신적인 대학촌을 건설하고 세계적인 대학을 유치 인재를 집중 시키고 양성하고 있다. 이들 모든 정책이나 혁신적인 실천 사항들은 중동은 물론 아시아, 유럽, 더 나아가 세계적으로 영향력을 확대하여 세계의 판도를 바꾸어 나가고 있다.

참고문헌

김승욱 (2023), 두바이·카타르, 서비스 산업과 디지털 혁신으로 급성장 중 [김승욱 메타버스·웹3.0 경영], 전문가칼럼, 이코노미스트.

노아윤(2022), "국내 최초 하이브리드 항공사 에어프레미아, 블록체인 기반 탄소금융전문 기업 지구를 구하는 인간(주)과 업무 협약 체결", 「HOTEL & RESTAURANT」.

서성은(2008), 「메타버스 개발동향과 발전전망 연구」, 『한국컴퓨터게임학회논문지』, no.12, pp.15–23.

설동훈, "두바이 제2도약 시동… "세계 10대 메타버스 경제도시 만든다"", 「뉴스드림」, 2022년 7월 22일.

안소영. "'초통령' 된 메타버스, 엔터·명품 업체도 러브콜", 「이코노미조선」, 2021년 5월 3일.

안옥희, "24시간 일하고 매니저도 필요 없다' 인간의 자리를 넘보는 가상 모델들", 「매거진한경」, 2021년 7월 9일.

윤정현(2021), Metaverse, 가상과 현실의 경계를 넘어, 과학기술정책연구원, 49(1–2), 3–8.

이승환(2021.3.17.), 「로그인(Log In) 메타버스: 인간×공간×시간의 혁명」, 『SPRi 이슈리포트』.

이승환(2021.04.20), 메타버스 비긴즈(BEGINS): 5대 이슈와 전망, 『SPRi 이슈리포트』.

한상열(2022.01.14), 메타버스 新인류, 디지털 휴먼, 『SPRi 이슈리포트』.

Dae–Sung Seo, Dong–Hwa Kim / International Journal of Industrial Distribution & Business 9–12(2018) 55–61

Al–Saleh, Y. (2018), Crystallising the Dubai model of clusterbased development. Place Branding & Public Diplomacy, 14(4), 305–317.

Bashar, S. (2016), El–Khasawneh A Science and Technology Road Map for

Developing Countries. International Journal of Humanities and Social Science, 6(1).

Cherrier, H., & Belk, R. (2015), Setting the conditions for going global: Dubai's transformations and the Emirati women. Journal of Marketing Management, 31(3), 317−335.

Chu, D. C. (2018), Employment motivation and job−related satisfaction: a comparison of police women's perceptions in Dubai and Taipei. Policing & Society, 28(8), 915−929.

Deloitte (2017), National Transformation in the Middle East, A Digital Journey. Retrieved from

https://www2.deloitte.com/content/dam/Deloitte/xe/Documents/technology−me dia−telecommunications/dtme_tmt_national−transformation−in−the−middleea st/National%20Transformation%20in%20the%20Middle%20East%20−%20A%20Digit al%20Journey.pdf.

Dow, K. (2017), Cosmopolitan conceptions: IVF sojourns in global Dubai Problems of conception: Issues of law, biotechnology, individuals and kinship. Journal of the Royal Anthropological Institute, 23(3), 623−625.

DSP (2018), Dubai science park community. Rretrieved from

http://www.dsp.ae/community/business−partners/

Ewers, M. C., & Dicce, R. (2016), Expatriate labour markets in rapidly globalising cities: Reproducing the migrant division of labour in Abu Dhabi and Dubai. Journal of Ethnic & Migration Studies, 42(15), 2448−2467.

Gremm, J. (2015), Kuwait is the Past, Dubai is the Present, Doha is the Future: Informational Cities on the Arabian Gulf. International, 6(2),1−14.

Kim, J. M. (2013), UAE 's post − oil era strategy and our direction. GCC National Institute of Dankook University.

Ofek H. (2013), Why the Arabic World Turned Away from Science. Washington, DC: New Atlantis pubulished.

Reisz, T. (2018), Landscapes of Production: Filming Dubai and the Trucial States. Journal of Urban History, 44(2), 298−317.

Sab, R. (2014), Economic Impact of Selected Conflicts in the Middle East: What Can We Learn from the Past? New York, NY: IMF working paper press.

Seo, D.S. (2017), The investment point on cooperative innovation in EVs for the spoke−smart cities: focused on Nordic countries and Korea. The Journals of Economics, Marketing & Management, 5(3), 1−11.

Seo, D.S. (2016), The Role of Innovative Energy Public Firms' Channels according to Shale Gas for E−Convergence Economy. The Journal of Distribution Science, 14(5), 17−26.

Seo, D.S. (2016), The Commerce Strategy towards Pan−European Innovation and Consumption: Spokes Partnership for FDI of Korea. Journal of Internet Banking and Commerce, 21(S2), 1−7. UNESCO (2011). UNESCO's Global Observatory on Science, Technology and Innovation Policy Instruments GO, Division of Science Policy and Capacity Building, Natural Sciences Sector. Retrieved from http://www.unesco.org/new/

The economist (2014), UAE Economic Vision: Women in science, technology and engineering. London, England: the economist intelligence unit press.

The Dubai Government (2018), Key sectors in science and technology. Retrieved June 18, 2018 from http://www.dubai.ae/en/Pages/default.aspx.

제13장

ESG와 지속가능 대학 및 지방자치단체

　　최근 서울대학교 또한 ESG를 중요한 경영 원칙으로 채택하고 있다. 환경 관리를 위해 친환경 건물 구축과 재활용 프로그램을 운영하고 있으며, 사회적 영향을 고려하여 사회적 약자를 위한 프로그램과 지역사회 발전을 위한 협력 프로젝트에 참여하고 있다. 또한, 거버넌스 측면에서는 투명하고 효과적인 의사결정 구조를 구축하고 내부 통제 체계를 강화하고 있다. 이를 통해 대학의 ESG 성과와 지속 가능한 경영에 기여하고 있다. 해외 사례로는 하버드 대학교는 ESG를 중요한 가치와 원칙으로 채택하고 있다. 환경 관리를 위해 친환경 건물 건설과 재생 에너지 투자를 진행하고, 사회적 영향을 고려하여 사회적 책임 프로그램과 지역사회 발전을 위한 프로젝트를 추진하고 있다. 또한, 거버넌스 측면에서는 투명한 의사결정 구조와 이사회의 다양성을 강조하고 있다. 이를 통해 대학의 ESG 성과를 높이고 교육 품질과 국제적인 명성을 향상시키고 있다.

1 대학과 ESG

(1) 대학에서의 ESG 필요성[1]

바야흐로 ESG 시대다. 기업은 물론 변화가 늦은 대학가에도 ESG 열풍이 불고 있다. ESG 시대를 맞이해서 대학의 고민도 커지고 있다. 대학은 ESG 전문인재 양성뿐만 아니라 대학의 지속가능성을 확보하기 위한 경영 전략을 별도로 세워 추진해야 한다. 그러나 복잡한 대학 상황이 대학으로 하여금 ESG 경영을 위한 준비를 하는 데 발목을 잡는다.

그래도 일부 선도대학 중심으로 ESG 전문인재 양성을 위해 교육과정을 신설하거나 고도화하고, 산업체와의 파트너십을 통한 ESG 관련 교육 프로그램을 제공하고 있다. 기업 임원 대상으로 기후변화와 ESG 경영에 대한 전문가 과정을 개설하는 대학도 늘어나고 있다. 또한 산업체와 협력해 산학연 연계 ESG 청년 취업역량 강화 및 일 경험 지원에 나서는 대학도 있다. SK처럼 아예 직접 산학 연계 ESG 강좌를 대학에 개설하는 사례도 볼 수 있다.

경영적 측면에서도 일부 대학은 ESG 거버넌스 구축 및 성과 공시 등 발빠른 대처를 보여주고 있다. 이들 대학들은 ESG위원회를 신설하고 학내 탄소 배출량 감축, 이해관계자 인권 증진, 윤리경영 실천전략 마련 등 다양한 ESG 활동을 추진하며, 대학 내 ESG 생태계 조성에 나서고 있다.

해외 대학에서는 ESG 채권발행, 기부금 운영에 ESG기준을 적용하는 사례도 보이는데, 스탠포드 대학의 경우 지난해 환경적 책무와 사회적 책임 기준에 기반한 채권을 발행했고, 오하이오 주립대학교도 6억 달러의 녹색채권을 발행했다. 하버드 대학 등 유수대학들이 화석연료산업 투자 분을 ESG를 준수하는 산업으로 돌리고 있는 점도 주목할 만하다.

---

1) 한국대학신문, [사설] 대학 ESG 경영의 가이드라인이 필요하다, 2022.11.

해외 대학에 비해 국내 대학의 ESG 경영은 아직 갈 길이 멀다. 구성원의 공감도도 낮고 대학 경영진의 의지도 높지 않다. 학령인구 감소, 재정난 악화 등 현안에 치이다 보니 ESG와 같이 시간과 비용이 드는 이슈에 눈 돌릴 틈이 없다는 것이 대학가의 솔직한 목소리다. 그러나 산업사회의 주요 규범이 이미 ESG 중심으로 돌아가는데 대학만이 고고한 성으로 남을 수는 없는 노릇이다. 늦었지만 지금이라도 대학을 ESG 경영 체제로 전환하는 것만이 지속가능성을 높일 수 있는 유일한 방도라는 것에 인식을 같이 해야 한다.

(2) 대학 ESG 가이드 라인

우리 대학들이 혼선을 겪지 않고 대학 나름대로의 ESG 경영 모델을 구축해나가기 위해서는 어느 정도 가이드라인이 필요하다는 생각이다. 실제로 일부에서는 중소벤처기업에서 내린 '중소기업을 위한 K-ESG 가이드라인'처럼 교육기관이나 대학이 활용할 수 있는 지침이라도 있으면 좋겠다는 볼멘소리도 나오고 있다. 반면 대학의 ESG 경영에까지 정부가 지침을 내려야 하느냐며 '지나치다'는 의견도 있다. 그러나 누가 주도하든 대학이 ESG 경영에 참고할 수 있는 가이드라인이나 체크리스트 제시는 필요하다.

현재 국내에는 미국처럼 대학경영에 대한 객관적인 데이터나 등급을 제시하는 대학은 전무한 실정이다(문형남, 2022). 정보공시 제도가 있기는 하지만 공시지표가 ESG 경영에서 요구한 지표를 갖추지 않았기에 추진 성과를 보고할 수 있는 프레임이 없다는 말이 정확하다.

미국의 경우 고등교육기관 지속가능성 발전협회(AASHE: The Association for the Advancement of sustainability in Higher Education)의 지속가능성 추적평가시스템(STARS:Sustainability Tracking, Assessment & Rating System)이 있어 대학들이 상호 간 지속가능성 성과(sustainability performance)를 측정하고 비교하는 자기보고 프레임워크를 활용하고 있다.

일명 스타스로 불리는 추적평가시스템은 전 세계 어느 대학이라도 참가할 수 있으며 다른 대학들과의 정보 공유를 통해 자기 대학의 지속가능성 수준을 자체적으로 점검할 수 있는 기회를 가질 수 있다. 대학은 입력 결과에 따라 플래티늄, 골드(금), 실버(은), 브론즈(동), 리포터(Reporter) 등의 등급을 받을 수 있는데 그 대학의 지속가능성을 판별하는 유력한 기준으로 활용되고 있다.

대학이 ESG 경영을 잘 해나가기 위해서는 대학의 노력도 필요하지만 그 노력을 담아내고 표출할 수 있는 제도적 틀도 무시할 수 없다. 이제 ESG 경영은 대학으로서는 '선택'의 문제가 아니고, 기필코 해내야 하는 '필수' 요소가 되고 있다. 대학이 ESG 경영을 준비하는 데 참고가 될 레퍼런스가 하루 빨리 만들어지길 바란다.

현재 한국의 대학교들도 ESG 관련 교과 개설을 통해 학생들이 지역 사회 및 우리 사회, 더 나아가 세계에 대한 민감한 의식과 감각을 가질 것을 기대하고 있고, ESG는 학생들에게 멀리 있는 개념이나 이상적인 구호가 아니며 기업 조직이라는 거시적인 차원뿐만 아니라 개인의 삶에도 언제든지 실천 가능한 것임을 배워야 한다.

최근 '대학 ESG 가이드 라인 V1.0'은 대학 ESG 경영의 종합 가이드 역할을 담당할 것으로 보인다. 가이드 라인은 대학이 우선적으로 고려해야 할 ESG 경영 요소와 국내·외 주요 평가지표와 공시기준 등을 분석하여 대학에 적용 가능한 핵심적인 88개 항목으로 구성됐다. 가이드 라인은 일반 대학과 전문대학이 함께 사용할 수 있도록 구성됐다. 대학 자체적으로 해외 대학평가 기준과 국내 제도를 고려해 ESG 경영을 추진할 수 있도록 유연성을 제고했으며, 기업 평가지표에서 대학 특성이 고려된 진단항목 개발을 통해 선택적으로 고려할 수 있도록 준비했다.

앞서 언급한 가이드라인은 국내외 주요 평가지표와 공시기준 등을 분석해 공통적이고 대학에 적용 가능한 핵심적인 4개 영역, 19개 범주, 88개 항목

등으로 구성됐다. 해당 4개 영역은 각각 △E △S △G로 나눠 대학경영을 포함했다[2]

우선 E는 환경경영 목표와 환경관리가 중점적으로 들어가 있어 총 2개 범주, 23개 세부 항목으로 나뉜다. S는 사회적 책임 경영 목표, 노동, 안전 보건, 인권 존중 및 보호, 동반성장 및 지역 상생 등으로 총 9개 범주, 27개 세부 항목으로 돼 있으며 G는 운영위원회 구성 및 활동, 윤리 경영 등을 포함한 총 4개 범주, 16개 세부 항목으로 구성했다. 마지막으로 대학경영은 교육과정, 연구, 이해관계자 참여, 지역사회 등 총 4개 범주, 22개 세부 항목으로 돼 있다.

이번 가이드 라인으로 대학은 ESG 경영전략 수립의 방향성을 세울 수 있을 것이며, 대학 스스로 ESG 경영 목표와 전략 수립에 도움을 받게 될 것으로 기대된다. 더불어 대학은 ESG 경영 수준 향상과 평가에 대한 이해 제고 및 평가 대응역량을 확보할 수 있게 될 것이다.

그러나 아직 문제도 많다. ESG 지표 중 E와 S는 어느 정도 완성도 있게 제시된 반면 G인 지배구조 부문에서는 지표를 더 정교화 할 필요가 있다. ESG 경영이 궁극적으로 대학의 지속가능성 제고를 위한 것이기에 리스크 경감 차원에서라도 지배구조 관련 지표는 다각도로 재검토돼야 할 것이다.

또한 ESG 경영의 내실화를 위해 그린워싱(Green Washing·위장 환경주의)과 엄격히 구분될 수 있도록 엄격성을 담보하기 바란다. 막 ESG 경영을 시작하는 대학 경영자와 구성원들이 새길 만한 얘기다.

이번 가이드라인의 특징은 대학 상황을 고려해 ESG 요소를 제시한 점이다. 국내 대학이 활용 가능한 실질적 문항으로 구성했고, 대학평가 기준과 국내 제도를 고려해 유연성을 제고했으며 대학의 경영환경에서 선택적으로 고려할

---

2) 한국대학신문, '대학 ESG 교육 세미나' 성공적 개최⋯ ESG 가이드라인 국내 최초 공개, 2023.4

수 있도록 문항들을 제시했다.

(3) ESG 경영과 대학의 역할

특히, 사립대학을 포함하여 대학은, 교육과 인재양성이 갖는 공적 성격에 기인하여 국가로부터 재정 지원을 받는 등, 공공기관으로서의 성격을 갖고 있으므로 여타 공공기관과 마찬가지로 환경, 사회적 책임, 투명한 지배구조 등에 관심을 갖고 사회적 책임을 감당해야 한다. ESG 경영의 지속적인 확산을 위해서는 전반적인 국민인식 향상과 법, 제도적 정착이 필요한데 이를 위해서는 대학의 적극적인 역할이 요구된다. 여기서는 다름이 세 가지에 주목하고자 한다.[3]

첫째, 대학들은 ESG 인재 양성 및 ESG 분야 연구를 확대해야 한다.

미래 세대인 학생들의 최대 관심은 지속가능성인 만큼 학생들에게 기업과 사회의 지속가능성을 구현하기 위한 ESG 경영을 교육하는 것 역시 필수적이다. 하버드 대학과 스탠퍼드 대학 등 해외 주요 대학들이 MBA 과정에서 ESG 강좌를 필수 교과로 운영하고 있듯이, 국내 대학들도 ESG 과목의 개설을 비롯해 교육과정 개편을 적극 추진할 필요가 있다.

둘째, 대학들은 실천적 ESG 경영을 통하여 문화확산에도 기여할 수 있다.

최근 ESG가 사회전반으로 확산되면서 대학가에서는 앞 다투어 ESG 경영 선포식 등을 통하여 ESG 경영에 대한 포부를 밝히고 있다. 하지만 왜 ESG를 하는지에 대한 설명 없이 단순히 우리 대학은 ESG 경영을 한다는 식의 홍보 위주 이벤트로 끝나는 것은 바람직하지 않다.

셋째, 대학에도 ESG 경영에 대한 공시기준을 마련할 필요가 있다.

일부 대학들이 ESG 경영에 대한 원칙적 지지와 포부를 밝히고 있으나, ESG 경영을 위한 구체적인 방책에 대해서는 뚜렷한 지침이나 안내가 없어 어

---

3) 미래정책연구실(2022), ESG 경영과 대학의 역할, KASF BRIEF, 한국사학재단

려움을 겪고 있다. 따라서 대학에서도 공공기관과 같이 ESG 경영 문화확산의 방법으로 대학알리미를 통한 ESG 경영 공시를 확대 및 강화하는 방안을 마련하는 것이 필요하다.

한편, 이제 대학도 ESG 관련 경영 공시가 의무화될 시기가 다가오고 있다. 대학 현장에서는 향후 대학평가에 ESG 요소가 반영될 것으로 예상하고 있다. 재정지원 사업 평가가 '기관평가인증'과 사학진흥재단의 '대학경영평가'로 단순화되면서 기관평가인증을 보완해야 한다는 주장이 제기되고 있는 것이다. 그 보완요소로 'ESG 경영'이 고려될 것이란 예상이다.[4]

그러나 ESG경영에 대한 대학의 준비는 아직 초보단계에 머물러 있다. 경영진이나 구성원 모두 ESG에 대한 이해도가 낮은 편이다. 이에 따라 대학이 ESG경영에서 고려해야 할 레퍼런스 필요성이 생기게 됐다. 이번 가이드 라인은 그런 요구로 만들어진 것이다.

2 국내외 대학의 ESG 추진현황

ESG 경영이 한국 사회의 화두가 되면서 사회 구성원들의 관심 또한 높아졌다. 사회적 핵심 가치로 ESG를 강조하고 있는 상황은 대학에서도 마찬가지이다. 국내외 대학들은 ESG 경영을 커리큘럼에 도입하기 시작하였다. 경영대학원 전공 수업에 ESG 과목을 신설해 ESG 전문 인력을 양성하고, MBA 과정에 ESG 전문 트랙을 넣어 실무적인 경험을 제공하기도 한다.

ESG가 사회 전반에 퍼지고 있는 만큼 대학(원)생들도 ESG의 개념을 제대로 이해할 필요가 있기 때문이다. 대학에서도 ESG 교육을 확대함으로써 학생

---

4) 한국대학신문, [사설] 대학 ESG 경영 가이드 라인 V1.0 발표에 부쳐, 2023.4

들이 ESG에 관한 사회적인 동향을 이해하고 이를 필수 소양으로 함양하도록 발 빠르게 대응하고 있다. 교양 교과목이나 아이디어 공모전, 경진대회 등의 형태로 학생들이 현 시대에 요구되는 사회적 책임, 지속가능성의 가치, 사회 혁신 등을 깊이 이해하고 실행하도록 돕는 교육을 적극적으로 해나가고 있다. 이는 사회로의 진출을 앞두고 있는 대학생들을 교육하는 데 있어서도 주목해야 할 중요한 이슈라고 할 수 있다.

대학은 사회발전에 기여할 인재를 양성하고 인류가 직면한 문제의 해결책을 찾아 더 나은 방향으로 나아갈 수 있도록 비전을 보여주는 조직이다. 이런 점에서 기업이 ESG 교육 투자를 경쟁 전략으로 선택한다면, 교육의 중심인 대학에서의 ESG 인재 양성은 교육 투자에 있어 중요한 투자 대상이다.

(1) 하버드대학교

하버드 대학교는 ESG에 관련하여 명확한 목표를 제시하고 있다. 하버드 대학교의 지속가능성보고서를 살펴보면 가장 먼저 등장하는 키워드가 탄소 배출 및 에너지(Emissions and Energy)이다. 실제로 2016년 온실가스 배출량 30% 감축 목표를 달성했고 현재까지도 유지해오고 있다. 하버드의 지속가능성은 학술연구, 기관운영, 더 나아가 일상 생활의 필수 불가결한 요소라고 인식하는 문화 확산을 위해 강력한 리더십으로 대변되는 지배구조의 중요성이 강조된다. 이는 지속가능성 위원회, 지속가능성 관리 협의회, 지속가능성 학생 리더 협의회로 이루어져 있다. 이렇게 하나의 프로젝트가 지배구조의 관리 감독하에 시행되며, 환경/사회 모든 분야에 긍정적으로 끼치는 모습을 통해 ESG가 통섭, 융합의 역량을 요구한다는 사실을 알 수 있다.

하버드의 지속가능성 리포트는 다음과 같은 5가지 키워드로 구성해 각 영역에서 ESG 활동을 추진하고 있다.

가. 온실가스 배출과 에너지 사용

나. 건강과 행복

다. 캠퍼스 운영

라. 자연과 생태계

마. 문화와 학습

가. 온실가스 배출과 에너지 사용

첫 번째로 온실가스 배출과 에너지 사용을 목표로 한 ESG 활동은 정량적인 목표를 제시한 후 보완하는 것에 집중했다. 에너지 효율과 관련된 전반적인 검사를 진행한 후 68개의 건물에 개선이 필요하다고 파악했다. 개선 요구되는 건물의 LED 조명을 업그레이드해 전력량을 감소시키고, 조명제어시스템과 빛 감지 센서를 설치해 에너지 효율을 상승시켰다. 이에 더해 해당 건물 중 가장 많이 사용되는 연구실을 집중적으로 관리·계획하도록 추진했다. 실험실의 사용량, 활동량에 근거하여 공간의 기류를 알맞게 조절할 수 있도록 연구했고 공기 순환 개선을 통한 에너지 절약을 도출했다. 이는 타 대학의 실험실과 비교했을 때 30% 이상의 에너지 사용량을 절감함으로써 모범이 되는 사례다.

나. 건강과 행복

다음으로 건강과 행복 키워드 측면에서는 친환경적 건물 건축과 지속 가능한 식품 기준을 제공했다는 점을 들 수 있다. 건축 과정 중 제조업체에서 도출되는 화학 유해 물질을 줄이기 위해 공식적 인증이 완료된 제품을 선택하였고 화학 유해 물질 정보의 투명한 명시를 통해 건강 보호 건물에 앞장섰다. 이런 노력은 건축업계 전반에 긍정적 변화의 촉매제 역할로, 타 교육기관에 지속 가능한 건물의 표본으로 제시된다. 또한, 캠퍼스의 식품 제공과 관련해 식품 공급업체 선정에 있어 식품의 구매경로를 명확히 파악해야 한다는 등의 구체적인 원칙을 적용하고 우선순위를 매겨 엄격히 심사한다.

다. 캠퍼스 운영

세 번째 캠퍼스 운영은, 캠퍼스 교통수단에 주목했다. 교내의 대표적 교통수단인 버스를 전기버스로 교체했고, 캠퍼스 내 자전거 관련 인프라와 서비스를 지속적으로 확대했다. 하버드 학생들은 할인된 가격으로 공유자전거를 이용할 수 있도록 하고, 다양한 지역에서 반납할 수 있도록 하여 온실가스 배출량 감소에 크게 노력했다.

라. 자연과 생태계

네 번째 키워드인 환경과 생태계 측면에서는 하버드 캠퍼스 내에 조경 관리를 통해 생태계 보존에 대한 노력을 기울이고 있다. 캠퍼스 외적으로는 생태적, 경관적 효용을 위해 옥상 녹화(Green roof)라는 방법으로 옥상에 흙과 식물을 식재하였다. 내적으로는 벽면녹화(Green wall)를 활용해 생태계 보존뿐만 아니라 재학생에게 육체적, 정신적으로 쾌적한 환경을 제공하고 있다.

마. 문화와 학습

하버드 ESG 마지막 키워드인 문화와 학습 측면에서는, 지속가능성이 학술연구, 관 운영, 더 나아가 일상생활에서도 필수 불가결한 요소라는 인식 개선을 위해 지배구조의 중요성이 강조되었다. 지속가능성 위원회, 관리 협의회, 학생리더 협의회 이 세 가지의 조직에서 지속가능성에 대한 비전과 목표전략을 제공하고, 각 분야별 전문가를 구성해 정책을 수립했다. 각 세 가지 영역에서 각자의 목표를 위해 조언을 제공하고 피드백을 주고받는 모습을 통해 지배구조에서의 힘을 활용하는 점을 발견할 수 있다.

(2) 서울대학교

서울대는 2000년대부터 친환경 대학을 위한 노력을 계속해 왔다. 서울대는 2008년 '지속가능한 친환경 서울대' 선언을 통해 △지속가능한 발전을 위한 연구·교육·실천 △지역·지구사회와의 협력 △기후변화에 대응하는 캠퍼스 환경관리 △친환경적 캠퍼스 조성 △지속가능한 발전을 위한 관리와 운영체제 정비의 5대 실천 목표를 세웠다. 또한 2013년에 글로벌사회공헌단을 설립해 사회 공헌 교육을 실천해 왔고, 시설관리국과 온실가스·에너지종합관리센터에서 온실가스 배출을 관리하고 있다. 서울대 ESG위원회는 이와 같은 지속가능한 발전을 위한 노력의 연장선이다. ESG에 대한 중요성과 관심의 증가로 인해 서울대 내 ESG 정책 확대의 필요성이 꾸준히 제기돼 왔다.

서울대학교는 2022년 8월 ESG위원회(위원장: 안도걸 국가미래전략원 책임연구원) 출범 이후 약 6개월간 활동을 거쳐 국내 대학 부문으로는 첫 번째 ESG 보고서를 발간하였다. 이번에 발간한 보고서는 'GRI Standards 2021*'에 부합한 (in Accordance with) 보고 원칙을 준수하는 동시에 대학 부문의 ESG 보고에 적합한 프레임 웍으로 구성되었다. 서울대 ESG 보고서는 다양한 구성원의 기고문을 담은 ESG 칼럼, 주요 성과를 요약한 ESG Fact Sheet 그리고 8개 영역별 주요 활동과 70개 관리 지표의 성과를 담고 있다.

이 같은 ESG 보고서 상의 통상적인 성과 보고뿐만 아니라, ESG위원회는 서울대 ESG의 가치에 대한 심도 깊은 논의를 통해 첫 번째 ESG 보고서의 발간 의미를 제고하였다. 위원회는 서울대학교 ESG 활동의 3대 핵심 목표를 1) 4차 산업혁명 시대에 심화될 수 있는 지역간·계층간·세대간 교육격차의 해소 2) 인류 난제 해결 및 창의적 인재 배출을 위한 교육과 연구시스템 혁신 3) 에너지원 다변화와 온실가스 감축 분야에서 체감적 성과를 창출하는 탄소중립화계획 수립으로 설정하였고, 기존 기업 경영 중심의 ESG 지표를 대학에 맞도록 수정한 보고서 기술 체계를 국내 대학과 공유하여, 대학 부문 ESG 활동 증진에 기여할 예정이다.

(3) 포스텍 기업시민연구소

포스텍(포항공과대학교) 기업시민연구소는 기업의 사회적 가치, ESG 이슈 급부상에 대한 대학의 관심 증가를 고려하여 미래세대인 대학생을 대상으로 기업시민 개념 및 포스코 사례 학습을 통한 기업시민형 인재 Pool 확대를 위한 기업시민 과목 운영을 지원하고 있다. 2021년부터 시작한 기업시민 교과과정에는 21개 대학 231명이 참여하여 기업시민에 대한 필요성과 개념, 실천방법 등을 학습하였다.

올해 2학기에는 숙명여대, 한양대, 성균관대, 포스텍, 서울여대에서 기업시민 경영과 ESG과목을 운영하고 있으며, 포스텍 기업시민연구소에서는 강의 지원은 물론 기업시민 실천아이디어 연합발표회인 "기업시민 레벨업 그라운드" 등을 지원하고자 한다.

그리고 한 학기 동안 수행할 기업시민 PJT에는 포스코를 비롯하여 P-인터내셔널, P-스틸리온, 엔투비, 그리고 포스코 해외법인(베트남, 인도네시아, 태국) 등이 함께 참여하여 주제를 제공하고, PJT 수행을 위한 멘토링도 제공해줄 예정이다. 하반기 동안 추진한 기업시민 PJT 결과는 각 대학별로 우수팀을 선발한 후, 12월 초 포스코센터에 함께 모여 연합발표회를 진행하고자 한다.[5]

---

5) 포스텍 기업시민연구소(CCRI: Corporate Citizenship Resource Institute), 기업시민경영과 ESG 과목' 5개 대학, 4개 그룹사와 Start, 포스텍 기업시민연구소.

(1) 인천지역 기업의 ESG 브랜드화

인천지역의 ESG를 살펴보면, 여러 기업들이 인천지역을 위한 ESG 경영을 하고 있는 것을 알 수 있다. 미추홀구시설관리공단 측에서는 ESG 환경 분야에서 탄소저감 나무심기, 폐현수막 업사이클링을 통한 에코백을 제작 종량제 봉투 배달에 활용하는 등 친환경 경영에 나섰다. 사회 분야에서 CPTED 기반 공영주차장 범죄예방 시설, 재해경감 등에 노력했다. 지역 중소기업 제품 우선 구매, 나눔 벼룩시장 등 사회공헌 활동을 펼쳤다.

LH 한국토지주택공사 인천지역본부 측은 LH아파트 단지의 에너지 절감과 친환경 에너지 생산으로 저탄소 주택(도시)을 구현하고, 전력수요 관리를 통한 에너지 효율화를 추진해 입주자의 관리비 절감을 실천했다. 국민에너지절감프로그램(국민DR)을 통한 임대주택단지 내 ESG 가치를 확산했다.

국민건강보험공단 인천경기지역본부는 지역사회 건강보험 ESG경영 전략에 따른 녹색제품 구매 그린오피스 조성 등 친환경 경영으로 수도권 넷제로 실현에 기여했다. 지역경제 활성화를 위한 지역화폐 소상공인 판로 지원과 이해관계자 권익보호 등 상생협력에 노력했다. 이 외에도 수많은 기관·기업들이 인천 지역의 ESG 경영을 실천하고 있고 인천·경기지역의 기관·기업들의 ESG 경영 체제가 확산·정착되고 있음을 확인할 수 있다.

(2) 서울 광진구 자양 전통시장의 ESG 활동

ESG를 실천하는 전통시장도 점차 늘어나는 추세를 보이고 있는데 그 중 서울 광진구에 위치한 자양전통시장을 예시로 들 수 있다. 작년 10월 개최된 '자양전통시장 현판식 및 친환경 시장 투명경영 선포식'에서는 시장 상인들이 주체가 되어 환경보호와 사회공헌, 투명경영, 디지털 전환, 고객 신뢰에 대한 보답 등 더 나은 시장으로 거듭나려는 ESG 경영 실천을 약속했다.

약 130여 개 점포로 구성된 자양전통시장은 2022년 중소벤처기업부 전통시장 특성화시장 공모에서 '문화관광형 특성화시장 육성사업'에 선정되어 시장 고유의 특징과 장점을 살리는 다양한 사업을 추진 중이다. 변화하는 소비 트렌드에 맞춰 온라인 장보기와 배송서비스를 실시하고 치매환자 배려시장 지정, 친 환경업체와의 MOU체결 및 플로깅 행사, 제로웨이스트 캠페인 등을 추진하며 단순히 물건을 사고파는 공간을 넘어, 지역사회에 공헌하며 고객과 상생하는 전통시장으로 거듭나고 있다. 자양전통시장 조합장 측은 앞으로도 최고의 ESG 친환경 전통시장이 되기 위해 다양한 노력을 기울일 것이라는 입장을 표명했다.

4 주요 시사점

앞서 언급한 주요 사례들은 국내외 대학들이 ESG를 적용하여 지속 가능한 경영과 사회적 가치 창출에 노력하고 있다는 것을 보여준다. ESG 적용을 통해 대학들은 환경, 사회, 거버넌스 측면에서의 성과를 개선하고, 학교의 이미지와 평판을 향상시키며, 지속 가능한 발전과 글로벌 적인 경쟁력을 강화할 수 있다.

대학은 지속 가능한 교육, 연구, 운영을 위해 다양한 노력을 기울이고 있다. 대학이 지속가능한 교육, 연구, 운영에 대한 노력으로는 지속가능해야 한다. 지속가능한 교육으로는 대학은 학생들에게 지속가능한 개념과 가치에 대한 교육을 제공하여 사회적, 환경적 책임의 중요성을 인식시키고 지속가능한 시스템에 대한 이해를 촉진시키는 것이다. 이를 위해 다음과 같은 노력을 기울여야 한다. 지속가능한 개발과 관련된 학과 및 전공 개설, 커리큘럼 개편, 교육자 및 학생의 인식 개선이 있다. 지속 가능한 연구를 위해 취하기 위해서는 연구 자금 지원, 연구 윤리와 규제, 다부문적 협력 연구가 있다.

대학은 자체 운영과 시설 관리에서 지속가능한 원칙을 적용하여 에너지 효율성, 자원 관리, 탄소 배출 등의 측면에서 지속가능한 운영을 추구하고 있다. 대학이 지속 가능한 운영을 위해 취하기 위해서는 대학 내에서의 친환경 시설 및 에너지 관리, 재활용 및 폐기물 관리, 지역사회 협력과 사회적 책임이 있다. 위의 사례들은 대학이 지속 가능한 교육, 연구, 운영을 추구하기 위해 다양한 노력을 기울이고 있음을 보여주며 이를 통하여 대학은 사회적 책임과 지속 가능한 경영을 실천하는 모범적인 기관으로 인정받을 수 있다.

지역사회 또한 ESG를 브랜드화 함으로써 지역의 지속가능성에 대한 관심을 고취시키고 실행력을 강화하기 위해 노력해야 한다. 공공 기관들은 친환경 인프라 구축을 비롯해 친환경 교육, 디지털 역량강화 교육 등을 통해 소상공인의 ESG 활동을 적극 지원해야 하며 최근 전통시장은 ESG활동 통해 시장의 안전성을 높이고 지속가능한 발전을 목표로 ESG 사업화를 진행하고 있다.

ESG 추진은 기업, 중소기업, 대학 모두에게 중요하며 지속 가능한 성장과 사회적 가치 창출에 기여할 수 있는 매우 중요한 요소이다. SG를 통해 조직은 환경적, 사회적, 거버넌스 측면에서의 책임과 투명성을 강화할 수 있다.

참고문헌

김준환, 〈[2023 세계 ESG포럼] '다음 세대' 위한다면… ESG교육 초·중·고·대학까지 이어져야〉,《한국대학신문》.

김호준, 〈[자본시장 속으로] 대학 ESG〉,《이투데이》, 2022.11.09.

김희연, 〈ESG 확산의 핵심은 대학〉,《중부일보》, 2023.01.24.

http://www.joongboo.com/news/articleView.html?idxno=363575559

https://www.etoday.co.kr/news/view/2190874

미래정책연구실(2022), ESG 경영과 대학의 역할, KASF BRIEF, 한국사학재단

변인호, 〈굳이 '아바타' 없어도… 온라인 활동은 ESG 실천하는 셈〉,《IT조선》, 2022.09.21.

https://it.chosun.com/site/data/html_dir/2022/09/21/2022092101717.html

송세준, 〈ESG와 중소기업〉,《전기신문》, 2021.11.10.

http://www.electimes.com/news/articleView.html?idxno=225012

서울대학교 지속가능발전연구소, 지속가능보고서와 그린레포트

https://isd.snu.ac.kr/isd/Report.php

선한결, 〈테슬라 '코발트 프리' 움직임… 코발트 지고 니켈 뜰까〉,《한경》, 2020.09.23.

https://www.hankyung.com/international/article/202009230815i

애플, 2023년 제품 환경 보고서 https://www.apple.com/kr/environment/

https://www.apple.com/kr/newsroom/2023/04/apple-announces-major-progress-toward-climate-goals-ahead-of-earth-day/

애플, 〈Apple, 2025년까지 배터리에 100% 재활용 코발트 사용 계획〉,《애플뉴스룸》, 2023.04.13.

https://www.apple.com/kr/newsroom/2023/04/apple-will-use-100-percent-recycled-cobalt-in-batteries-by-2025/

애플, 〈Apple, 47억 달러 규모의 그린 본드 자금 집행으로 혁신적인 친환경 기술 지원〉, 《애플뉴스룸》, 2022.03.24.

https://www.apple.com/kr/newsroom/2022/03/apples−four−point−seven−billion−in−green−bonds−support−innovative−green−technology/

이한샘, 〈디지털 대전환 속 '메타버스'와 'ESG'의 융합 "선한 영향력 전파"〉, 《허프포스트》, 2023.04.20.

https://www.huffingtonpost.kr/news/articleView.html?idxno=208786

정성민, 〈"ESG에서 대학의 미래를 찾는다"… 'ESG'로 '지속가능한 고등교육 생태계' 구축〉, 《한국대학신문》, 2022.06.13.

http://news.unn.net/news/articleView.html?idxno=529386

조일준, 〈"콩고 코발트 광산 '아동 착취'"… 미 IT공룡들 집단 피소〉, 《한겨레》, 2019.12.17.

https://www.hani.co.kr/arti/international/globaleconomy/921224.html

하버드대학교, Harvard's 2021 Sustainability Report | Sustainability at Harvard Impact Report

https://report.green.harvard.edu/

한국대학신문, [사설] 대학 ESG 경영 가이드 라인 V1.0 발표에 부쳐, 2023.4

한국대학신문, '대학 ESG 교육 세미나' 성공적 개최… ESG 가이드라인 국내 최초 공개, 2023.4

황원희, 〈메타버스에 ESG 접목하면 무슨 일?〉, 《이미디어》, 2022.06.07.

http://m.ecomedia.co.kr/news/newsview.php?ncode=1065597160277639

채덕종, 〈세계대학 ESG 평가, 국내는 100위권 못 들어〉, 《이투뉴스》, 2022.11.20.

PWC, Global M&A Industry Trends: 2023 Outlook

https://www.pwc.com/gx/en/services/deals/trends.html

김승욱_esg.korean@gmail.com

김승욱 교수는 ESG 관련 다양한 연구와 강의를 지속해오고 있으며 한국디지털융합학회 ESG추진위원장과 부회장을 맡고 있다. 이전에는 연세대학교 경영연구소 전문연구요원, 안진회계법인(Deloitte Korea), 삼일회계법인(PWC: Price Waterhouse Coopers)와 그리고 독일회사인 SAP Korea에서 경영컨설팅과 정보기술 컨설팅 업무를 수행하였다.

최근에는 교육부가 총괄하는 한국형 온라인 교육 강좌사업(K−MOOC)에 2년 연속 선정되어 국비와 운영비를 지원받게 되었으며 이를 통하여 전 세계 학생과 일반인들을 대상으로 경영학 분야의 온라인 교육강좌를 강의하고 있다. 2021년에는 한국형 온라인 공개강좌(K−MOOC)에 [빅데이터와 고객관계관리]가 개별강좌사업에 선정되었으며, 2022년에도 [메타버스와 서비스경영]이 신기술 신산업 분야에 선정되었다.

주요 저서로는 디자인씽킹과 서비스경영(개정판), 인공지능시대의 경영정보시스템, 메타버스와 고객관계관리, 디지털 콘텐츠 비즈니스(개정판), 디지털 트랜스포메이션을 위한 경영학 길잡이 등이 있다. 최근에는 이코노미스트 경제지에 [메타버스와 웹3.0 경영]이라는 주제로 전문가 칼럼을 게재하고 있다.

ESG 경영과 지속가능 전략

초판발행	2023년 8월 30일
지은이	김승욱
펴낸이	안종만·안상준
편 집	전채린
기획/마케팅	최동인
표지디자인	Ben Story
제 작	고철민·조영환

펴낸곳 (주)**박영사**
서울특별시 금천구 가산디지털2로 53, 210호(가산동, 한라시그마밸리)
등록 1959. 3. 11. 제300−1959−1호(倫)

전 화	02)733−6771
f a x	02)736−4818
e-mail	pys@pybook.co.kr
homepage	www.pybook.co.kr
ISBN	979−11−303−1845−5 93320

copyright©김승욱, 2023, Printed in Korea

정 가   26,000원